ちくま学芸文庫

晩酌の誕生

飯野亮一

筑摩書房

はじめに

親しい仲間と酒を酌み交わすのも楽しいが、心おきなくマイペースで家飲みする晩酌は気が休まる。

現在の日本人は外で飲むよりも家で飲む方に多くの酒代を費やしている。総務省統計局の家計調査によると、一世帯当たり一年間に、外食の「飲酒代」に二万六一九五円、家で飲む「酒類」の購入に三万六一七一円を費やしている。家で飲む酒類購入額の方が多く、飲酒にかかる支出金額の五八パーセントを占めている。これは二〇一〇〜一九年（十年間）の年平均額であるが、コロナ禍にあった二〇二〇〜二二年の三年間では、「酒類」の購入額は年平均三万八六二二円と増加したのに対し、「飲酒代」の方は一万一八九九円と大幅に減少している。外で飲むことが減り、家で飲む酒代が七七パーセントに増大している。

休日の昼酒もこたえられないが、家で酒を飲むといえばおもに晩酌であろう。この期間、日本人は、外で飲めなくても家で晩酌して気を晴らしていたのだ。

家で飲むことが増え、「家飲み」という言葉が使われ出したが、江戸っ子も家飲みを愉しんでいた。江戸っ子は家飲みとはいわずに「内呑み」といっていたが、内呑みとしての晩酌は、その日暮らしのような人でも日常的に行われていた。式亭三馬の『浮世風呂』二編巻之上（文化六年）では、登場人物の老女が、「此世《このよ》の事さへもしれねへものが、死《しん》だ先がどう知れるものか。寐酒（晩酌のこと）の一盃《いっぺへ》づつも呑んで、快《こころよ》く寐るのが極楽よ」と語っているように、晩酌は江戸っ子にとって生きがいになっていた。

現在の日本人が家飲みを好むのは、江戸時代からの晩酌文化を受け継いでいるからではなかろうか。

とはいえ、現在の晩酌と江戸時代の晩酌とでは様子が違うところもある。一番は、どの季節でも燗をして酒を飲んでいたことだろう。光熱費が高騰する昨今、貧乏長屋の住人がどうやって燗をつける燃料を工面していたのか不思議に思う方もおられるかもしれない。しかし、江戸時代はすでに燗をつけた酒を、家に居ながらにして買うことができたのだ。この酒飲みに好都合な驚くべき江戸の街の便利さを、ぜひ本文を読んで確かめていただきたい。

本書では、多くの史料にあたることで、江戸っ子が、どのように晩酌を愉しんでいたかを描き出してみたが、挿絵を多用して、視覚的にもその様子をとらえていただけるよう心掛けた。その場に居合わせた気分で江戸の晩酌文化を楽しんでいただければと願っている。

また、挿絵には、文献史料からは読み取れない貴重な証拠が示されていることもある。他ではあまり紹介されていない絵も多いので、挿絵自体もじっくりと味わっていただきたい。もしかしたらそこには従来の食文化史を覆すような重要なテーマが隠されているかもしれない。

なお、引用した文や句については、適宜、句読点を付し、漢字には読み仮名、送り仮名をほどこし、漢字を仮名に、片仮名を平仮名に書き改めたりした。仮名遣いについては、いわゆる歴史的仮名遣いと異なる場合もあるが、引用元の表記に従った。また、引用に際しては省略・意訳・現代語訳したものもあり、引用文中には〔 〕内に筆者の注を付した。

俳句、雑俳、川柳の下には出典を示したが、頻出する『誹風柳多留』の句については「柳」、『川柳評万句合』の句については「万句合」と略記した。

目次

第七章　江戸で花開いた晩酌文化　130

第八章 晩酌の習慣が広まる 142

第十章　長くなった夜の生活時間　336

晩酌の誕生

序章　酒は百薬の長

一　寝酒を飲んで快眠の世界に

ここに、寝酒を飲んで、心地よさそうに横たわって、眠りについている人の姿が描かれている（図1）。江戸の人気作家・山東京伝作の黄表紙『鬼殺心角樽《おにころしこころのつのだる》』（寛政八年・一七九六）に描かれたワン・シーンである。眠りについた人のそばでは、(酒)のマークを額につけた酒の神たちが水車を廻し、体内の血を巡らしている。

「酒は百薬の長なりといひて、食後にお腹《はら》の盃で二つばかり、寝酒《ねざけ》には小さな猪口《ちょく》で八分目ぐらい呑んでゐれば、至極《しごく》体のためになるなり。酒の神が腹中《ふくちう》に入ると、水車《みづぐるま》の様《やう》なものを仕掛けて、体の血を巡らし、筋骨《すじほね》をくつろげて、至極《しごく》

が水車を廻し、血行を盛んにしている。『鬼殺心角樽』（寛政8年）

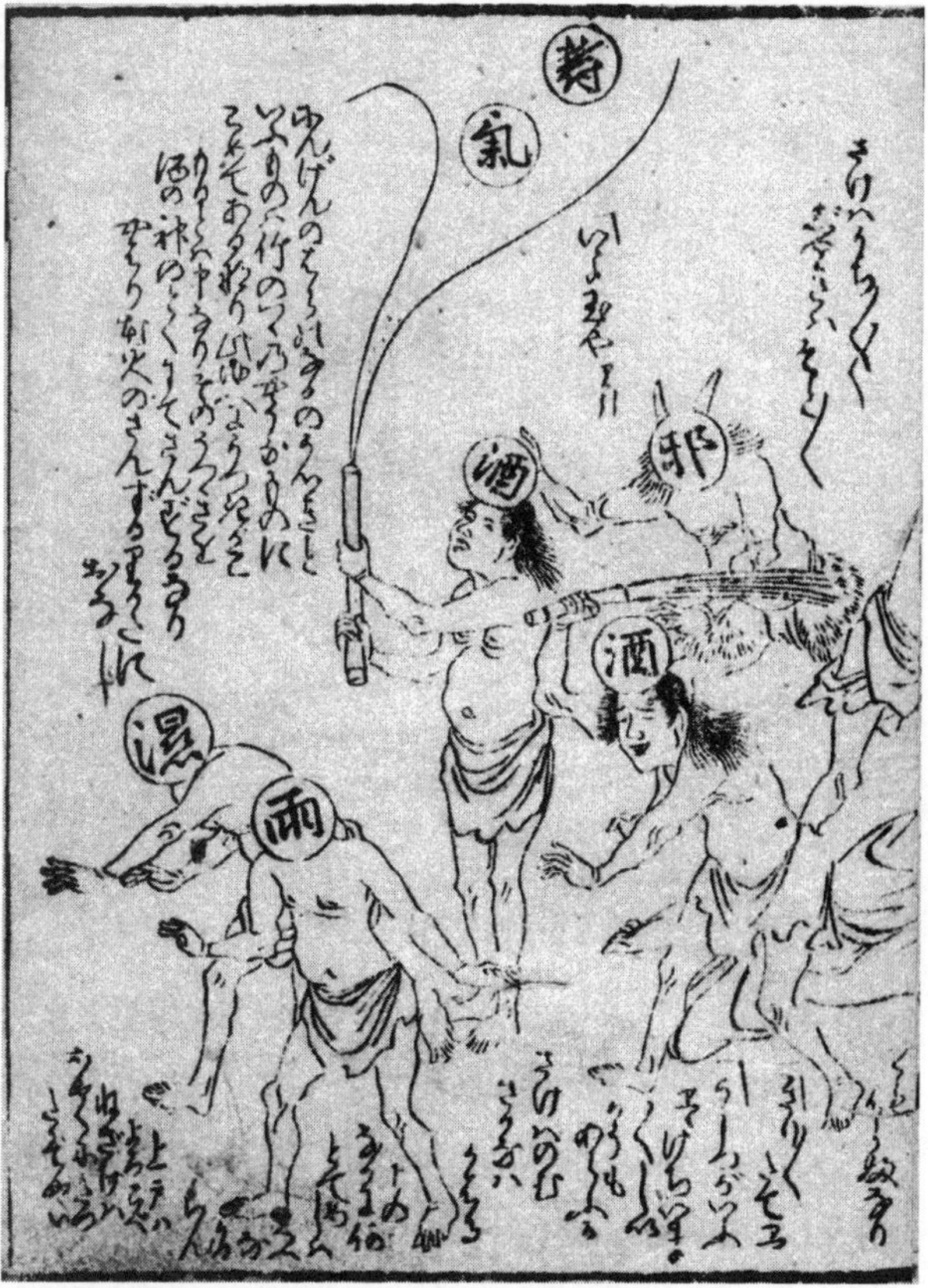

図1　寝酒を飲んで心地よさそうに眠る人。(酒)のマークをつけた酒の神

邪気《じゃき》を払ふ」薬《くすり》なり。あるひはまた酒の神、体の邪気を払ふ」

寝酒を飲んで心地よさそうに快眠へといざなわれている人の枕元には、銚子と盃、食器が置かれ、傍らで娘が「もし〳〵お父《と》さん、お風邪をめしますな」と気遣っている。

百薬の長の酒を晩酌に飲めば薬になり、酒の神が血液の流れをよくし、邪気を払う、と百薬の長としての酒の効用が説かれているが、飲む酒の量については、「食後にお腹《はら》の盃で二つばかり、寝酒《ねざけ》には小さな猪口《ちょく》で八分目ぐらい呑んでゐれば、至極《ごく》体のために薬となるなり」とかなり少量である。

「お腹《はら》の盃」とは、小原盃《おはらさかずき》のことで、国学者・山岡浚明《まつあけ》の『類聚名物考』（安永九年〈一七八〇〉頃）の「酒具」によると、「小原酒盃。をはらさかづき」は「二寸四分の平盃なり」とある。二寸四分（約七・二センチ）くらいの小さな平盃では、入ってもせいぜい四〇cc位であろう。

この程度の盃二杯や猪口一杯くらいの酒では、晩酌には物足りなく思えるが、酒は適量に飲まないと百薬の長にならないといわれていたからである。

二　節度をもって飲めば酒は百薬の長

江戸時代、「酒は百薬の長なり」ということが盛んにいわれていた。この酒を褒めていうことばは、中国の『漢書食貨志』（建初年間〈七六～八三〉）に「夫れ塩は食肴の将、酒は百薬の長、嘉会《かかい》の好なり（めでたい集会にはなくてはならぬもの）」とあるのに由来する。これが日本に伝わり、平安時代末期の漢詩文集『本朝続文《もん》粋《ずい》』第三（康治元年～久寿二年〈一一四二～一一五五〉頃）に「酒は百薬之長也。霊を天地に含む」とみえる。

鎌倉時代になると「酒に明徳の誉れ有り（天から受けたすぐれた徳性がある）。然《しか》も百薬の名を献ず」（『宴曲集』永仁四年〈一二九六〉頃）といわれるようになるが、酒は適量に飲むなら「百薬の長」といえるが、飲みすぎれば酒は万病のもとになるとした考えが生まれた。兼好法師は『徒然草』（元弘元年〈一三三一〉頃）のなかで「百薬の長とはいへど、よろづの病は酒よりこそ起これ」（一七五段）と警告している。

この考え方は、江戸時代に受け継がれた。著名な儒学者の貝原益軒は「酒禍論」

図2　貝原益軒像。『貝原益軒』（昭和18年）

において、

酒は「ほろ酔い程度に飲むならば、喜びを共にすることができ、憂いをのぞき、陽気の衰えを助け、心の憂さを晴らし、風や寒さを防ぎ、胃腸を温める。その効果は少なくない。従って酒は節度をもって飲めば、百薬の長となるが、節度なく、度を越して飲んで、酒におぼれれば、その害ははかり知れないものがある」

と、酒は節度をもって飲むように主張している（『自《じ》娯集《ごしゅう》』正徳五年・一七一五、図2）。

医師の芝田祐祥は、「酒は素早く気血を廻らすので、これに過ぎたるものはない。血脈を通じ精神を盛にし、脾胃を温める。少しずつ飲むべし。多く飲むべからず。

上戸は三、四、五盃、下戸は半盃に限るべし。こうすれば極上の良薬」となるが、酒を飲む場合は「夕飯・夜食の後少しずつ飲むべし。今の人、寝酒といって寝しなに酒を飲み、酔に乗じて熟睡するのは心神を傷《いた》める大毒」と主張している（『人養《じんよう》問答《もんどう》』正徳五年）。酒の効用を認めながらも、寝酒を否定する意見もあった。

○「長生の補薬寝酒に五夕づつ」（柳一五六　天保九〜十一年）

といった句も詠まれている。五夕（勺）は約九〇ccである。

こうした考えに基づいて、京伝は、晩酌に飲む酒の量を少なめにしているが、心地よさそうに眠る人の姿を通して、江戸っ子が飲みすぎないように気を遣いながら晩酌を愉しんでいた様子が伝わってくる。二〇〇年前の光景である。

第一章　万葉集に詠まれた独り酒

一　酒は神と共に飲むもの

酒は、もともと一人で飲むものでなく、神とともに飲むもので、神事の際に、神前にささげた神酒や神饌を下ろして共同飲食する直会《なおらい》が行なわれていた。それが人びとの間で酒を酌み交わす酒宴（酒盛り）に発展し、やがて個人の嗜好による独酌の風がひろまった、といわれている。

著名な民俗学者の柳田国男は、

「独酌はたしかに又明治大正時代の発達であつた。元来は酒は集飲を条件として起つたもので、今一つ以前は神と人と、共に一つの甕のものに酔ふといふ点が、

面白さの源を為して居たのである」(『明治大正史　世相篇』昭和六年)

といい、同じ民俗学者の宮本馨太郎《けいたろう》も、この考え方を踏襲して、

「酒の飲用は古くは神事に際して行なわれたが、やがて神事に伴う直会《なおらい》から酒宴(酒盛り《さかも》)が発達して、晴れの儀式や行事に際して行なわれるようになり、ついでこれが日常化して個人の嗜好による飲酒の風がひろまった」(『めし・みそ・はし・わん』昭和四十八年)

と論じている。

酒の飲み方の変遷を大局的に眺めると、確かにこのような流れで捉えることができる。はじめは神事(祭祀)の際に飲んでいた酒が、奈良時代になると、酒宴の場で盛んに飲まれるようになり、その弊害が生じていたため、天平宝字二年(七五八)二月二十日には、

「この頃、人々が宴集(宴会)をして、ややもすると本来の目的を逸脱している。

悪事をたくらむ人が集まって政治を批判したり、節度なく酒に酔ってあばれて、闘争に及んだりしている。以後、祭祀と薬用以外には飲酒をしてはならない」と「祭祀と薬用」以外での飲酒が禁止されている（『続日本紀』延暦十六年・七九七）。酒は本来の目的で飲め、というわけだ。このころになると、酒の「集飲」がさかんになっていたことが分かるが、同時に個人の嗜好による独酌も始まっていた。

二　万葉歌人・大伴旅人の独り酒

万葉歌人・大伴旅人（六六五〜七三一）が詠んだ「酒を讃《ほ》むる歌十三首」は、貴族たちが宴席で詠んだものではなく、旅人の物思いにふける独り酒が主題となっている（『万葉集』巻第三　八世紀後半）（図3）。

そのうちの第一首では、

○「験《しるし》なき　物を思《おも》はずは　一坏《ひとつき》の　濁れる酒を　飲むべくあるらし」

いくら考え込んでも、所詮はいい考えが浮かぶわけではない。それよりも一杯の濁り酒でも飲んだほうがましだ、と歌い、第八首では、

○「価《あたひ》無き　宝といふとも　一坏《ひとつき》の　濁れる酒に　あに益《ま》さめやも」

たとえ値のつけられないような貴重な宝でも、一杯の濁り酒にまさろうか、と「一坏の濁れる酒」を讃美している。

図3　大伴旅人。菊池容斎画『前賢故実』（明治元年）

そして、第六首では、

○「なかなかに人とあらずは酒壺《さかつぼ》に成りにてしかも酒に染《し》みなむ」

なまじっか中途半端な人間として生きているより、いっそ酒壺になってしまいた

い。そうしたら、いつも酒浸りになっていることが出来よう、とたっぷり独り飲み出来ることを願っている。

旅人は、このほかにも、「大宰帥大伴卿　大弐（大宰府次官）丹比縣守卿《たじひのあがたもり》の民部卿に遷任するに贈る歌一首」と題して

○「君がため　醸《か》みし待酒《まちざけ》　安の野に　独りや飲まむ　友無しにして」（『万葉集』巻第四）

と歌っている。旅人が大宰帥《だざいのそち》（大宰府の長官）時代に部下の丹比縣守卿《たじひのあがたもり》に贈った歌で、あなたのために待酒を造って一緒に飲もうと待っていたが、あなたは民部卿に栄転して上京してしまったので、その酒を「安の野」（現福岡県朝倉郡筑前町）で、友のいないままに、独り飲みするのか、と離別の寂しさを独り飲みで紛らそうとしている。ここには「独りや飲まむ」と、独り飲みを表わす表現が使われていることに注目したい。

旅人は元祖独り飲みを歌にした歌人で、旅人にとって、独り飲みは人生で重要な意味合いを持っていたのだ。

三 「貧窮問答の歌」の糟湯酒

大伴旅人の独り酒は上流階級の酒であるが、山上憶良《やまのうえのおくら》の有名な「貧窮問答の歌」には、貧者の糟湯酒が詠まれている（『万葉集』巻第五）。

「風雑《まじ》へ 雨降る夜《よ》の 雨雑《まじ》へ 雪降る夜《よ》は 術《すべ》もなく 寒くしあれば 堅塩《かたしほ》を 取《と》りつづしろひ 糟湯酒《かすゆざけ》 うち啜《すす》ろひて 咳《しはぶ》かひ 鼻びしびしに しかとあらぬ 鬚《ひげ》かき撫でて……」

に始まるこの長歌は、天平四年（七三二）の冬あたりに詠まれた歌と推定されている（『万葉集釈注』平成八年）。憶良はこの前年に筑前国司の任を解かれて帰京しているので、国司在任時代に貧者の窮乏を目の当たりにして心動かされ、この歌を詠んだのであろう。

風をまじえた雨の降る夜や、雨をまじえた雪が降る夜は、どうしようもなく寒い。粗塩《あらじお》を少しずつかじり、糟湯酒をすすりながら、何度も咳をして、鼻をぐすぐすさせ、少しばかりの鬚をなでて……と冬の夜の寒さに耐えかねて糟湯酒をすすって独り飲みしている。糟湯酒は酒糟を湯に溶かした飲み物で、ほんものの酒にありつけない貧者が酒代わりに飲んでいる。寒さの厳しい夜に糟湯酒で身体を温めていた様子が伝わってくる。

山上憶良は貧者の晩酌の様子を伝えた最初の歌人である。

ちなみに、今でも枡酒を飲むとき、塩を肴に酒を飲んでいるが、そのルーツをここにみることが出来る。

酒があれば、独りでも飲みたくなるのが古今変わらぬ心情である。独り飲みの風も早くから始まっていた。

第二章　中世の独り酒

一　独り飲みを禁じた北条重時

鎌倉時代の鎌倉ではかなりの量の酒が醸造されていた。

『吾妻鏡』（治承四年〜文永三年・一一八〇〜一二六六）によると、建長四年（一二五二）九月三十日に、鎌倉幕府の第五代執権北条時頼は「沽酒《こしゅ》の禁制」を出して、鎌倉中で酒を売買することを禁断した。そして、このことを実施するために「保《ほ》」と称する区画ごとにいた奉行人に鎌倉中の民家が所有する酒壺の数を調べさせたところ三万七二七四口あったという。

中世鎌倉の人口を明記した史料はまったく存在しないので、この頃の鎌倉の人口は不明だが、発掘成果をもとにして鎌倉時代末期の人口は六万四一〇〇余人から十

図4　酒壺を担ぐ蛙と兎。『鳥獣戯画』甲巻（12世紀後半）

万九〇〇余人と試算されている（『よみがえる中世3』昭和六十四年）。

酒壺の大きさも不明だが、「どの程度の壺の大きさかはかり知れぬが二、三斗は入った壺であろう」との推定がある（『酒が語る日本史』昭和四十六年）。

だとすると、大きな酒壺が一人当たり一・七壺から二・七壺、鎌倉中にストックされていたことになる（図4）。

これだけの酒の量であれば、鎌倉武士は酒を飲む機会が多くもてたはずで、飲酒の際の心得が必要になる。それを家訓として示したのが、NHKの大河ドラマ「鎌倉殿の13人」（二〇二二年放送）の主人公・鎌倉幕府第二代執権北条義時の三男北条重時である。重時は「六波羅殿御家訓」（十三世紀中頃）において、次のように飲酒上の注意を示している。

（一）「一　酒宴の座席ニテハ、貧ゲナラン人ヲバ、上ニモアレ、下ニモアレ、コトバヲ懸テ、坐ノ下ニモアランヲバ、「是へ〳〵」ト請ズベシ。〈下略〉」

（二）「一　酒ナンドアランニ、一提《ひさげ》ナリトモ、一人シテ飲ムベカラズ。便宜アラン殿原モラサズ召寄《めしよせ》テ、一ドナリトモ飲マスベシ。サレバ人ノナツカシク思付ク也」

（三）「一　イカニ人ミダレタル座席ニテモ、我前ナラデ、人ノ前ナル酒・肴・菓子躰物《ていのもの》トリテ食《くう》ベカラズ」

（四）「一　酒ニ酔イテ、カホノ赤□ラムニ、大道ヲトヲルベカラズ。〈下略〉」

（一）では、酒宴の席では、人の差別をしてはいけない、と宴席での気配りを、（二）では、酒を飲むならば一人で飲むのではなく、仲間と一緒に飲むように。そうすれば仲間から慕われるようになる、と独り飲みを戒め、(三)では、酒宴の席が乱れても、人の前の酒や肴に手を付けてはいけない、と酒宴でのマナーについて注意を促し、(四)では、酒に酔って赤い顔をして大道を歩いてはいけない、と今でも通じるような教訓を示している。

この「御家訓」は全四十三条より成り、重時が若年の嫡男・長時に対して、「一家の主人としての心得、ひろく世間に交わるときの注意を事細かに記したものである」という(『中世政治社会思想』上「解題」昭和四十七年)。このなかで、重時は、宴席での気配りやマナーなど飲酒の際の心得を示しているわけだが、独り飲みについても、「一提《ひさげ》ナリトモ、一人シテ飲ムベカラズ」と禁じている。長時は、やたらに酒が強いられる宴席の酒より、独り静かに嗜む酒を好んでいたからであろう。酒の流通量が多かった鎌倉時代、独り飲みを好んだ武士がいたことが偲ばれる。

なお、この家訓を守ったからかは分からないが、長時は、二十六歳になった康元元年(一二五六)十一月二十二日に第六代執権に就任している。執権の時頼が病のため、まだ六歳であった時頼の嫡男・北条時宗に執権職を譲るまでの一時的な中継ぎといわれているが、得宗家(北条氏嫡流の代々の当主)以外での初めての執権職就任だった。

二　家飲みを好んだ兼好法師

鎌倉幕府は「沽酒《こしゅ》の禁制」を出したとき、諸国の市《いち》でも酒を売買することを停止しているが、弘安七年（一二八四）六月三日にも、「沽酒事」（酒を売買する事）など「四ケ条」の禁制を「諸国一同に仰せ」下《くだ》している（『鎌倉幕府法』昭和四十六年）。鎌倉以外でも酒造りが盛んに行われていたことが分かる。

従って酒宴も盛んに行われていて、兼好法師は『徒然草』のなかで、酒宴では「世には心えぬ事の多《おほ》き也」とその狂態ぶりを描いている。

「世には心えぬ事の多《おほ》き也。何事《なにごと》にも酒《さけ》を勧《すゝ》めて、強《し》ゐ飲《の》ませたるを興《けう》ずること、いかなるゆへとも心えず〔どうゆうわけかわからない〕。飲む人の顔、いと堪《た》へがたげに眉をひそめ、人目を測《はか》りて捨《す》てんとし、逃げんとするを捉《とら》へて、引き止《とゞ》めて、すゞろに〔無理に〕飲ませつれば、うるはしき人もたちまちに狂人となりて、おこがましく〔馬鹿げた振舞をし〕、息災なる人も目の前に大事の病者となりて、前後も知らず倒れ伏す。〈中略〉明くる日まで頭痛《かしらいた》く、物食《く》はずに酔ひ臥し、生《しやう》

図5　酒宴での狂態。『頭書徒然草絵抄』（元禄3年）

を隔《へだ》てたるやうにして〔まるでこの世のことではないように〕、昨日のこと覚えず、おほやけわたくし〔公私〕の大事を闕《か》きて、煩《わづら》ひとなる。人をしてかゝる目を見すること、慈悲もなく、礼儀を背けり」（一七五段）。

世の中にはわけのわからないことが多い。何か事があるたびに、酒を勧めて、無理やり飲ませて面白がっているのはどういうことであろうか。飲む人がいやがって逃げ出そうとするのを捕まえて引き留め、強引に飲ませ、飲まされた人はその場に酔い潰れてしまう。明くる日まで頭が痛く、二日酔で何も食べられずに寝ていて、公私の重要なことを果たせずに、人に迷惑をかけている。人にこんな目をみせることは、思いやりの心もなく、礼儀に背いている、と酒宴での狂態を非難している。現在でも思い知らされる光景である。

江戸時代に出版された『頭書徒然草絵抄』（元禄三年・一六九〇）には、この狂態の場面が描かれている（図5）。

こんな酒の飲み方は非難したが、兼好は飲酒そのものを否定しているわけではなく、この「段」の後半になると、一転して、

「かく、疎《うと》ましと思ふ物なれど、をのづから捨てがたきおりもあるべし。月の夜、雪の朝《あした》も、花の本《もと》にても、心のどかに物語して、盃出《さかづきいだ》したる、よろづの興《きふ》を添《そ》ふるわざなり。つれ〴〵なる日、思ひのほかに友《とも》の入《い》り来《き》て、取り行《おこな》ひたるも、心慰《なぐさ》む。〈中略〉冬、狭《せば》き所にて、火にて物煎《い》り〔煮物〕などして、隔《へだ》てなきどち〔遠慮のない同士〕、差し向かひて多く飲みたる、いとおかし〔楽しい〕

といっている。雪月花を愛でながら閑談しているときに盃を持出すと座が盛り上がる、ものさびいしい日に思いがけなく友達がやってきて飲む酒は心を慰める、冬、狭い部屋で酒の肴を煮るなどして、打ち解けた友達同士が差し向かいで大いに飲むのは楽しい、と心が和む酒は大いに歓迎している。

兼好は、宮廷に出仕して、従五位下左兵衛佐（兵衛府次官）にまで昇進したが、正和二年（一三一三）頃に出家する。洛外山科の田地からの年貢米を生活の支えにして京都郊外に隠遁し、「つれ〴〵わぶる人はいかなる心ならむ。まぎるゝ方なく、たゞひとりあるのみぞよき」（七十五段）と、することがなく、話し相手もなく、やり切れないとこぼす人がいるが、独りの方が、気づかいしないでよっぽどよい、と独り暮らしを愉しんでいた。

兼好は、酒を好み、「下戸《げこ》ならぬこそ、男《おのこ》はよけれ」（一段）、といっている。ただ、酒宴のような場所で酒を飲むのは嫌っていて、「大方《おほかた》、聞きにくゝ見ぐるしきこと」の一つに、貧しい人の家で酒宴を好み、お客をもてなそうと、派手にふるまうことをあげている（一一三段）。

お独りさま暮らしの兼好は、心が通う人と和やかに酒を酌み交わすことを好んだ

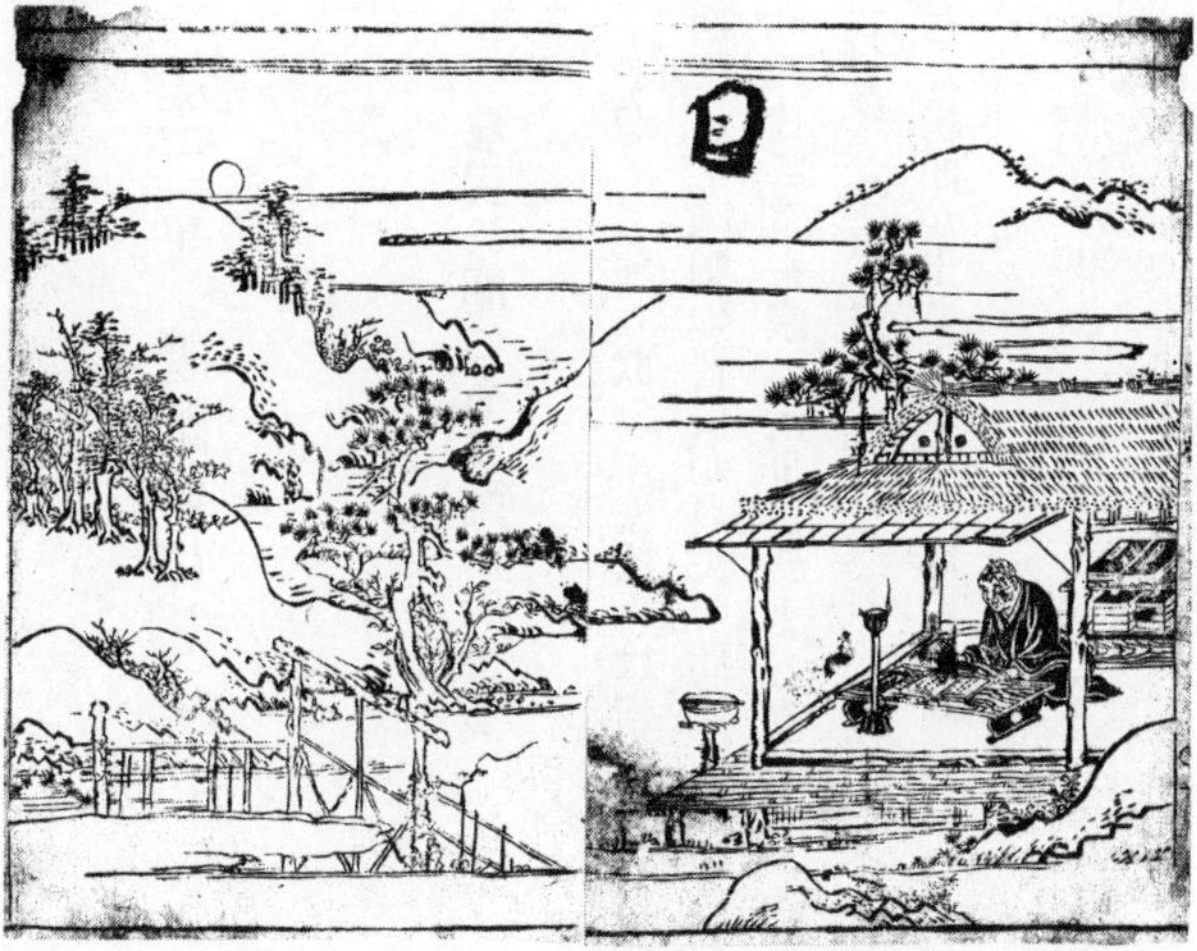
図6　京都郊外で隠遁生活をおくる兼好法師。『頭書徒然草絵抄』（元禄3年）

元祖家飲み愛好者だった（図6）。

兼好は、『徒然草』のなかで、酒のもたらすデメリットとメリットを説いているのだが、何にでも関心を寄せる江戸っ子は、

◯「兼好は酒に二枚の舌を出し」（柳七五　文政五年）

と茶化したりしている。兼好が聞いたら苦笑いすることであろう。

第三章　晩酌のはじまり

一　農民の間にも晩酌が広まる

やがて、独り飲みや家飲みは、夕食時に酒を愉しむ晩酌に発展し、江戸時代の中期には、晩酌の習慣が農民の間にも広まった。

八代将軍吉宗の治世が始まる直前の正徳五年（一七一五）夏に、近松門左衛門の『持統天皇歌軍法』が大坂竹本座で上演された。ここには飛鳥の里の農村を舞台にした場面が出てくるが、農民の間でこんな会話が交わされている。

「飛鳥《あすか》の里も賑《にぎは》ふ麦秋《むぎ》の。麦つき歌の嬶揃《かゝぞろ》へ、皆麦藁《わら》に腰掛けて、煙管《きせる》くはへて休みけり。「なふ〳〵おつう。そなたもやがて六十じや。早ふ市馬《いちま》に嫁とつてなぜ楽《らく》をしやらぬぞ」。「ム、おちや〻の言やる事はいの。是ほどにあがいても麦一粒《つぶ》身につかぬ。皆姑御《しうとめご》の寝酒《ねざけ》に請酒屋《うけ》〔小売り酒屋〕へぐはら〳〵。聞てたも毎《まい》晩《ばん》五斗味噌《みそ》肴《さかな》に天目《てんもく》酒。其跡へ打入《うちいれ》飯六よそいづ〻。珍らしいお腹《なか》でないか。あんな堅《かた》ひかみ様姑《しうとめ》に儲《もふ》けたは。人儀《ひとみごく》の鬮《くじ》取に当《あたつ》たも同前」

飛鳥の里では今まさに麦の収穫期である。収穫の合間に農婦たちがひと休みしているが、一人の農婦が「おつう」に、もうそろそろ楽隠居してはどうかと勧めている。これに応じて、「おつう」は、いくら稼いでも麦一粒残りゃしないよ。みんな姑の寝酒の酒代に消えてしまうからさ。なにしろ毎晩味噌を肴に茶碗酒を飲むうえ、飯を六杯も食べる。あんな頑固な人を姑にしたのは人身御供《ごくう》の鬮《くじ》に当たったも同然さ、とぼやいている。

『持統天皇歌軍法』は、天武天皇が朱鳥元年（六八六）九月に没し、その四年後に持統天皇が即位するまでの間に起こった皇位継承争いを題材にした作品である。『万葉集』（巻一 二八）には、有名な持統天皇（在位六九〇～六九七）の「春過ぎて夏来たるらし白栲《しろたへ》の衣ほしたり天《あま》の香具山《かぐやま》」が「天皇の御製歌《おほみうた》」として収められ、百人一首にも選ばれている（図7）。

図7　錦絵に描かれた持統天皇の歌。「百人一首絵抄」（江戸後期）

先に紹介したように『万葉集』の山上憶良の「貧窮問答の歌」には、貧者の糟湯酒が詠まれていたが、それは寝酒を愉しむ、といえるものではなかった。それから約千年の歳月を経て、『持統天皇歌軍法』では、『万葉集』の時代を背景にしながらも、農民の間に「寝酒」（晩酌）を愉しむ習慣が生まれていることを物語っている。

二　寝酒といっていた江戸の晩酌

寝酒とは、寝る前に飲む酒のことで、江戸時代にもこの意味で使われていたが、『持統天皇歌軍法』にみられるように、江戸時代には夕食時に飲む酒も晩酌とはいわずに寝酒といっていた。

慶長八年（一六〇三）にイエズス会宣教師らが編纂し、長崎で刊行したポルトガル語で書かれた日本語辞書『日葡辞書』に、「Nezaqe　ネザケ（寝酒）　寝る前に飲む酒」と載っているので、宣教師たちが日本にやってきた十六世紀後半頃には、寝酒の語が使われていたことが分かるが、晩酌の語は載っていない。この頃には、夕食時に飲む酒も寝酒といっていて、これが江戸時代にも継承されていった。

三　寝酒のメリットを説く人が出現

寝酒の習慣の広まりを受けて、享保期（一七一六〜三六）には、そのメリットを唱える人が現われた。伊丹の酒造家で伊丹俳諧の中興の祖といわれている森百丸（享保十二年没）は、

「寝酒はその名の古ければ、酒もりすける人の心には似ず。その楽しむ事、おのれにあって人にあらず。老いをやしなひ、労をあんじて、玉の枕をからずして、おのづから十洲三島にあそぶ」

と寝酒の効用を唱えている（『本朝文鑑』「不懲《こりずま》亦ノ頌」享保三年）。寝酒ということばは古くさく、酒宴好きの人は好まないが、寝酒は、人に気を遣わないで独りで楽しむことができ、年老いた体に安らぎを与え、人生の苦労をいやしてくれるばかりでなく、高級な枕がなくても仙人が住むという伝説の十洲・三島に導いてくれる、と寝酒の魅力を並べたてている。

十洲・三島とは、中国をとりまく海にあるといわれる十の島（十洲）と三つの山（三島）をいい、いずれも仙人が住む仙境と考えられていた。

四　寝酒の否定論者も出現

寝酒のメリットが唱えられる一方で、寝酒に否定的な考えを示す人も現われた。浪花の漢方医・原省庵は『夜光珠《やこうのたま》』（享保十三年・一七二八）「寝酒を薬といふ説」で、

「世俗に夜臥すに臨んで酒を飲むを寝酒と名づけ甚だ薬なりといふ。これ誤りなり。本草綱目に夜酒に酔ひ睡りて枕に就けば熱擁して心を傷《そこね》り、目を傷《そこな》ふとあり。心得べし。熱擁するとは熱がむらがりあつまりてとりかこむ心也」

と森百丸とは反対の主張をしている。李時珍の『本草綱目』（一五九六年）には「頴曰く、一般に朝の酒を戒めることは心得てゐて、夜飲むことの更に甚しいに気がつかないが、十分に酔ゐ、十分に食つてから睡つて枕に就けば、熱擁して心を傷《そこな》ひ、

目を傷ふ」とある。これを論拠にして、原省庵は、寝酒を薬と考えるのは誤り、と主張しているわけだが、『本草綱目』では、深酒を飲んで寝てはいけないとしているのに対し、原省庵は寝酒そのものを否定し、李時珍より厳しい見解を示している。その是非はともかくとして、この頃には「世間で、夜寝るときに飲む酒を寝酒と呼び、寝酒を飲んで寝ると薬になる」とする考えがあったことがうかがえる。

第四章　明かりの灯る生活

一　新たな灯火原料の利用

(一)　生活時間に夜が加わる

その日暮らしの庶民でも一日の仕事を終えて晩酌を愉しめるようになったのには、平和な時代が訪れ、生活が安定したことによるが、生活の中に灯火を取り入れ、生活時間に夜を加えることが出来るようになったことも大きい。

そこで、江戸の晩酌について述べる前に、江戸の人々の晩酌を可能にした灯火の問題を取りあげてみたい。

明かりを灯す灯油の原料には、エゴマ、ゴマ、木の実（イヌガヤ・ツバキなど）などが使われてきたが、灯火源の生産量は少なく、灯火を利用出来るのは寺社や貴族社会、都市に住む一部の人々に限られ、一般の民衆が灯火を用いて暮らすようになるまでには時間がかかった。長い間、庶民は夜明けとともに起き、日が暮れて暗くなったら寝る、といった生活を続けてきた。

(二) ナタネ油・綿実油・蠟燭の利用

それが江戸時代になると、従来の灯火原料に加えて、菜種(ナタネ)や綿(ワタ)が大量に作付けされるようになり、菜種の種子を搾ったナタネ油や綿の実を搾った綿実油が庶民のところまで行き渡るようになった。また、蠟燭も都市部では普及していった。

地誌『国花万葉記』(元禄十年・一六九七)「江府名匠諸職商人」には、江戸の諸商売が載っているが、「油屋 方々所々ニ有」とあり、「蠟燭屋」の名も十二軒みえる(図8)。江戸市民は町のいたるところで、灯油や蠟燭を入手することが出来るようになっている。

二 ナタネ油の生産

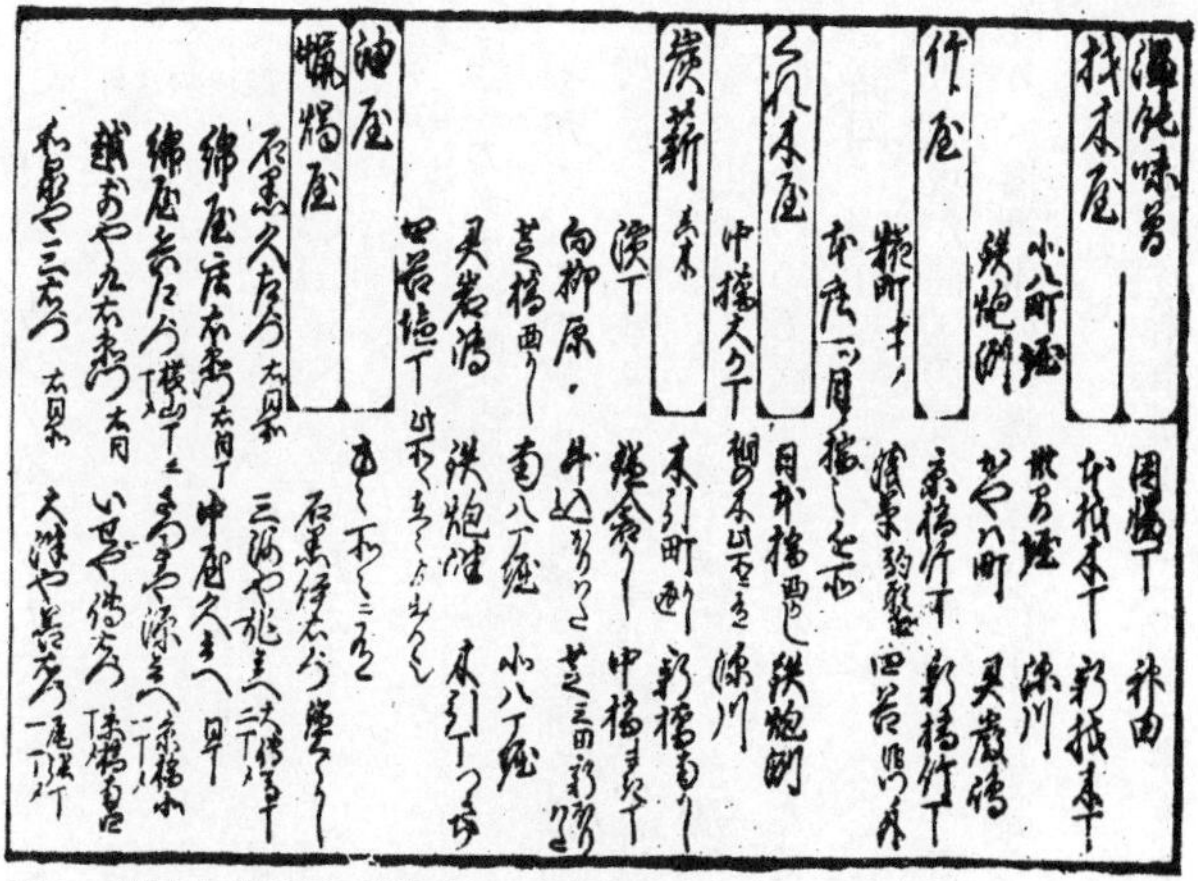

図8　油屋と蝋燭屋。蝋燭屋には商人の名と住所が記されている（図の左の部分）。『国花万葉記』（元禄10年）

（一）ナタネの栽培

ナタネ（菜種）とは、元来、カブラナ、タカナ、カラシナなどの菜の種を指していたが、江戸時代になって、油菜（アブラナ）が油を搾る原料として諸国で栽培されるようになると、油菜の種子をナタネ、種子から採取した油を菜種油、種油と呼ぶようになった。

油菜そのものは、古くから「芸（蕓）薹」の名で栽培されていた。平安時代の本草書や辞書類に、

○「芸薹　或作蕓字　和名乎知」（『本草和名』延喜十八年〈九一八〉頃）

○「芸薹　ウンタイ　ヲチ」（『色葉字類抄』治承元年〜五年〈一一七七〜八一〉頃）

とあるのが油菜の古名で、ウンダイとかヲチと呼ばれていた。芸薹は野菜として煮て食べていたようで、『倭名類聚鈔《わみょうるいじゅしょう》』（承平四年（九三四）頃）には、「芸薹は宜しくこれを煮て噉《くら》ふべし」とみえる。

（二）ナタネ油の生産

やがて、この芸（蕓）薹から油を搾ることが始まった。『搾油濫觴《さくゆらんしょう》』（文化七年・一八一〇）によると、「摂津の遠里小野《おりおの》村（現大阪市住吉区遠里小野）の若野某がはじめて擣押木《しめぎ》によって、蕓薹子（蕓薹の種子）から油を搾る方法を考案。この製油法は、きわめて機能がすぐれていたため、村中の一族がこぞって蕓薹子の油を製して諸国に売り歩くようになった。（家康による）元和元年（一六一五）の大坂平定後は、大坂が諸国の要衝として発展し、遠里小野その外処々の油売りがこの地に引き移り、擣押木の構造にさらに工夫を凝らして、蕓薹子の製油が盛んになった」とある。

搾油法の技術革新が起こって、ナタネからの製油が可能になったのである。

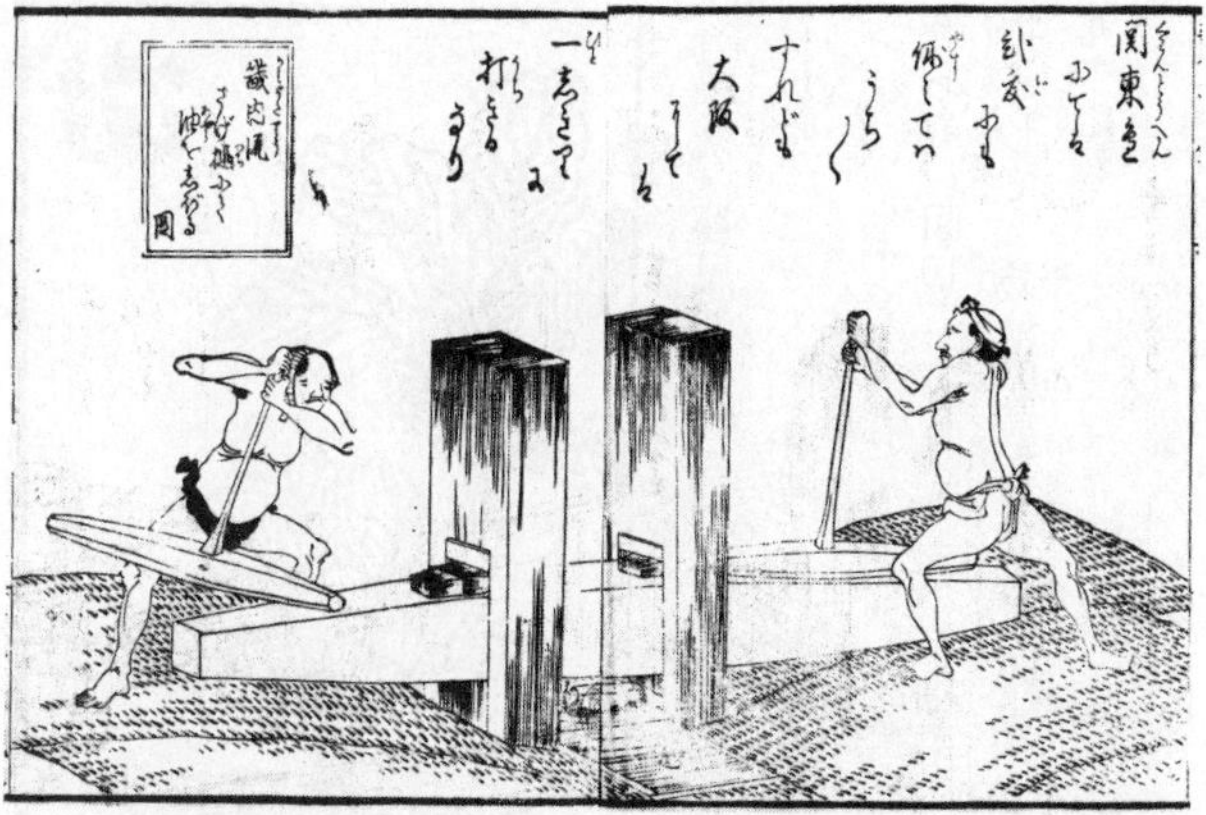

図9　擣押木による搾油。「畿内流　さげ槌にて油をしぼる図」とある。『製油録』（天保7年）

ナタネ油がいつから生産されるようになったか示されていないが、元和年間（一六一五～二四）頃には大坂を中心にナタネ油の主産地が形成されていたようだ。江戸初期に出版された俳諧作法の書『毛吹草』（寛永十五年・一六三八）には、摂津の名物に「遠里小野《ヲリヲノ》油《アブラ》」が挙げられている。

擣押木という搾油法は、二本の立木《たつぎ》に貫《ぬき》（横木）を通し、そこにクサビを打ち込んで、下に置かれたナタネを加圧して油を搾り出す方法で、大蔵永常の『製油録』（天保七年・一八三六）には、その様子が描かれている（図9）。ナタネ油の製品歩留まりは一七～二六パーセントとある。

図10　油菜。『農業全書』（元禄10年）

（三）生産量の増加

その後、油菜の生産量は増加し、宮崎安貞の『農業全書』（元禄十年・一六九七）には、

「〔油菜は収穫後の〕田圃に蒔きて栄へ安く、虫も食はず、子〔実〕多し。油を搾るに利多きゆへ、農民多く作る。三月黄なる花をひらき、さながら広き田野に黄なる絹をしけるがごとし。〈中略〉所により麦の三ヶ一は油菜を種ゆる里もあり」

とある（図10）。ナタネ油用の油菜の栽培は利潤が大きく、麦に代わる水田の裏作物として、栽培が盛んになっている。貝原益軒の『大和本草』（宝永六年・一七〇九）にも、

「油菜〈中略〉其実ヲ油トス。諸州ニ多クウエテ利トス。三月圃中花サキ満地金ノ如シ。〈中略〉農夫山野ノ草茅ヲ焼キ其アトニ即油菜ヲウ〔植〕フ」

とある。ナタネ油を採るために、山野を焼き払って畑作地にして油菜を栽培している。

　三月に黄色い花が一面に咲くとあるが、与謝蕪村は安永三年（一七七四）に「菜の花や月は東に日は西に」と「春景」に詠んでいる（『蕪村句集』天明四年）。『和漢三才図会』（正徳二年・一七一二）には「蔓菁子油《なたねのあぶら》。俗に種《たね》子油と云ふ。一名水油。凡そ蔓菁子油《なたねのあぶら》は今燈用の第一となす」とあって、ナタネ油は、タネ油（種油）、水油とも呼ばれ、十八世紀初めには、灯火源の第一とされるようになっている。なお、ここには「また綿実油は、光、水油に勝る。故に綿実の油少しこれ〔菜種油〕に和合すれば則ち愈々《いよいよ》佳《よき》なり」とあるので、種油には綿実油を少し加えて使っていたようだ。

三　綿実油の生産

(一) 綿の栽培

ナタネ油に加え、綿実油が灯火用として利用されるようになった。綿はインドやアラビアでは古くから繊維作物として栽培されていた。日本には桓武天皇の延暦十八年(七九九)に崑崙人《こんろんじん》(インド人)によって綿種がもたらされ、紀伊・淡路・阿波・讃岐・伊予・土佐及び大宰府等の諸国に植えられたが(『類聚国史』寛平四年・八九二)、うまく育たず、まもなく途絶えた。

その後、十六世紀になると、再び移入した種を蒔いて栽培することが始まった。貝原益軒は『大和本草』「木棉」において、「棉布ハ異国ヨリ近古ワタル。其種子ハ文禄年中(一五九二~九六)ニ来ル」といい、伊藤東涯の『秉燭譚《へいしょくだん》』(享保四年・一七一九)「木綿種ノコト」には、「今ノ木綿ハ文禄・天正(一五七三~九六)ノ比ヨリ広リテ、桓武ノ時ヨリ植来ル種ニ非ズ」と、木綿《きわた》(綿の古名)の新種が伝来したことを告げている。

江戸時代になると、全国的に木綿栽培が広がるが、畿内とその周辺の国々が木綿およびその加工品の中心的産地になった。延宝八年〜天和二年（一六八〇〜八二）頃成立の農書『百姓伝記』「きわた〔木綿〕を作る事」には、

「六七十年このかた国々に色々種多くなる。〈中略〉五畿内のうちはいづれの里々にも木綿をつくり得たる事余国にすぐれ、今国々へさねわた〔実綿〕・くりわた〔繰綿〕にして出す」

「さね〔種〕には油多くこれ有故、その名をしろ〔白油〕と云て、今専《もっぱら》しめとる〔搾り取る〕」

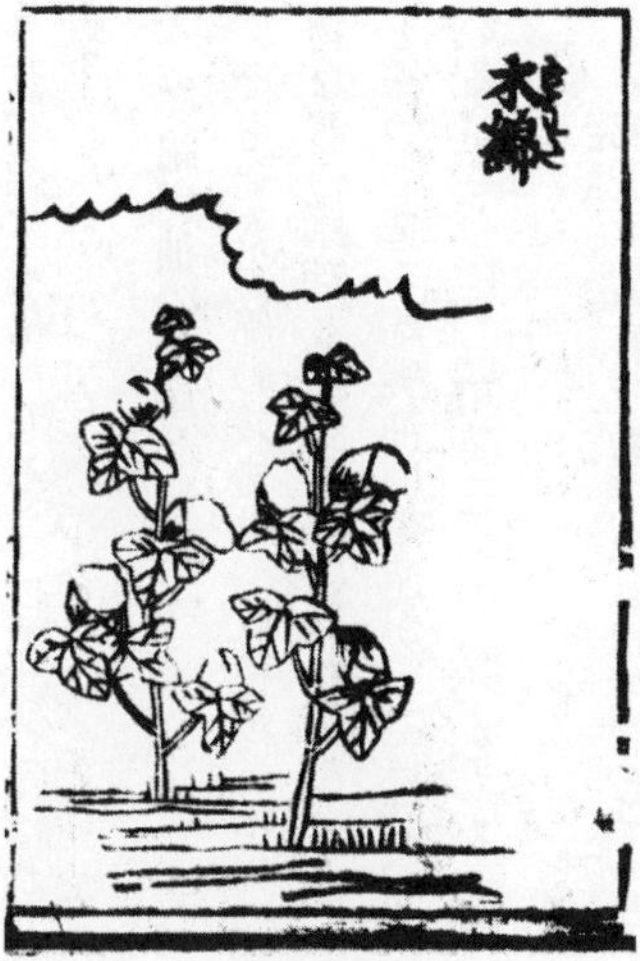

図11　木棉。『農業全書』（元禄10年）

とあり、『農業全書』「木《き》綿《わた》」にも、

「南北東西いづれの地にも宜しからずと云ふ事なし。その中に付て河内、和泉、摂津、播磨、備後、凡そ土地肥饒《ひじょう》なる所、是をうへて甚だ利潤あり」とある（図11）。

木綿が五畿内中心に盛んに栽培

され、綿実油は「しろ」（白油）と呼ばれて出回っている。

（二）綿実油の生産と普及

そもそも木綿の栽培は、収穫後に木綿の種子を包む繊維（綿毛）を分離し、綿織物などの原料とするために行われたわけだが、綿毛を取り除いた種子（実）から油を採って造る綿実油の生産が、『百姓伝記』によると、一六八〇年代には始まっている。さらに、『和漢三才図会』をみると、

「綿子《わたさね》。〈中略〉磨《ひき》て末（粉）にして灯油に搾るを白油と謂ふ。光大にして明るし」

「綿実の油（濁りて燈用に堪えず）。摂州平野の人（石灰を少しばかり加へ用《もちふ》れば則ち澄む）、始めて澄《す》む法を考へて、今盛んに用ふ」

とある。

綿実油は、品質に改良が加えられ、白油として盛んに用いられるようになっているが、前述したように種油に少し加えて使うといっそう照明効果が上がったので、

種油に加えて使っていた。幕末頃の様子になるが、旗本の久須美祐雋《くすみゆうせん》が大坂町奉行に在職中に見聞した大坂の風俗を記した『浪華の風』（安政三年・一八五六）には、

「油の事は在より出すは、菜種・綿実を絞りたる油にて、綿実を絞りたるを黒油といふ。之を今一度製法して白く成たるを白油といふ。右の白油へ菜種の油を加入して灯油となすなり」

と大坂では白油に種油を加えている。いずれにせよ、白油と種油をブレンドしたものが「種油」（水油）として売られていたようだ。

四　高価な種油と安価な魚油の生産

（一）高価な種油

種油（水油）が灯火用の油としておもに使われていたが、水油の値段は安くはなかった。越後屋（三井）京都本店が江戸本店からの報知を書き留めた「江戸日用品小売物価表」によると、宝永七年（一七一〇）における江戸の水油の価格は、一石

（約一八〇リットル）当たり、酒の二・八倍位で、その後もあまり変化がなく、文政六年（一八二三）に至っても水油の価格は酒の約二倍している（『近世後期における主要物価の動態』昭和六十四年）。現在の灯油の価格は、資源エネルギー庁の「石油製品小売市況調査」（令和五年一月二十五日公表）によると、関東地方における灯油一升（約一・八リットル）当たりの価格は二〇〇・九円となっている。今ならば、灯油一升は酒一升よりもかなり安い値段で買える。

種油は高価で江戸市民の家計を圧迫していた。そこで安価な魚油を利用する人が多くいた。

（二）魚油の生産と原料

魚油は、元禄時代（一六八八〜一七〇四）頃には生産されていた。『本朝食鑑』（元禄十年・一六九七）「魚脂」には、「鯨《くじら》・鰐《わに》・鱶《ふか》・鮫《さめ》・海豚《いるか》・鰯《いわし》魚の類は、いずれも脂膏《あぶら》が多い。我が国ではこれを民間の燈油としている。昔は「魚脂を点燈すれば盲目になる」と言われたが、まだ試していない。魚油の燈火の点《つ》けはじめには、ツンと鼻を熏《さ》し、喉を刺激し、悪心を発《おこ》すが、盲目になるほどの甚だしいことにはならない」

とあって、鯨など七種類の魚油が灯油に使われている。

（三）魚油の増産と安価な魚油

魚油は点けはじめの刺激臭がひどかったようだが、その後品質が改善されて普及していった。『本朝食鑑』から一〇〇年以上経って書かれた佐藤信淵の『経済要録』（文政十年・一八二七）には、

「活物類《いきものるい》の油を取て、人世の用に供すべき物極めて多し。先ず、魚類に於いては、海鰌《くじら》の油を第一とす。なんとなれば、海鰌油はその色清くして臭気少なく、以て灯火に用ゐるにその光白く明亮《めいりやう》なり。〈中略〉その次は海豚《いるか》及び鮪・鱒・鯖・青《か》魚《ど》・かさご・河豚《ふぐ》・三摩《さんま》等も皆その油を搾るべし。〈中略〉凡そ魚油の最も多く取るべきは、海鰮《いはし》より大なるは無し。然れども鰯油はその臭ひ極めて悪く、最も下品なり。〈中略〉又活物油の悪臭を除く秘法あり。この法を行ふときは、菘《な》種《たね》・蘇《え》麻《ごま》・芸薹《あぶらな》子等の油に異なること無きを以て、奸曲《かんきょく》なる賈《こ》人《じん》〔商人〕はこれ

を清浄なる油に混じて鬻《ひさ》ぐが故に、官より厳しくこれを禁じ給へり」とある。魚油を取る魚の種類は、六種類から九種類以上に増え、さまざまな魚から油を取るようになっていて、魚油が普及していることが分かる。品質の良さでは鯨が第一に挙げられ、「色は澄んでいて、臭気が少なく、灯火に用いると光は白く、明るい」が、生産量が最も多いイワシ油は、「臭ひ極めて悪く、最も下品」とある。品質が向上したとはいえ魚油にはピンからキリまであって、江戸の庶民は予算に応じて使い分けていたものと思える。

なかには、魚油独特の悪臭を取り除く方法を考案して、種油に混ぜて売る悪徳商人も現れている。

魚油の品質はさらに向上し、紙で漉して精製し、「紙漉魚油《かみごし》」として売られるようになった。水野忠邦による天保改革が行なわれた際、諸色掛り名主たちが江戸の諸商品値段を調べて書き上げた『物価書上』（天保十三年・一八四二）によると、「紙漉魚油」が一升二二〇文で売られている。一方、「水油」（種油）は一升四七五文している。魚油は水油の半値位で買うことができ、安価な灯火として、江戸庶民の夜を照らしていた。

五　蠟燭の生産

（一）蠟燭は贅沢品

魚油が庶民の灯火であるのに対し、蠟燭は高価な灯火源だった。

日本では奈良時代以来、中国から輸入された蜜蠟燭（ミツバチの巣を構成している蠟を使用）が用いられてきたが、貴重品だったので利用できるのは宮廷、貴族の邸宅、寺院の一部などに限られていた。

やがて、室町時代後期の天文〜永禄年間（一五三二〜七〇）頃になると、ウルシやヤマウルシの実から採取した蠟（木蠟《もくろう》）で作る国産品の木蠟燭《もくろうそく》（和ろうそく）が製造されるようになった。ウルシの樹皮からは漆の原料となる漆汁を取ってきたが、実から蠟燭の原料となる蠟を取ることが始まったわけで、ウルシの木は優れものである。

さらに、江戸時代になると、ウルシ蠟のほかにハゼ蠟の採取も行なわれるようになった。木蠟燭の生産量が増して、江戸の町には蠟燭屋が出現した。地誌『国花万葉記』「江府名匠諸職商人」には、十二軒の「蠟燭屋」の名がみえることを紹介し

図12　「らうそく師」。『今様職人尽百人一首』（享保14年頃）

たが（五二頁）、享保期（一七一六〜三六）を中心に江戸で活躍した近藤清春が描いた百種類の職人のなかに、「らうそく師」が描かれている（『今様職人尽百人一首』享保十四年頃、図12）。

しかし、蠟燭の広まりは、都市部中心だったので、江戸中期の小咄本『評判の俵』（天明八年・一七八八）には、蠟燭を知らない村人が珍騒動を引き起こす小咄（笑話）が載っている。

「片田舎《かたいなか》へ江戸の縁者《えんじや》から、らうそくを一と箱遣《や》れば、一家《いつけ》残らずあつまりて、是《これ》は替つたものだ。何んで有《あ》ろふと評判しても、一向《いつかう》わからず。ひよつと喰《くい》ものかもしらぬと、一と口喰つて見れば、しごくやはらか故《ゆへ》、いよ〳〵喰ものに議定《ぎぢよう》して、打寄《うちより》喰ふおりふし、庄屋どのがひよつくり来て、此ていを見て、きもをつぶし、「ヤレ、てんこちも無ひ〔途方もない〕事をしめさる。是はこのまへ大坂で見た、口から火をふく物だはへ。それを喰つてたまるものか。サア〳〵大事だ〳〵。喰つたものは、のこらず池へ入《はひ》らつしやひ。きつといひつけましたといひすて、すぐに棒《ぼう》をついて、村中をかけまはり、火の用心〳〵」

片田舎に住む一家が、江戸の縁者から蠟燭を贈られたが、これまで見たことのないものだった。食べ物ではと思って、食べているところへ庄屋がやってきて、肝をつぶす。庄屋は大坂で見た蠟燭を「口から火をふく物」と勘違いし、それを食べたからさあ大変、と村中に火の用心を触れ回る滑稽さが落ちになっている。

（二）蠟燭の流れ買い

『評判の俵』の小咄は、蠟燭が江戸や大坂などの大都市を中心に普及していることを物語っているが、大都市の江戸においても、高価な蠟燭は再利用されていた。

『守貞謾稿』〈嘉永六年・一八五三〈慶応三年・一八六七まで追記あり〉〉「巻之六」には、

「蠟燭の流れ買ひ　挑灯・燭台等すべて燭の流れ余る蠟を買ひ集む。風呂敷を負ひ秤《はかり》を携ふ」

とあって、蠟燭の流れ買いが、風呂敷を負い、秤を携え、提灯や燭台などに流れ落ちて固まっている蠟を目方買いしている。吉原や芝居町など、蠟燭を贅沢に灯して営業している所には、流れ買いが多く出回っていて、西沢一鳳の『皇都午睡』三編（嘉永三年・一八五〇）には、「吉原・芝居町などへは蠟燭の流れ買わふ〳〵とも云ひ歩行《あるく》あり」とある。物を大切にした江戸のリサイクル社会を象徴する商売である。

六　町を巡っていた油売り

江戸には油屋のほかに油売りが町を巡っていた。歌川豊広はその姿を『松染《しようせん》情史秋七草《じようしあきのななくさ》』（文化六年）に描いているが、油売りは、油桶から柄杓で升に油を入れ、それを油さしに注いで量り売りしている（図13）。この油さしの油を買い手の容器に移し替えるのだが、粘性のある油を扱う一連の動作は時間がかかる。「油を

図13　油売り。『松染情史秋七草』（文化６年）

売る」という成語は、「仕事を怠けてむだ話をする。また、仕事の途中で時間をつぶして怠ける」（『広辞苑』）という意に用いられるが、『新編大言海』（昭和三十一年）は「油を売ると云ふは、油売の、柄杓にて、油を他器に移すに、液のすぢを引くより、長引くと云ふ謎なり」と説明している。江戸中期には、

○「油売り油は売れず油を売る」（苔翁評万句合　明和二年）

などと詠まれている。

江戸時代末期の江戸の様子を描いた菊池貴一郎の『絵本風俗往来』（明治三十八年）「油売《あぶらうり》」には、その様子が詳しく載っている。

「黒ぬり桶に銅《あかゞね》の内張《うちはり》をしたるは、恰《あたか》も火桶の如く、その桶に売物の油をたくわへしは、まず第一に種油《たねあぶら》といふは毎夜《まいや》灯火《ともしび》に用《もち》ゆる油なり。魚灯《ぎよとう》といふは、灯火《ともしび》油《あぶら》の粗物《そぶつ》にして、胡摩の油は食物に遣《つか》ひ、荏《え》の油は油障子などに用《もち》ゐ、椿の油は婦人の髪に用《もち》ゆ。この外《ほか》に小さき蠟燭を商ふ。油屋は紺無地の衣《い》、同じく小倉織の帯に前垂《まえたれ》をかけ、襷《たすき》かひがひしくかけ、稼業に出《いづ》るは午後《ひるすぎ》なりける。日々廻る

得意場《とくいば》の定《さだ》まりし土地あり。「ヘエ油、ヘエあぶらア」と呼ぶ声の聞ゆるや否《いな》、裏家《うらや》住居《すまゐ》の独住《ひとりすみ》、留守を預《あづか》る族《やから》は、油注《あぶらさし》を取出し、一合買ふあり、五勺需《もとむ》るありて、日暮れの繁忙 夥《おびたゞ》しきは、市中所々の横丁、新道《しんみち》の裏屋にて油を買ふこといづれも同じ」

油売りは用途にしたがってさまざまな油（種油、魚油、胡麻油、荏胡麻油、椿油）を売っている（図14）。灯火用の油は種油が一般的で、魚油は「粗物《そぶつ》」とある。小さな蠟燭も売っている。

油売りは午後から仕事に出かけるが、油売りがやってくると、長屋からは油さしを持った人たちが買いに集まり、日暮どきは繁忙を極めている。油さしに一合とか五勺とかその日に使う分を量り売りしてもらった人は、それを持ち帰って、行灯の油皿に注いで灯火源にするのである（図15）。

灯火の普及によって、江戸では長屋の住民でも、行灯の明かりを灯して、晩酌ができるようになっていたが、その様子を述べる前に、江戸の人々が灯火のもとで外食を愉しんでいたようすを眺めてみる。

図14　油商人。『絵本風俗往来』（明治38年）

図15　油皿。油皿に火を灯し、行灯の火袋に入れている。『百人女郎品定』（享保８年）

第五章　灯火のもとでの外食

一　煮売茶屋の夜間営業

(一) 夜間営業の食べ物商売が現われる

灯火用の油が普及していくなかで、江戸には夜間に火を灯して飲食を提供する商売が現われた。江戸に幕府が開かれて半世紀ほど経った頃には、その数がかなり増えていたとみえ、町奉行所は寛文元年（一六六一）十月に、夜間の営業を禁止している（『御触書寛保集成』昭和三十三年）。

「一、町中茶屋ならびに煮売の者、昼の内ばかり商売致し、暮六ツより堅《かた》く商売仕《つかまつ》るまじき事」

「一、町中にて夜中火鉢に火を入れ、ならびにあんどう〔行灯〕をとぼし〔灯し〕、煮売持あるき候もの、向後《きょうこう》かたく売らせ申すまじき事」

茶屋や煮売の者が暮六つ（午後六時頃）以後に営業すること、夜間に火鉢に火を入れ、行灯を灯して煮売の振り売りをすることを禁じている。江戸は火事が多く、夜間に火を使う商売は火事を引き起こす危険があるからだが、取締りの対象になるほどに飲食を提供する商売が増え、夜間営業もしていたことがわかる。

江戸の幕府が出来て、六十年近く経った頃には、灯火用の油が江戸の町に出回り、人びとが、明かりの灯る外食の場で夜のひと時を過ごし、煮売の振り売りが行灯に火を灯して煮物を売り歩き、移動コンビニのような役割を果たすようになっていた。

(二) 煮売茶屋の繁昌

茶屋とは茶を飲ませる店のことだが、茶のほかに団子などの食べ物も食べさせていた。こうした茶屋が分化して、煮物を中心に簡単な食事、酒、茶を出す茶屋が現われ、煮売茶屋と呼ばれるようになった。寛文元年の町触れに「煮売の者」とあるのが煮売茶屋で、煮売茶屋ではたえず火を使っていたにもかかわらず、お触れに従

わず夜間営業を続けていた。そこで町奉行所は、翌年の寛文二年九月には煮売茶屋を特定して、

「店にて煮売茶屋 仕《つかまつ》り候はゞ、前々より申付候通、夜中一円煮売仕るまじく候事」(『正宝事録』)

と、夜間営業を禁止している。煮売茶屋が繁盛し、夜間営業していたことがうかがえる。

浅井了意は、この年に江戸の名所案内記『江戸名所記』を出版しているが、そこには煮売茶屋が描かれている（図16）。二人の案内人が江戸の名所を案内する筋書きになっていて、二人はこの煮売茶屋に立ち寄って、酒を飲みながらこれから巡る道筋について相談しているが、煮売茶屋の入口では団子か田楽らしきものを焼いている。煮売茶屋ではこのように煮物に限らず焼物も提供し、酒も飲ませていた。

図16　江戸の煮売茶屋。団子か田楽らしきものを焼いている。店の向って右の方、床几に腰かけているのが案内人であろう。『江戸名所記』（寛文２年）

二　料理茶屋の繁昌

（一）料理茶屋が現われる

茶屋がさらに分化し、客室を設けて、灯火のもとで客に飲食を提供する料理屋が現われた。

江戸前期の歌人・戸田茂睡は、浅草雷門前にある並木町の茶屋町の賑わいを活写しているが、そこの「福や」という店に入った時の様子を次のように記している（『紫の一本《ひともと》』天和三年・一六八三）

「奥の二階へ上りたれば、はや盃を出したり。菓子にとりては何々ぞ。まづ日の本の第一番、日本橋の一町目塩瀬が饅頭・小饅頭、麹町のふの焼、助惣よりぞはじまりける。池の端のめりやすせんべい、本所高橋のくずせんべい、芝の陳三官の唐飴なり。飯田町の壺屋が饂飩を出し、所の名物なりとて、駒形堂の鯉を高砂屋が味噌にて吸ものにし、其外橋場の蜆、深川のかき、豊島川の白魚に浅草海苔の吸物あり。酒も所の名物とて隅田川を出し、永代島の三笠山、伊勢屋の吉兵・

作兵が蔵の奥の本直し、あわせ酒まで飲せたり。ねりま大根、岩附牛房、葛西菜、芝海老、千住ねぶか、とりかへ〳〵馳走する」

二階座敷に上がると、店ではまず盃を出し、次いで名物の菓子類、江戸前の食材や名産を用いた料理や吸物などを色とりどりに取り揃えて提供している。酒の種類も豊富で、江戸の銘酒の隅田川、本直し（焼酎と味醂をほぼ半々にブレンドした酒）、合わせ酒（種々の酒をブレンドした酒）などが用意されている。

やがて、この茶屋町には料理茶屋と呼ばれる料理屋が現われた。菊岡沾凉の『江戸砂子』（享保十七年・一七三二）には、「並木町　此所、むかしは松並木ありとぞ。今は茶屋町也。藤屋・菱屋・扇屋・鯉屋などといへる料理茶屋あり」と紹介されている。並木町の茶屋町には、何軒もの料理茶屋が出現している。

さらに、同書の続刊『続江戸砂子』（享保二十年）によると、並木町のほかにも本所尾上町や南本所元町に料理茶屋が生まれているが、越智久為の『反古染《ほうぐそめ》』（宝暦三年～天明九年）には、享保の半ば以降に「両国橋詰の茶屋、深川洲崎、芝神明前抔《など》に料理茶屋出来」とある。享保年間（一七一六～三六）には江戸の各地に料理茶屋が出現し、

○「白箸の乾く間もなし料理茶や」（誹諧浜の真砂　享保十五年）

と繁盛していた。

（二）浮世絵に描かれた料理茶屋

料理茶屋は浮世絵にも描かれるようになった。浮世絵師西村重長の延享年間（一七四四〜四八）頃の作品と推定されている「両こく橋すゞみの景色」には、料理茶屋の二階座敷が描かれている（『東洋文庫名品展』平成十五年、図17）。両国橋西詰の広小路に南面した米沢町（現中央区東日本橋二丁目）辺りの料理茶屋で、そこから眺めた隅田川や両国橋がみえている。「すゞみ（涼み）の景色」とあり、座敷の四か所に燭台が立てられ、隅田川に浮かぶ舟からは花火が打ち上げられている。夕暮時から夜にかけての情景であろう。右下に描かれている仲居（座敷女中）は燗鍋を手にして梯子を登っている。二階建ての立派な料理茶屋で、灯火のもとで酒宴が催されている。

（三）料理茶屋の賑わい

料理茶屋が繁盛していく中で、とりわけ中洲《なかず》の料理茶屋が賑わいを見せるようになった。隅田川に架かる新大橋下流の隅田川と箱崎川との分岐点に中洲があった（図18）。この中洲の箱崎川側が明和八年（一七七一）に埋め立てられて、日本橋浜町と陸続きの新開地が造成された。新開地は「中洲三ツ俣富永町」と呼ばれ、まもなく水茶屋（茶見世）、料理茶屋などが建ち並ぶようになった。喜田有順の『親子草』（寛政九年・一七九七）「中洲全盛の事」には、

新地が出来ると、「程なく家居も建て続き、わけて夏気は夜のにぎやかさ、河岸通りへは葭簀《よしず》張《ばり》の水茶屋出来、掛け行灯は軒をならべ、〈中略〉料理茶屋、或は留守居茶屋抔《など》二階屋に出来、〈中略〉中にも、大橋（新大橋）の方之角に、四季庵といふ茶屋至て奇麗にて、籞《いけす》に鯉・鱸《すずき》を囲ひ、夏気は折ふし大名衆へ貸し切にて、紫の幕など打ち、遊興これあり候事、折々見掛け申し候。夜分は、茶屋々々にて二階下へ掛行灯などともし、分《わけ》て中川より舟にて見候風景、誠に日本一の夜の涼と、皆人風聞いたし候」

こく橋すゞみの景色」(延享年間頃)

図17　料理茶屋の二階座敷。座敷の四か所に燭台が立てられている。「両

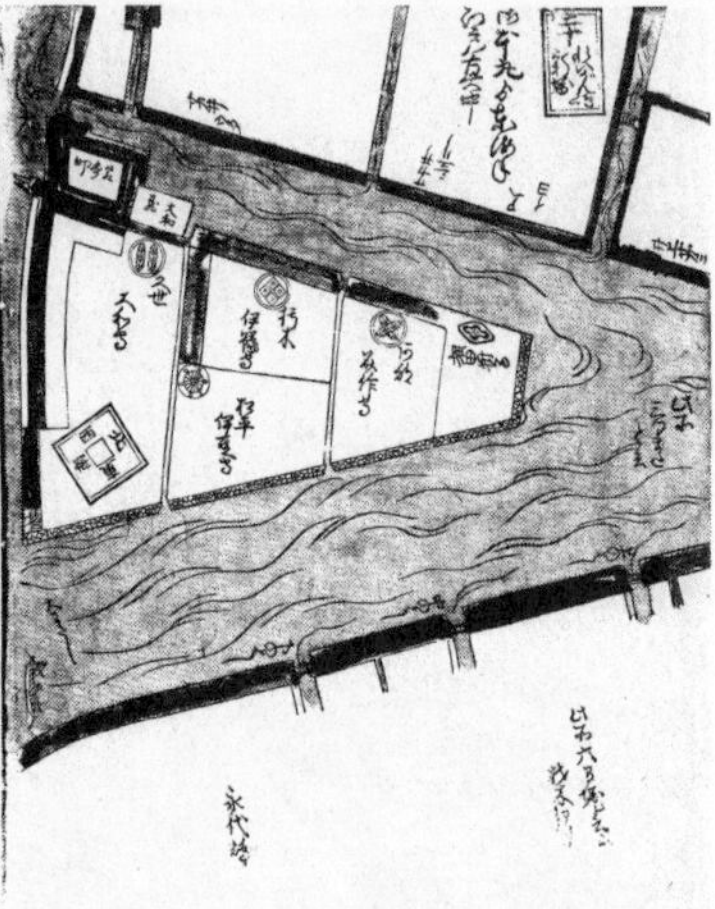

図18　中洲の図。上方の箱崎川が埋め立てられて新開地が造成された。『江戸方角安見図』（延宝８年）

とあって、水茶屋や料理茶屋などが夜間に掛け行灯を灯して営業し、納涼の人々でにぎわっている（図19）。著者がどのような人物か不詳だが、文中に、中洲の賑わいぶりを「折々見掛け申し候」とあるので、実際に見た光景である。

漢詩人で狂歌作者の中井董《とう》堂《どう》の狂詩集、『本丁文酔《ほんちようもんずい》』（天明六年）「中洲納涼」にも

「納涼の一処中洲に築く。数万の行灯照して油を費やす。岸上は飴《あめ》の若《ごと》く食店を連ね、川端は鮓の如《ごと》く楼舟を並ぶ」とある。

中洲では飲食店が明々と明かりを灯して、営業している様子がみてとれるが、その中には四季庵を始め十九軒もの料理茶屋が軒を並べていた（『大抵御覧』安永八年）。そのうちの四季庵は、「四季庵といへる料理見世出来、多くの女子を置、価至

って高く、大に繁盛。〈中略〉夏間の涼は川づら、てうちん屋のごとし」(『明和誌』文政五年頃)で、多くの女性を抱えて、まるで提灯屋のように明かりを灯して営業していた。

(四) 料理茶屋のランク付け

中井董堂が島田金谷の名で著した洒落本『彙軌本紀《いきほんぎ》』(天明四年・一七八四)では、芝居小屋で出会った浪華の客から「当世流行するものは何〳〵ぞ」という問いかけに対し、江戸っ子の著者(江戸の本町に住む商家の番頭)が「出る儘《まゝ》の東《ゑ》都《と》自慢」をしているが、その中に料理茶屋をあげて、「ハテ食類とはおもしろし。樽三《たるさぶ》・舛《せう》屋《おく》・大紋屋・葛西《かさい》太郎に大黒屋、浮瀬《うかむせ》、沈流《ちんりう》、山藤庵、楽庵、百川、四季庵の、四季おり〳〵の献立に善尽し、美尽せり」と自慢している。

序文に「老子の曰く、大金を費やすこと小銭を遣ふがごとしとは、これ東《え》都子《どうこ》の気情《きしやう》を顕はす所なり」とあるように、江戸っ子はこうした料理茶屋に大金を費やし、料理屋文化を育んでいたのである。

ここに名の見える樽三・楽庵・四季庵は中洲、升屋は深川洲崎、大紋屋は塩浜(洲崎の東、平井新田)、葛西太郎・大黒屋(ともに鯉料理が名物)は向島、浮瀬(大

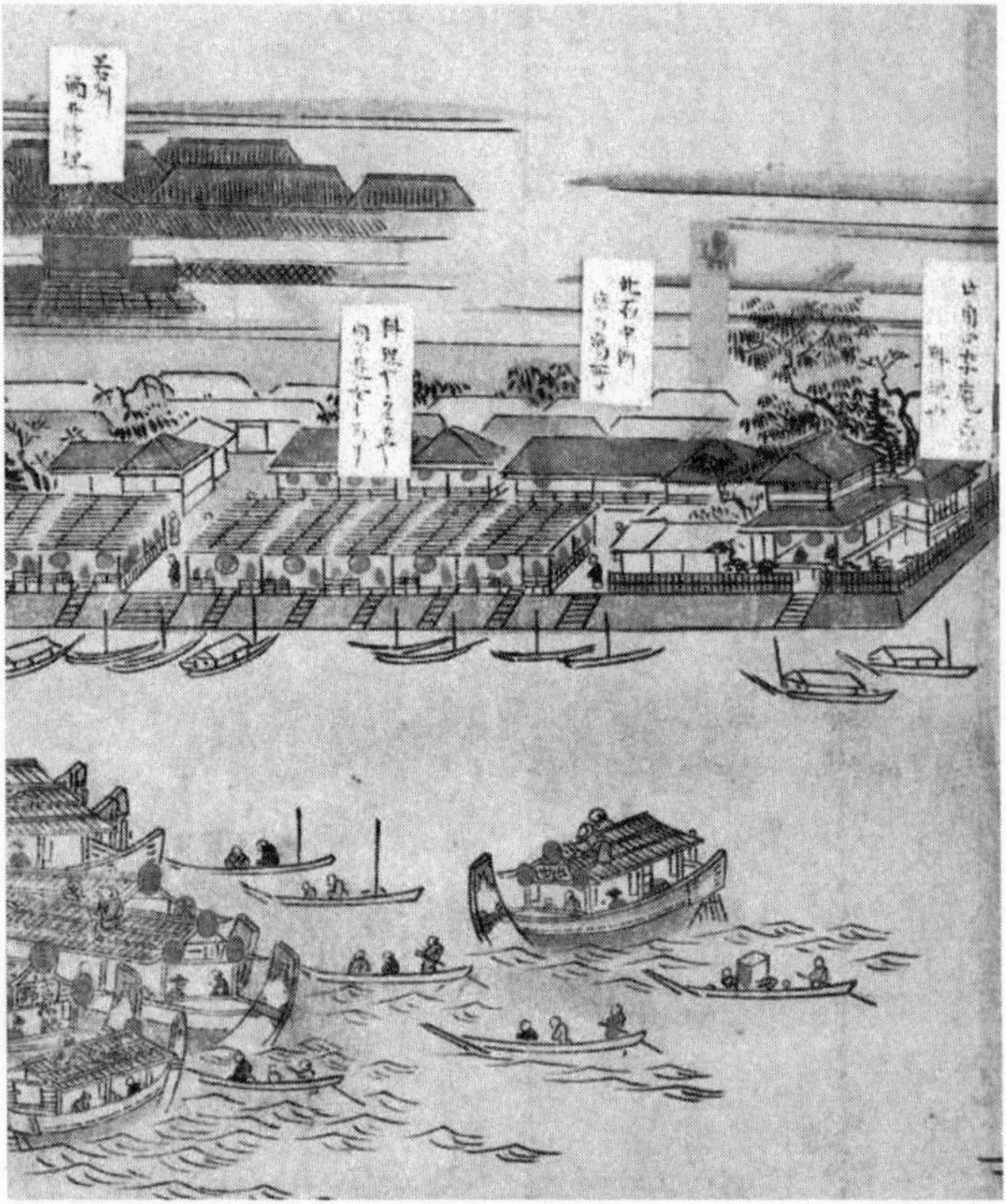

浮かび、花火が打ち上げられている。「東都隅田川両岸一覧」（天明元年）

図19　明々と灯をともした中洲の料理茶屋。手前の隅田川には遊覧船が

図20　二軒茶屋遊興の図。「二軒茶屋の酔覚《よいざめ》は十六夜《いざよひ》の入《いる》かたをおしむ」とある。『絵本物見岡』（天明5年）

盃で酒を飲ませる店）は浅草駒形、山藤庵（卓袱《しっぽく》料理）は神田佐柄木《さへき》町、百川（卓袱料理）は日本橋浮世小路にあった料理茶屋である。このほかにも、同じ年に出版された大田南畝の『頭《あたま》てん天口有《てんにくちあり》』によると、真崎《まつさき》（浅草橋場）に甲子屋（田楽）、待乳山に三橋亭、日本橋芳町に五井屋、雑司ケ谷に茗荷屋・耕向亭、深川に升屋望汰欄《ぼうだら》、深川富岡八幡境内に西宮・二軒茶屋（松本、伊勢屋）といった名店があった（図20）。

天明年間（一七八一～八九）には、江戸の至る所に料理茶屋が存在し、特色のある店が生まれていたが、こうした料理茶屋をランク付けするこ

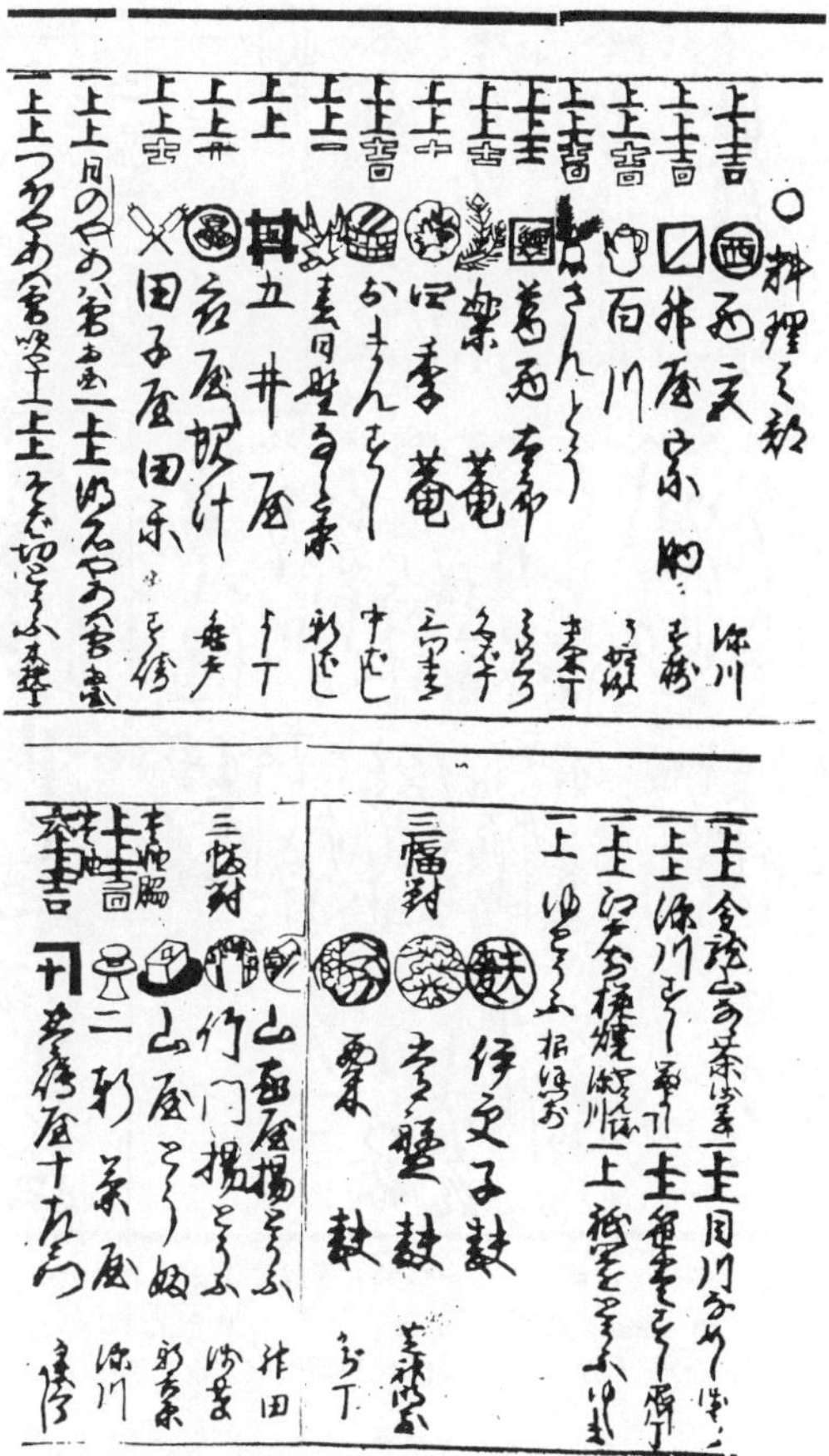

図21　飲食店の「上上吉《じようじようきち》」形式によるランキング。「上上吉」を最高位に、字画が少なくなるほどランクが下がる。『富貴地座位』（安永６年）

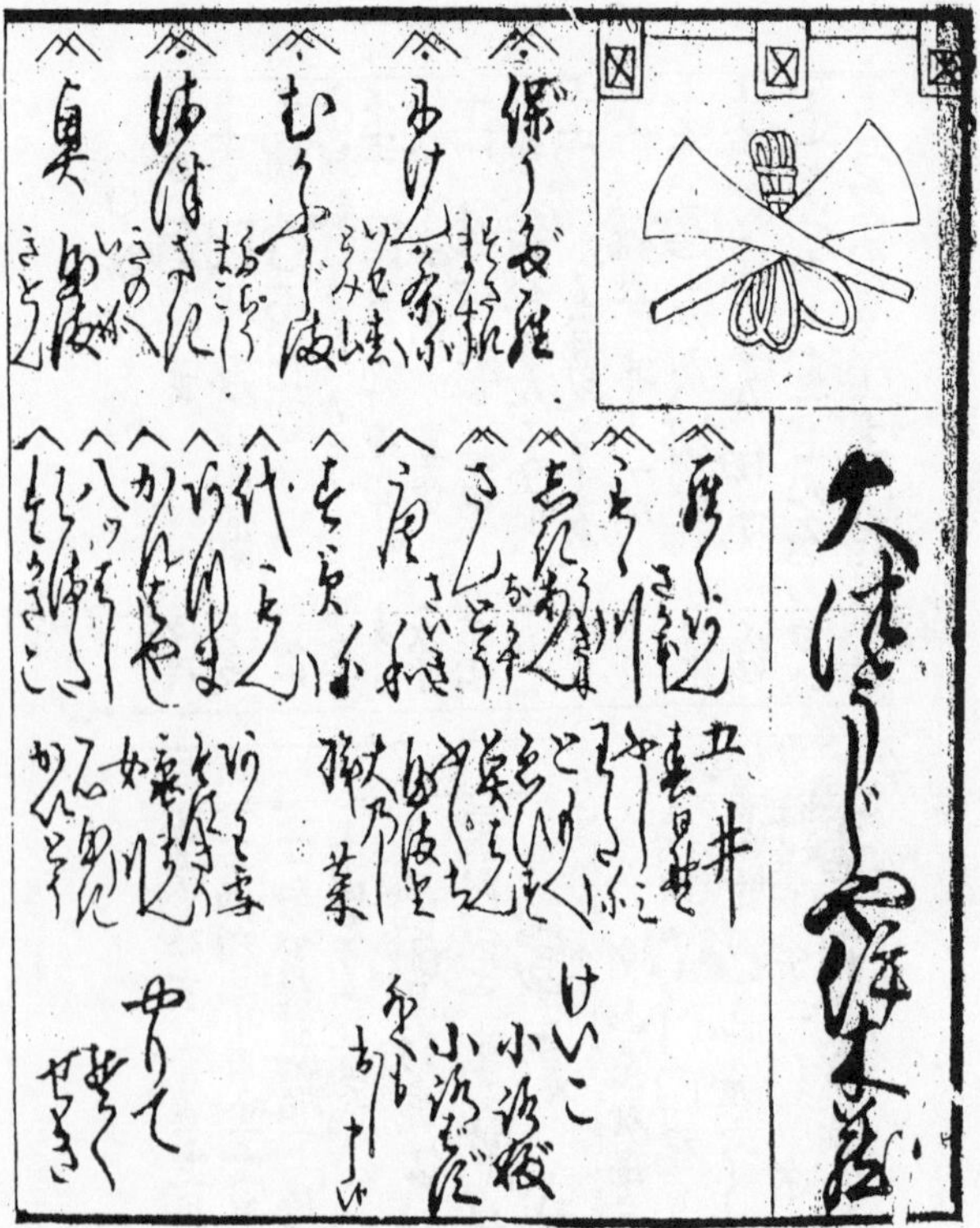

図22　飲食店の「入山形《いりやまがた》」と「一つ星」形式によるランキング。「入山形」に「一つ星」を最高位に、星のない「入山形」、「山形」、山形なし、の順にランクが下がる。『自遊従座位』（安永９年）

とが、すでに安永年間（一七七二〜八一）に始まっていた。

三都（江戸・京都・大坂）の名物をランク付けした安永六年の『富貴地座位《ふきじざい》』には、江戸の「料理之部」に三十一軒の飲食店が（図21）、同じ年の『土地万両』「料理の部」には十九軒の、安永九年の『自遊従座位《じゆうじざい》』には三十四軒の飲食店がランキングされている（図22）。この三書には、重複している店があるので、それを除くと、五十二軒の飲食店がランキングされていて、料理茶屋が上位を占めている。

飲食店のランク付けとしては『ミシュランガイド』が有名であるが、『ミシュランガイド』の創刊は一九〇〇年で、一九二六年から「星」による一流レストランのランク付けが始まった。従って、江戸では『ミシュランガイド』より一五〇年も早く飲食店のランク付けを始めていて、二四〇年以上の歴史を有していることになる。

三　居酒屋の繁昌

（一）居酒屋が現われる

現在の料亭に匹敵する料理茶屋では、女性が接待し、芸者を招いて酒宴を催していたが、こうした料理茶屋を江戸の庶民は気軽に利用することが出来なかった。おもにハイソサエティーの人たちが利用した料理茶屋に対し、江戸の庶民が気軽に酒を飲める店として現われてきたのが居酒屋だった。

居酒屋とは店内で居酒をさせる酒屋の意で、居酒屋の名は寛延年間(一七四八～五一)に現われた(『居酒屋の誕生』平成二十六年)。料理茶屋と同じく、居酒屋も夜間営業していて、宝暦十一年(一七六一)六月六日には、「家重の一回忌法要期間中は、火の用心のため、湯屋・饂飩屋・居酒屋などは暮六つ(六時頃)以降の営業を禁止する」といった町触れが出されている(『江戸町触集成』七五四一)。九代将軍家重の一周忌法要をつつがなく執り行うために、火災予防上、火の元危険業種に対して夜間営業を禁じているのだが、それに居酒屋が含まれている。居酒屋が火の元危険業種にみなされるほどに増え、夜間営業していたことがわかる。

(二) 深夜営業の居酒屋も出現

さらに、居酒屋のなかには夜通し営業する「夜明かし」という店も現われた。十返舎一九の『洪福水揚帳《こうふくみずあげちょう》』(文化十年)には、三人の「わるもの」(悪者)が夜明かしで酒を飲んでいる(図23)。文中には「京ばしの夜あかしざかやへしけこみ、三人ともいろ〳〵のさかなたのみしてのみ」とあって、店内には紙屋の菊、剣菱、七

図23　夜明かしでの飲酒風景。三人組のほか、新たに一人客が入って来て、「どうだ、ふぐのすつぽん煮はできるかの」と訊いている。『洪福水揚帳』（文化10年）

つ梅などの名酒の酒樽が積まれている。この夜明かしでは、名酒を取り揃え、酒の肴もいろいろ用意している。

夜明かしは歌舞伎の世界にも登場する。初世並木五瓶作の『富岡《とみがおか》恋山開《こいのやまびらき》』（寛政十年初演）「二幕目」では、道楽者の蛇之助が「俺が顔で借りてある夜鷹蕎麦と夜あかしやの酒代、両方で四貫八百、こいつも一緒に払って貰はぬと、蛇之助の顔が利《き》ませぬ」と、浪人の鵜飼九十郎に夜明かしで飲んだ時に立て替えた酒代の催促をしている。二世河竹新七（後の黙阿弥）の

『三人吉三廓初買《さんにんきちさくるわのはつかい》』（安政七年初演）「三幕目」では、夜鷹（街娼）の「はぜ」と「てふ」が、

はぜ「言ひてへ事があるなら、おもいれ言ふがいい。なんぞといふと返せ〳〵と。こつちこそ貸しがある。そつちから借りた覚えはねへ」

てふ「ナニ、ねへ事があるものか。一昨日《おとつひ》の晩、蕎麦が二杯《へい》、帰りがけに夜明かしで、きらず汁に酒が一合。今朝も漬物屋の沢庵を、八文買ふ時四文貸し、ちやうどそれで百ばかりだ」

と言い争っているが、二人は夜明かしで、きらず汁を肴に酒を飲んでいる。きらず汁とは豆腐のおからを入れた味噌汁のことで、から汁ともいった。「から汁で迎へ酒をやらかすと、はらあんばひ（腹具合）は直る」（『甲駅雪折笹《こうえきゆきおれざさ》』享和三年）といわれているように、から汁は二日酔いに効能があると信じられていた。従って、岡場所帰りの人がよく飲んでいて、

○「から汁は是岡場所の袖の梅」（柳一三一　天保五年）

と詠まれている。袖の梅は吉原の遊里で売られていた酔い覚ましの薬である。岡場所では、から汁が袖の梅の代わり、というわけだ。

江戸っ子は居酒屋で一晩中酒が飲めた。

(三) 居酒屋での独り飲み風景(その一)

居酒屋には一人で酒を飲みに出かけている人も多くいた。

鍬形蕙斎の『近世職人尽絵詞《きんせいしよくにんづくしえことば》』(文化二年・一八〇五)には、新和泉町(現中央区日本橋人形町三丁目)の四方《よも》の居酒屋が描かれている(図24)。江戸で有名な四方酒店が片見世で兼業している居酒屋で、絵を眺めると、右方には、頭巾をつけた二本差しの武士が「あな寒や、ひとつたうべなん」(ああ寒い、一杯飲もう)といって、寒さで冷えた体を暖めるために入ってきている。

店内には四人の先客がいる。手前中央に描かれた客は振り売りの野菜売りで、商売物の野菜を店の外に置きっぱなしにして、ちろり(銚釐)の酒を猪口に注ぎながら、「何にてもとく出してよ」と酒の肴を催促している。ちろりとは、酒を燗する筒形の容器で、蓋がついていて、上部に酒の注ぎ口がある。多くは銅製で、後には

図24　四方《よも》の居酒屋。店内には、ひとり客が５人いて、酒を燗する銅壺やちろりが見える。『近世職人尽絵詞』（文化２年）

錫製の物も出来た。

野菜売りの左側の客は立ち飲みをし、中央の床几（長椅子）の上にどっかりと座った達磨のような客は静かに酒を飲んでいる。

店の奥の客は入墨を見せて、「価のなければこそあすとはいふなれ。うけひかずば心のまゝにせよ」（金がないから明日にしてくれといっているんだ。不承知なら、どうでも好きなようにしてくれ）とすごんでいる。この客は飲み代をつけにしようとしたが断わられたのだ。そのそばで店員が「さのみあらけなくなのたまひそ」（そのようにあらっぽくいうのはやめてください）と応対している。

さまざまな人が居酒屋にやってきて、それぞれのスタイルで独り飲みをしている。

店の左上には、天井から八間《はちけん》が吊るされている。八間とは平たい大きな行灯のことで、八間四方（約一四・五メートル四方）を照らせるという意味でこう呼ばれ、湯屋、寄席、居酒屋など人の集まるところで使われていた。八間の下には酒を燗する銅壺が置かれている。

居酒屋では、夜でもそこそこの明るさのもとで燗酒が飲めた。

（四）居酒屋での独り飲み風景（その二）

曲亭馬琴作・歌川国貞画の『代夜《だいや》待白女辻占《まちしろめのつじうら》』（文政十三年・一八三〇）にも、居酒屋で独り飲みしている人々が描かれている（図25）。店内には四人の客がいる。

右上のとんがり帽をかぶった客は、蓋つきの椀を盆の上にのせて運ぶ店員に対し、「ヲットからじるならここだ〳〵」といっている。蓋つきの椀はから汁で、から汁がどのように出されているかみてとれる。

その左隣では、奴（武家の中間）が、ちろりの酒を手酌しながら「やつこに八九とうふとは、あはせて三十四もんがさけを引かけろといふずいさう〔瑞相〕だんべ

図25　居酒屋での独り酒。さまざまな人が独り酒を愉しんでいる。『代夜待白女辻占』（文政13年）

い。これでやう〳〵人こゝちがついた」とつぶやいている。やっこ（八九）がやっこ（八九）豆腐を食べているのだから、数字を合わせると三十四になる。三十四文の酒を飲めという瑞相（めでたいしるし）だ、というわけで、このやっこは一合三十四文の酒を飲んでいる。この頃の居酒屋で飲む酒の値段は、一合二十四文から二十八文位なので、縁起を担いで少し高めの酒を奮発している。

やっこの手前には二人の客が床几に腰かけているが、右側の手ぬぐい頭巾をつけた客は、

「ちくせうめ、おあひ〔相手〕をいたしませうといひたさうなつらつき〔面付き〕をしてゐるな」と犬を相手に酒を飲んでいる。左側の客は「どうだまだかの。こっちがさきだぜ」と催促している。客の前には酒も肴もなく、注文の品がなかなかこなくて、いら立っている。店内は賑わっている。料理人が「けふはごうせいにいそがしい日だ。モウ七つ〔午後四時頃〕だにまだひるめしをくふひまがねへ」とぼやいている。従って、ここで酒を飲んでいるのは、昼過ぎから独り酒を愉しんでいる人たちである。

いつでも気軽に独り酒を愉しめるのが居酒屋の魅力で、梅山人南北の『辻法印当初草紙』（文化十五年）では、居酒屋でかなり酔いが回っている一人客が「ばんとう〳〵二ツ〳〵。どうしたァ、よつてもいゝじやねへか。さかやになまゑひと、よたかばにおりすけのねへのはさびしいものだぜ」といって追加注文している。客の前には酒の肴が数品並んでいる。居酒屋ではいろいろな酒の肴を注文できた。「なまゑひ」は生酔《なまよい》で、今では少し酒に酔った状態をいうが、江戸時代にはひどく酒に酔った人をいった（図26）。

山東京山の『教草女房形気《おしえぐさにょうぼうかたぎ》』十一編（嘉永四年）では、「侍」が「居酒屋にて独《ひと》呑《のみ》に傾《かたむ》けて、くらひ酔の千鳥足」で居酒屋から出てきている。「くらひ酔」（食酔）

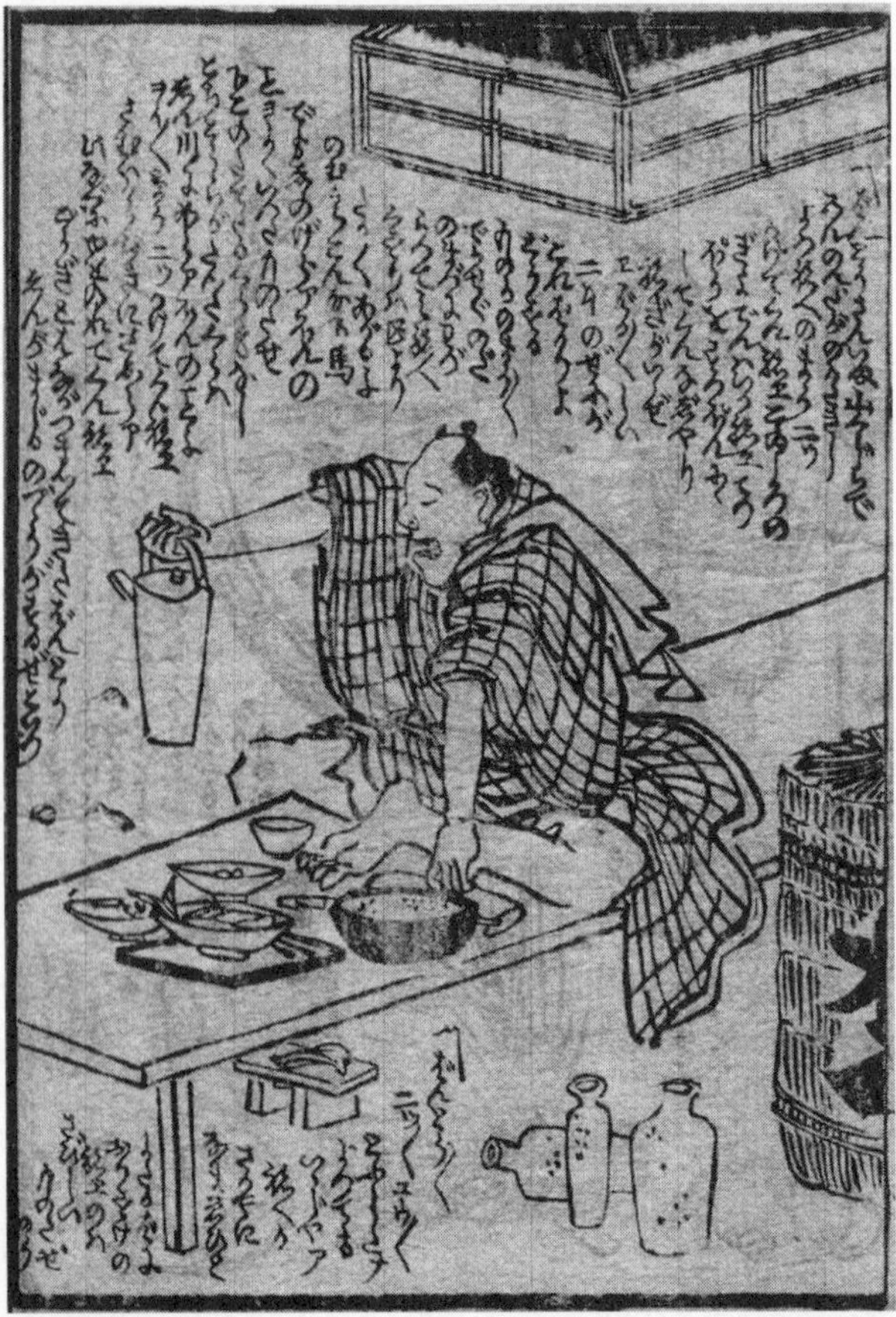

図26　居酒屋での独り酒。かなり酔いが回った人の前には酒の肴が数品並び、酒の追加注文している。右上には八間がみえる。『辻法印当初草紙』（文化15年）

は、大酒を飲んで酔っ払うことをいった。

居酒屋は「独呑《ひとりのみ》」の出来る憩いの場だった。

（五）江戸には多くの酒を飲める店

居酒屋や料理茶屋のほかにも、江戸の町には、酒が飲める店がたくさんあった。今から二〇〇年ほど前の文化八年（一八一一）に行なわれた調査によると、江戸の町には七六〇四軒もの飲食店があった。これは、町奉行所の求めに応じて町年寄《まちどしより》（江戸の町名主を統括した町役人）が、江戸の「食類商売人」の数を業種別に調査して差し出した報告書による軒数で、その内訳は、

①煮売肴屋　三七八
②煮売茶屋　一八八
③すし屋　二一七
④蒲焼屋　二三七
⑤茶漬・一膳飯・奈良茶・菜飯・麦飯・田楽屋　四七二
⑥団子・汁粉・雑煮餅・安倍川餅・飴・雑菓子・水菓子・揚げもの・焼米・こがし屋　一六八〇

⑦煮売居酒屋　一八〇八
⑧饂飩《うどん》屋・蕎麦切《そばきり》屋　七一八
⑨醴《あまざけ》屋　四六
⑩餅菓子干菓子屋・煎餅・軽焼《かるやき》・干饂飩・白雪《はくせつ》こう屋　一一八六
⑪貸座敷料理茶屋　四六六
⑫蒲鉾屋　五九
⑬漬物屋・金山寺・梅枝《うめがえ》でんぶ・更紗《さらさ》梅《うめ》　一三〇
⑭獣肉　一九

となっている（『類集撰要』四四）。

この内、④⑤⑦⑧⑪⑭は酒が飲める店で、その数は三七二〇軒にのぼり、食類商売人の四九パーセントを占めている。江戸市民は一歩外に出ると至る所で酒が飲めた。しかもこうした店は明かりを灯して夜間営業もしていた。

江戸では人々が夜間に外飲みを愉しんでいたが、それでは家庭での晩酌はどうだったのであろうか。

第六章　江戸庶民の夜間の暮らし

一　暗かった夜間の生活

(一)　夜遅くまで出歩かなかった江戸市民

今では、家で夕食時に酒を飲むことを晩酌というが、前に述べたように、江戸では、晩酌のことを寝酒といっていた。晩酌イコール寝酒になったのは、江戸庶民は一般的にあまり夜遅くまで起きていなかったからで、それには明かりと木戸の問題があった。

灯火が普及したとはいえ、江戸の町には街灯がなく、夜は暗闇だった。菊池貴一郎の『絵本風俗往来』(明治三十八年)「大通りの深夜」によると、

「宵の口雑踏《ざつたう》せる通り《とほ》一丁目・二丁目・三丁目を始め、其他《そのた》毎夜混雑極《きは》まれる町々、春秋により別もあれども、夜に入《いり》、五ツ半時より四ツ時といふ時刻には、両側の露店、時刻の後《おく》るゝを恥とし、吾劣《われおと》らじと店を片付《かたつけ》、吾家《わがや》をいそぐ。同時に講釈場・寄席もはねとなるより、通行の人も次第〳〵に途絶《とたへ》ける。夏の夜また同じ。いよ〳〵深更《しんかう》に及ぶに随《したが》ひ、両側の商店の屋根の高く、間口の広きを覚《おぼへ》、道路の幅もかく斗《ばかり》広きかと知る」

といった状況だった（図27）。通り一丁目から三丁目は、日本橋から京橋に向かう目抜き通りである。そうした繁華なところでも「五ツ半時より四ツ時」（午後九時より十時頃）になると、通りの両側に出ていた屋台は引き上げ、寄席などの娯楽施設はその日の興行を打ち上げ、町からは人通りが途絶えるようになっている。「夏の夜また同じ」とある。そして、深夜ともなれば大江戸の町は閑散としていた。

著者は「凡例」の中で「書中載する所は、蘆の葉（著者）が幼年より、目撃せる所のもののみなれば、嘉永以後より慶応の初めに至るの時代と知らるべし」といっているので、ここに記されているのは、著者みずから目にした幕末頃の光景である。幕末の嘉永より慶応の初め（一八四八～六五）に至っても、夜の十時ともなれば

図27　「大通夏夜深更之光景」。夏の暑い盛りでも、夜更けには人通りが少なくなっている。『絵本風俗往来』（明治38年）

人々は家路についていたのである。

(二) 暗かった家の中の明かり

江戸市民は外出していても、それほど遅くならないうちに帰宅していたが、家に帰っても、行灯の明かりはあまり明るくはなかった(図28)。行灯の明るさを実体験した石川英輔氏は、「私は、行灯を作って照度計で明るさを測定したことがあるが、芯をかき立ててできるだけ明るくしても六〇ワット電球の五〇分の一、ちょっと暗くなると一〇〇分の一ぐらいの明るさしかないのに驚いたものだ」と証言している(『大江戸庶民事情』平成十年)。

蠟燭の灯でも、電灯に比べれば暗く、谷崎潤一郎は『陰翳礼讃』(昭和八~九年)において、

「京都に「わらんじや」と云う有名な料理屋があって、こゝの家では近頃まで客間に電燈をともさず、古風な燭台を使うのが名物になっていたが、ことしの春、久しぶりで行ってみると、いつの間にか行燈式の電燈を使うようになっている。いつからこうしたのかと聞くと、去年からこれにいたしました。蠟燭の灯ではあ

図28　冬夜の縫物。行灯の明かりのそばで縫物をしている。『絵本風俗往来』（明治38年）

まり暗すぎると仰っしゃるお客様が多いものでございますから、拠《よ》んどころなくこう云う風に致しましたが、やはり昔のまゝの方がよいと仰っしゃるお方には、燭台を持って参りますと云う。で、折角それを楽しみにして来たのであるから、燭台に替えて貰った」

といっている。蠟燭の灯には、電灯とは異なる情緒があったが、あまりにも暗かった。昭和になって電灯が普及すると、京都の古風な料理屋の座敷からも燭台が姿を消し、行灯式の電灯に替わっている。

家の中の夜は暗く、また、油の値段も安くはなかった。

二　木戸で閉ざされた江戸の町

(一) 町木戸の設置がはじまる

夜間は暗いうえに、江戸の町は木戸で通行が閉ざされていた。

江戸初期の幕府の事歴や市井の風聞などを書き集めた編年史『玉露叢』(延宝二年・一六七四)には、「寛永年中に、江戸中の大小名の小路々々に辻番、其外町中端々迄巷門を仰せ付けらる」と、寛永年中（一六二四〜四四）に町中に巷門《こうもん》（木戸）を設けるよう仰せつけられたとある。また、江戸の旧事に関する質問を大田南畝が発し、瀬名貞雄がそれに答えた問答集『瀬田問答《らいでん》』（寛政二年〔一七九〇〕頃）には、

「一　高割辻番ハ何頃ヨリ初リ候哉

答、高割辻番所ハ寛永十三年ニ初テ、大小名共ニ小路々々ニ辻番所ヲ建テ、其外町中端々木戸ヲ拵ヒ番人差シ置クベキ旨仰セ出サレ候事、前撰集ニ見エタリ」

と、寛永十三年に初めて木戸を設置し番人を置くよう仰せ出されたとある。

江戸時代初期の寛永年間には、幕命によって、江戸の武家地には辻番所が建てられ、町人地には木戸が設けられ、番人（木戸番）が置かれるようになった。木戸番は木戸の隣の番屋（木戸番小屋）に住み、番太、番太郎などと通称されるようになる（図29）。

将軍家光の日光社参に当り、慶安元年（一六四八）四月十日に、留守中の江戸市民の心得について、町触れが出されているが、その中に、

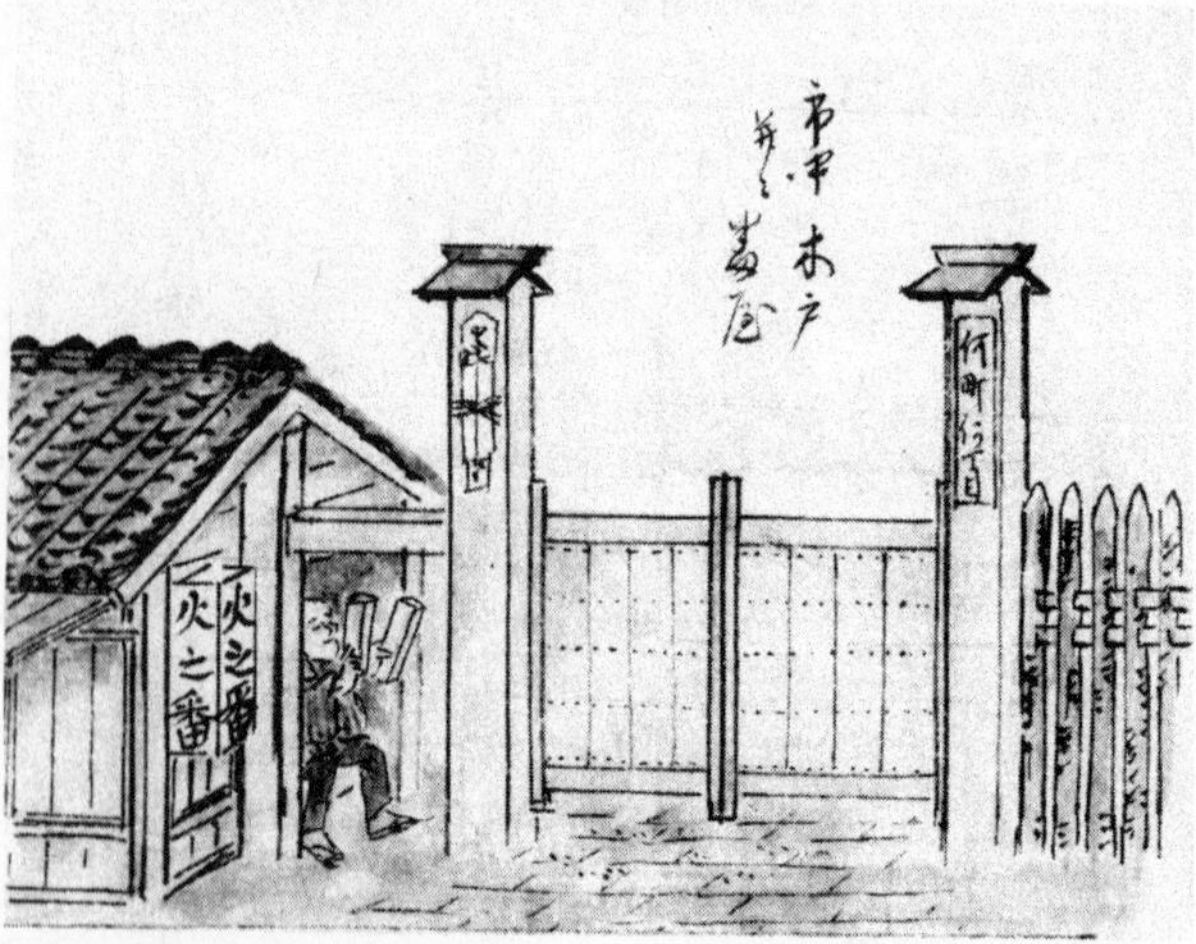

図29　木戸と番屋。「市中木戸并に番屋」とあって、木戸と番屋が描かれ、番屋から番太が拍子木を打って、夜回りに出かけようとしている。『そらをぼえ』（明治15年）

「一　町中の門、日暮四ツ迄大門をひらき、往行の者通し申すべき候。四ツ過候はゞ大門を打ち、通り候者の先を改め、町送りに仕り、通し申すべき候。夜《よ》更《ふけ》候とて、往還之者留め置き申すまじき候事。付《つけたり》、不審なる者通り候はゞ、その所に留め置き、早々御番所〔奉行所〕え申し上ぐべき事」

の条文がみえる。町木戸は日暮四つ（午後十時頃）に閉じ、それ以降に通行するものは行き先を尋ね、町送《ちょうおく》り（拍子木を合図に次の町に送ること）にするよう命じている（『正宝事録』）。

　このお触れは、将軍留守中の期間限定ではあるが、木戸設置の目的が町の治安維持にあったことがわかる。

（二）徹底されなかった町木戸制度

　木戸が設置されてからほどなく、江戸は明暦三年（一六五七）一月十八日に大火に見舞われた。明暦の大火といわれる江戸時代最大の火災で、木戸も焼失してしまい、一か月半後の三月四日に出された町触れでは、「木戸が焼失した町は竹もがり〔竹矢来。竹を縦横に組んだもの〕で木戸を作り、木戸には夜番を置いて、五つに木戸を閉じ、以後に往行の者は潜り戸より通行させ、行き先を訊いて町送りにし、不審者がいたら取り調べ、夜間には町中火の用心を触れ廻るべし」と、木戸を補修し、夜間五つ（午後八時頃）には木戸を閉じ、以後は潜り戸から通して町送りにし、夜間には火の用心を触れ廻るよう命じている（『正宝事録』）。次いで、翌明暦四年七月には、

「一　頃日《けいじつ》〔このごろ〕町中に盗人これある由相聞え候。随分心懸け、とらへ申すべき候。〈以下略〉

一　夜九ツより往行の者、町送り致し申すべき候。〈以下略〉

一　いまだ仮の木戸これなき町は、早々仮の木戸拵え申すべき候。〈以下略〉」

と、盗人が横行しているため夜九つ（十二時頃）に町木戸を閉じ、木戸のない町は仮の木戸を拵えるよう町触れが出されている（『正宝事録』）。火付や盗賊が横行し、その取締りに木戸が重要な役割を果たしていることがわかる。江戸に火付が多かったのは、付け火をして、火事場泥棒を働く者がいたからである。

このように幕府は、江戸の治安維持のために木戸の設置を積極的に進めていたが、度々の大火で木戸が焼失していたり、木戸があっても町送りが徹底されないまま推移していた。

(三)　木戸の閉門はシーズン限定に

江戸中期に至っても、木戸が設置されていない所があり、木戸があっても潜り戸から自由に出入りできる所がある状態が続いていたが、天明七年（一七八七）には火災が多発した。主なものでも、正月十七日、二月十七日、十一月朔日、十一月九日、十一月十一日と五回も発生した（『東京市史稿』変災篇第五　大正六年）。このうち十一月九日の火災は大火で、『天明紀聞寛政紀聞』（寛政十一年頃）は、「十一月九日暁、吉原一郭残らず焼失、それより郭外え飛火し、聖天町辺過半類焼し、又大川〔隅田川〕を飛越し小梅村に移り、余程焼失す。この日殊の外之烈風なり」と烈風に煽られて大火になった様子を伝えている。火元となった江戸の遊郭吉原が炎上、郭外に飛火し、隅田川を越えて対岸の小梅村（現墨田区向島一〜五丁目、押上一・二丁目）まで延焼している（図30）。

火災の頻発を受け、町奉行所は、天明七年十二月に「火事用心之儀ニ付町触」として、

「火の用心のことは先達ても相触れたが、なおざりに心得ている者があるようで、度々火災が起きている。もっとも、銘々は火の用心を心がけているので、自火《じか》〔自分の家から火事を出すこと〕は少なく、多くは付け火によるものと聞いている。今後はしばしば町内を見廻って、疑わしいものを見掛けたら召し取って訴え出るべし。また、この節より来る三月晦日迄、木戸々々夜四ッ時限りに〆切り、右の刻限を過ぎて通行のものは番屋にて拍子木を打ち、送り申すべし。木戸がない所

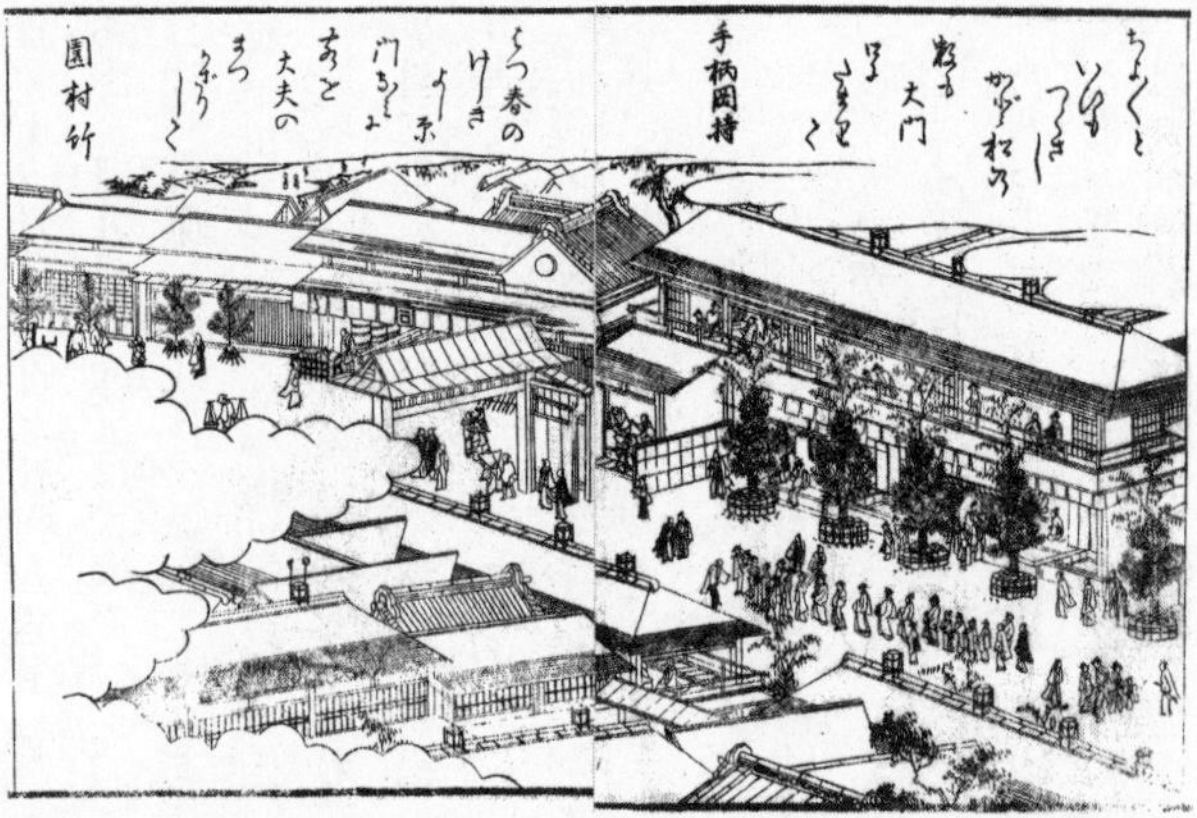

図30　江戸の遊郭吉原。出火１年前当時の吉原が描かれている。『絵本江戸爵』（天明６年）

は、竹矢来を補理《しつらい》〔設置〕し、入口を付、右同様に致すべし」

と町中に触れている（『徳川禁令考』前集第五）。火事の原因には放火が多く、大きな社会問題になっていたのである。その防止のために、火災が頻発する冬から春にかけての半年間に限定して、夜の四つ時に門を閉めて拍子木送りにし、木戸のないところは竹矢来を組んで、出入口を付けて同様にするよう命じている。

　このシーズン限定の町触れはある程度の成果を上げたようで、寛政の改革を断行したことでよく知られる松平定信は「未〔天明七年〕の冬よりして、十月より春三月まで町々の木戸を締《しめ》て往来を改めにしぞ。未の冬よりいまに至るまで延火に及びし事は稀なりける」と評価している（『宇下人言』寛政五年〈一七九三〉頃）。

（四）潜り戸からフリーパスの木戸

しかし、実際には定信がいうほどには徹底されてなかった。木戸は閉じられても、潜り戸から勝手に通行出来るところもあって、寛政六年閏十一月には、

「町々木戸夜番夜四時限り〆切り候節、潜り戸え紐に石を結び付け置き、往来の者に押し込めさせ、往来致し候処もこれあり。差し支へに相成り候間、右体の義これなき様番人附け置き、潜り戸明け通し申すべく候」（『東京市史稿』産業篇四〇）

と触れている。これは、潜り戸は一応閉じるが、紐に石を結び付けたものを木戸に吊るし、その石を押し下げれば木戸が開く江戸式オートロックシステムで、

○「押せば明く潜り戸石の下り蜘」（歌羅衣三篇　天保七年）

などと詠まれている（図31）。これならば深夜でもフリーパスで通行できた。

木戸が閉じられていればいい方で、そうでないところもあって、寛政七年（一七九五）十一月には、町奉行所は、

「天明七年のお触れ以来これを守っている町もあるが、近年は木戸を設けるだけで、番人は夜の番をなおざりにし、夜中に潜り戸を開けっ放しにしているところもある。また、番屋の障子や戸は閉めっぱなしで、見張りをしていない町々があるように聞いている。不行き届きである。いささかも油断せず、お触れを守って、厳重に夜の番をすべし」

と触れている（『類集撰要』二四）。木戸番小屋（番小屋）の番人や番屋の見張りのサボタージュが生じている。「番屋」とは、番小屋とは別に木戸際に設けられた自身番屋（自身番所）のことで、はじめは町内の地主が自身で順番に詰めたところからこの名がある。後には家主《いえぬし》たちが詰めて、町内の警備にあたった（図32）。

図31　潜り戸から出て来た女性。「星の霜当世風俗」（文政元年～２年頃）

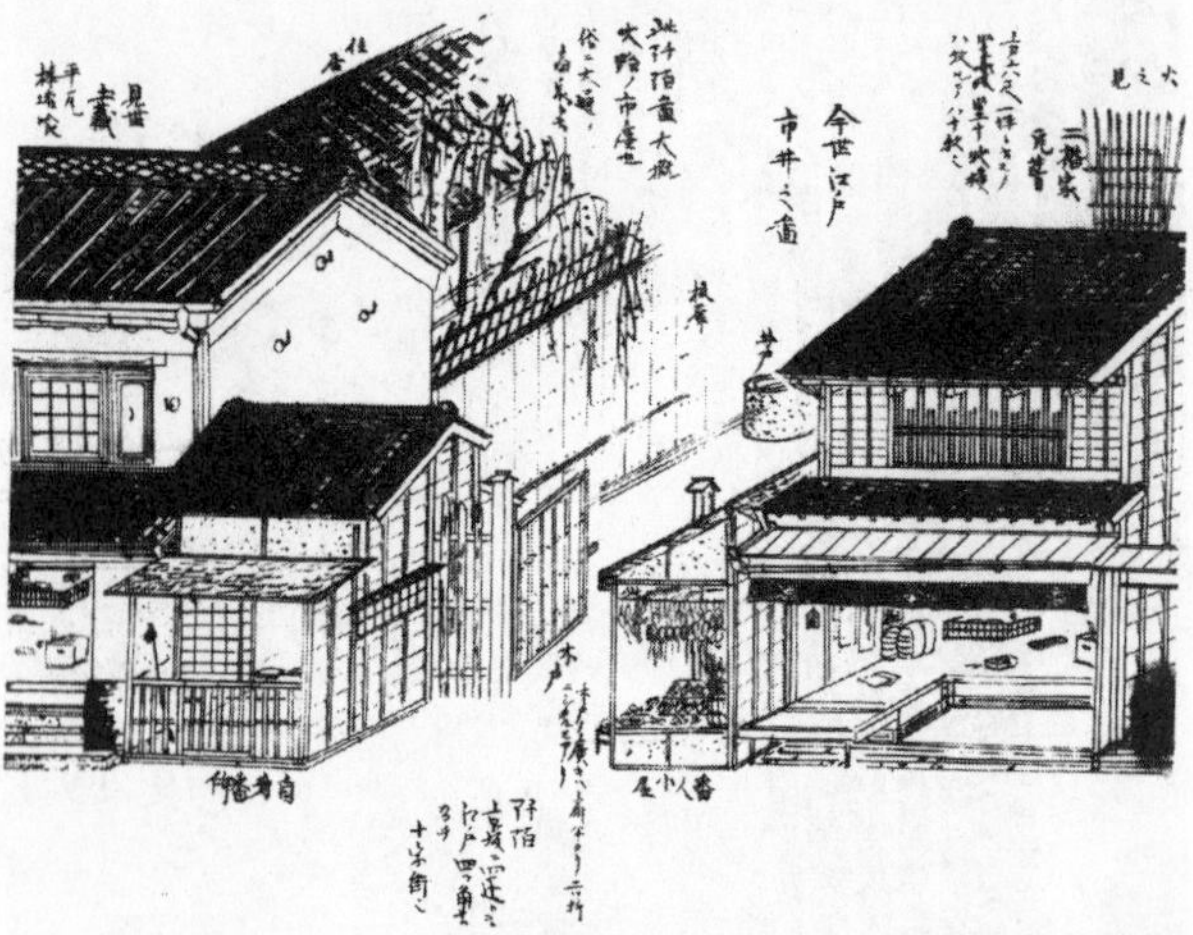

図32　自身番所（左）と番人小屋（右）『守貞謾稿』（嘉永６年）

木戸の不徹底さは相変わらずで、天保十三年（一八四二）に至っても、町奉行所は、「寛政七年以来、度々申し渡しているが、近年は守ることがおろそかになっている。また、火事で焼けた木戸を修理していない町もあると聞いている。不届きである」と申し渡している（『市中取締類集』町触申渡之部）。

町木戸制度は不徹底の時代が続いてはいたが、幕府や町奉行所は、町木戸制度維持に絶えず努力を払っていて、それが江戸の町の火災予防や治安を守る役割を果たしていたのである。

（五）長屋の路地口にも木戸

江戸の町には町木戸のほかに、長屋の路地口にも木戸が設けられていた。

享保元年（一七一六）十一月八日に町奉行所は、「町屋の路地口に、怪しい者が紛れ入るおそれがある。路地口に番人を置き、出入の者を改め、もし怪しい者がいたら家主に知らせ、召し捕らえること。路地口を閉めるときは、家主が人を出して、明店、空地、芥溜《ごみため》、雪隠《せっちん》等に怪しい者が紛れていないかどうか調べるように」と注意を促している（『御触書寛保集成』）。この頃には路地の入口に木戸が設けられていることがわかるが、いつ閉じられていたかははっきりしない。

その後、前述した天明七年十二月の「火事用心之儀ニ付町触」のときに、町奉行所は、町木戸は夜の四つ時に門を閉め、路地の木戸は暮六つ（午後六時頃）に閉め切るよう命じている。このお触れによって路地の木戸は暮六つに閉じることが一般的になったようで、式亭三馬の『浮世床』二編（文化九年・一八一二）に描かれた長屋の入り口にある木戸のそばには「ろじ暮六ッ時限」の貼り紙が貼られている（図33）。路地の鍵は大家が持っていることが多く、

○「店賃が済んだか路次のた、きやふ」（柳四三　文化五年）

『浮世床』二編（文化９年）

図33 「ろじ暮六ッ時限」の貼り紙。長屋の路地の入口に張られている。

と、家賃を払ったので大威張りで閉じられた木戸を叩いている。

しかし、暮六つではあまりにも早過ぎるので、町木戸と同じ様に路地の木戸も四つ頃に締め切るようになったようだが、町木戸同様あまり徹底されなかった。

松亭金水の人情本『花筐《はながたみ》』四編（天保十二年）には、主人公の松次郎が、浅草の浅草寺近くの裏長屋に二人暮しをしている女性（叔母と姪の小浜）のもとを訪れるシーンが描かれている。お互いの身の上話をするうち、「浅草寺の鐘ボオンー」と鳴り、長屋の表を夜廻りが「拍子木カチ〳〵カヽチ」と打って廻る時刻になってしまう。松次郎が「何だ、もう丑刻《よつ》か」とつぶやき、思いのほか遅くなってしまい長屋に泊めてもらうことになる。

そうと決まれば、酒でも、ということになって、酒と肴が用意される。

をば「〈前略〉お泊りなら何はなしとも御酒《ごしゅ》でも一つあげたいもんだのう。小浜一寸一ッ《ちよつとひと》走《はし》り往《いつ》て来ておくれな。まだ路地はしまるまいから」

小浜「あ、、往《いつ》て来《こ》やうが、何が宜《よか》らうねえ」

をば「左様《さう》さ、何にしやうか」

松次郎「なに〳〵、何もいらねえ、先刻《さつき》見たら、路地の外《そと》に天麩羅があつたつけ。
　あれとそして向ふの宅《うち》で、海苔を買《かつ》て来《き》ねえな」

小浜は、酒屋から酒を買い、路地の外に出ている「天麩羅屋」（屋台店）から揚げたての天麩羅を買い、まだ開いていた店から海苔を買ってきて、三人で酒を酌み交わしている。

浅草寺の時の鐘や夜廻りが拍子木を打って町を巡り、四つ（午後十時頃）を知らせているが、この長屋では路地の木戸はまだ閉じられてなく、酒や肴を買うことが出来ている（図34）。

一方で、為永春水の人情本『風俗吾妻男』三編（天保七、八年頃）には「はや拍子木の丑刻《よつ》すぎて路次の錠さす音」と、路地の木戸が四つに閉じられている。

路地の木戸が閉じられる時刻はまちまちだったようだが、長屋の住民は路地の木戸の閉まる時刻を気にしながら生活していた。

（六）木戸によって制約された夜間の行動

江戸の町は、町ごとに木戸があって、四つ時にはその木戸が閉じられていた、と

図34 「江戸夜中時廻の図」。「江戸にては夜の時は拍子木にてしらすること図のごとし」とある。『街能噂』（天保6年）

いわれているが、実情はそうではなかった。木戸のない町があり、木戸があっても開きっぱなしになっていたり、潜り戸から自由に通行できたりしていた。また木戸は一年中閉じられているわけではなかった。

とはいえ、江戸の町には表通りにも長屋の入り口にも木戸があって、江戸市民は夜間に自由に出歩けたわけではなかった。

特に、江戸のメインストリートには、町の境ごとに木戸が設置されていた。文化八年九月二十六日に南伝馬町一丁目、二丁目、三丁目の月行事名主たちが、焼失した木戸を新規に建てたいと絵図を添えて奉行所に願い出ているが、その絵図を見ると、三つの町にはそれぞれ南北に木戸が設けられている。そして、北側の木戸には両側に「火の番屋」（番小屋）と「自身番屋」が、南側の木戸には片側に「火の番屋」が描かれている（『東京市史稿』市街篇三四　昭和十四年）（図35）。南伝馬町一丁目〜三丁目（日本橋〜京橋間の南半分）は、江戸の目抜き通りに面した町で、現在の中央通りに面した中央区京橋一・二丁目に当たるが、その間の距離は四〇〇メートル足らずである。当時最も人通りの多かった南伝馬町には、この短い区間に、木戸が六か所、火の番屋が六か所、自身番屋が三か所設置されていた。

そのほかの町にも、度重なる町触れによって、多くの町に木戸が設けられるようになっていた。幕末の嘉永六年（一八五三）の記録によると、江戸の町には、「町数」が一六三七か町、「木戸番屋員数」が一〇七四か所、「自身番屋員数」が一〇一六か所あった（『東京市史稿』市街篇四三　昭和三十一年）。単純計算すると、江戸の

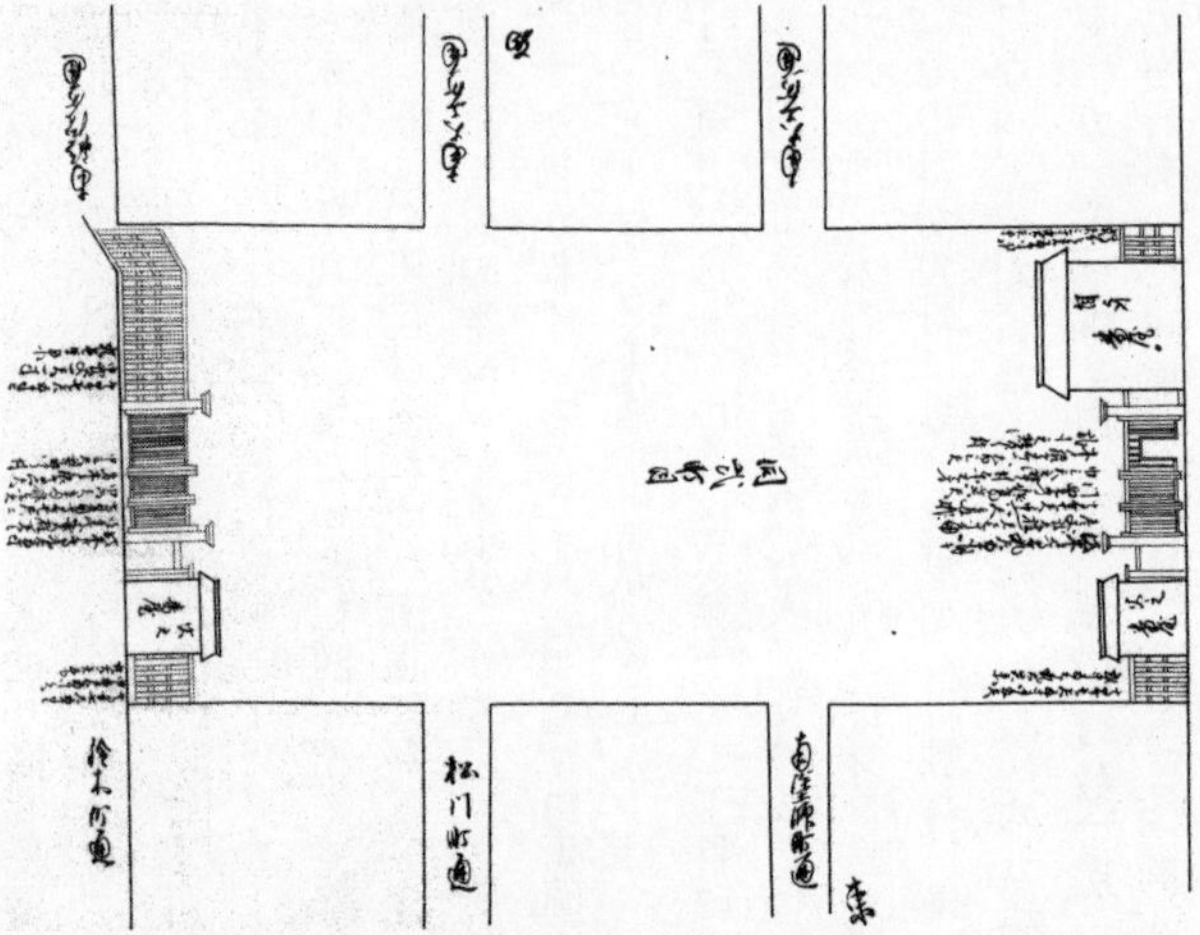

図35　南伝馬町二丁目の絵図。北側の木戸（図の右側）には火の番屋と自身番屋、南側の木戸（図の左）には火の番屋が描かれている。『東京市史稿』市街篇三四（昭和14年）

町の六五・六パーセントに木戸番屋が、六二・一パーセントに自身番屋が置かれていたことになる。

　商家の通い番頭をしていた菅園は、「木戸　町々壱丁毎とに、町の入口に有りしなり。夜四ツ時より〆切り、今の午後十時也朝は六ツ時より開らく、今の午前六時也夜中は小木戸より通行す。木戸の間口、凡そ弐間位なりし。両びらき」と回顧している（『そらをぼえ』明治十五年、図29）。

　江戸市民は、火災予防や治安維持のために、木戸によって夜間に自由に出歩くことが制約されていた。

（七）夜の十時頃には眠りについた江戸の人

大坂人の西沢一鳳は、江戸の見聞記『皇都午睡』三編（嘉永三年・一八五〇）の中で、

「江都は日本国中の集会の大都会なれば人数は元より多き筈なり。大通り所々の広小路などは往来人にてつまり有て、田舎者始めて此地の人通りを見ては、年に一度か二度の大法会でもござるのかと尋しと云ふも尤ものことなり。〈中略〉然し、日の内の賑ひにことかへ、夜は甚だ淋しくて、夜店・夜市のある所も昼の一割も人出ず。尤も十月朔日より二月晦日迄辻々の木戸（上方の門のことなり）しまりて、潜りより出は入すれば淋しきこと又思ひやるべし」

と書き記している。「十月朔日より二月晦日迄」木戸が閉まるとあるのは、三月晦日迄が正しいが、それはともかくとして、昼間の賑わいに比べて、夜間の人出の少ないこと、特に木戸が閉まると潜り戸から出入りしなくてはならず、人出が少なく

なることを目撃している。

江戸の町は木戸によって夜間の行動が制約されている上、町には街灯がなく暗闇だった。江戸市民はあまり夜遅くなるまで出歩かず、夜間は家で過ごすことが多かった。そして、家にあっても、灯油は高い割にはそれほど明るくなかった。江戸市民は木戸が閉じられる夜四つ（午後十時頃）を一日の終わりの目安と考え、眠りについた。

江戸後期の戯作者・山東京山は『教草女房形気』十五編（嘉永七年）の「序文」において、

「柴の戸近き髫髪《うなゐ》〔子供〕らが、朝な夕なの音曲《おんぎよく》も耳なれぬれば、隣の庭の蟬《せみ》の声、況《ま》してや駒ひく鈴の音《ね》、車やる懸声《かけごゑ》、松魚《かつを》や〳〵、犬の噛《かみ》あひ、児曹《こども》が遊ぶ太鼓の音《ね》、婆々《ばゞ》が勧化《くわんげ》の叩鉦《たゝきがね》、市喧街驤《しけんかいじやう》、僅《わづか》に牆一重《かきひとへ》を隔《へだ》てかま〳〵しけれども、さすがに亥時《ねよと》の鐘すぐれば、四鄰寂《しりんせき》として声無く、稍々《やゝ》韻士《ゐんし》〔文人〕の時至りて心しづけく、灯火《ともしび》に対《むか》ひて文をひらき、或《ある》は筆を採る」

と記している。「亥時《ねよと》の鐘」とは、亥《い》の刻（夜四つ）に打つ鐘で、「寝よとの鐘」（人に寝よと告げる鐘）といわれていた。昼間の喧騒に対し、夜の四つの鐘が過ぎると人々は寝静まっている。京山は、近隣が眠りについて寂寥としているなか、行灯の明かりのもとで、この序文を書いている。

江戸っ子が、夜十時頃までの貴重なひとときに、家でくつろいで飲む晩酌は、現在のわれわれよりはるかに大きな意味合いを持っていたに違いない。

そんな江戸っ子の晩酌の様子を探ってみる。

第七章　江戸で花開いた晩酌文化

一　俳諧・狂歌に詠まれ始めた寝酒

（一）寝酒を詠んだ句が現われる

江戸時代には晩酌を寝酒といっていたが、江戸在住の俳諧師や狂歌師たちが寝酒を句に詠み始めた。

美濃国の武将出身で、寛永五年（一六二八）から江戸に住み、江戸俳壇の長老的存在として活躍していた俳諧師・斎藤徳元は、

○「寒《さえ》し夜のね酒や五ッ六ッの花　徳元」

と詠んでいる。俳諧集『犬子集《えのこしゅう》』（寛永十年・一六三三）「冬部　雪」に収められている句で、「寒し夜」の夜（よ）を四とみなし、五、六と続け、「六ッの花」（雪の異称の一つに「六花《りっか》」がある。六角形に結晶するからいう）を導き出している。「雪の降る寒い夜の寝酒は、五杯六杯とつい度を越してしまう」の意で、寒さしのぎに寝酒を飲みながら体を温めている様子が詠まれている。

管見の限りでは、徳元は最初に「寝酒」の語を詠んだ俳人といえよう。

寝酒は「ねざさ」ともいい、江戸の町人で俳諧狂歌の作者・石田未得は「酒」と題し、

○「住わぶる世のうきふしも忘れけり。のみし寝ざゝのよひのまぎれに」

寝酒を飲むと、その酔いにまぎれて、住みづらい世の憂き節（つらいこと）も忘れてしまう、と寝酒の効果を詠いあげている。石田未得の自作狂歌集『吾吟我集《ごぎんわがしゅう》』（『古今和歌集』のもじり、慶安二年・一六四九）に収められている句で、中国の諺「酒は愁いの玉箒《たまははき》」（酒は心の愁いを掃き去る箒《ほうき》）を連想させる句である。

江戸で出版された池西言水編の『江戸弁慶』（延宝八年・一六八〇）には、

○「鼻あらし寝酒や軒の雪崩れ　松嘯」

の句がみえる。「鼻あらし」とは、馬などの激しい鼻息をいった。寝酒で熟睡し、軒の雪が崩れ落ちるほど鼻息が荒くなっている、というわけで、寝酒を飲んで凄まじい鼾をかいている。

（二）雪月花を愛でて寝酒

元禄時代（一六八八～一七〇四）になると、雪月花などの自然を愛でながら寝酒を愉しむ句がさかんに詠まれるようになる。江戸で出版された雑俳『もみぢ笠』（元禄十五年）には、

○「おもしろや　世は月と花扨《さて》は酒」
○「ゑいやつと　破屋《やぶれや》の月に酒五合」
○「あかぬもの　月雪花の酒どく利」
○「あかぬもの　月よ花よの酒相手」

といった句が収められている。また、

○「酒数寄《スケ》ば　くへぬ蛍《ほたる》を肴《さかな》とて　春希」（二葉之松　元禄四、五年頃）

○「たのしみに　寝酒松虫ちんちろり」（肘まくら　元禄期）

と、ホタルの光や松虫の鳴き声を酒の肴にして寝酒を愉しんでいる。

二　独酌の風情を愛した芭蕉と其角

（一）独酌の感慨を愛した芭蕉

松尾芭蕉は、貞享三年（一六八六）の冬に、「深川雪夜」と題し、

○「酒のめば　いとゞ寝られね　夜の雪」（勧進牒）

と詠んでいる。芭蕉の弟子、各務支考が編集した『本朝文鑑』（享保三年）には、

この句に「閑居の箴《しん》」と題した前文が付されていて、

「　　閑居の箴《しん》　　　　　　　　芭蕉庵

あら物ぐさの翁や。日比《ひごろ》は人のとひ来るもうるさく、人にもまみえじ、人をもまねかじと、あまたたび心にちかふなれど、月の夜、雪のあしたのみ、友のしたはるゝもわりなしや。ものをもいはず、ひとり酒のみて、心にとひ心にかたる。庵《いほり》の戸おしあけて、雪をながめ、又は盃をとりて、筆をそめ筆をすつ。あらものぐるほしの翁や」

とある。

「日ごろは人が訪れて来るのもうるさく、人に会わず、人を招かず、と何度も心に誓ったが、月の夜、雪の朝《あした》などは、親しい友が訪れてほしいと願うのは何とも矛盾した心境である。そんな時には、物も言わずにひとり酒を飲んで自問自答したりしている。庵の戸を開けて雪をながめながら、盃を手にし、筆を手にしたり、置いたりしている自分は、なんとも奇妙に狂気じみた老人であるよ」とあって、「酒のめば　いとゞ寝られね　夜の雪」、雪のしんしんと降る夜、独居の淋しさを紛らそう

図36　深川の芭蕉庵。『芭蕉翁絵詞伝』（寛政5年）

と寝酒を飲めば、ますます眠れなくなってしまう、と続けている。

芭蕉は、延宝八年（一六八〇）、三十七歳のときに深川の草庵に隠棲しているので、ここで詠んだ句である（図36）。

さらに、芭蕉は、元禄二年（一六八九）に、

○「月花も　なくて酒のむ　ひとり哉」（曠野）

と詠み、天和年間（一六八一～八四）頃には「独酌」と題して、

○「起よ〳〵　我友にせむ　酔胡蝶《よふ》」
（真蹟短冊）

と、蝶の舞を見ながらの独酌と洒落ている（『松尾芭蕉集』平成七年）。

「独酌」は中国由来の言葉で、唐の高宗（在位六四九～六八三）の時に成立した『南史』（中国の正史の一つ）の列伝「顔延之伝」に、顔延之《がんえんし》（三八四～四五六、中国、南北朝時代の詩人）は、「布衣蔬食、郊野ニ独酌」（粗服を着し、粗食をして、町はずれの野原で独酌）していた、とあるのが早い例になるが、唐の李白（七〇一～七六二）は「月下独酌」と題して「花下一壺ノ酒、独リ酌ンデ相親シム無シ（誰も親しむ者がいない）」と詠じている（『古文真宝前集』）。

日本では江戸時代になって使われ出し、山鹿素行の『武家事紀』（延宝元年・一六七三）に「自酌ト云ハ、人无《ナ》クシテ自《オノヅ》カラ献酬スルコト也。独酌トモ云フ」と説明されているが、芭蕉も早い時期に「独酌」の語を使って、独り飲みを愉しんでいる。「酒の博士」として知られた坂口謹一郎は、「芭蕉は特に孤独な寂しい独酌の感慨を愛したようである」と評している（『古酒新酒』昭和四十九年）。

（二）月下独酌の風情を愛でた其角

月の夜や雪の朝は、親しい友と酒を酌み交わしたいと願った芭蕉に対し、芭蕉の第一の弟子で、行動派の江戸っ子其角（宝井其角）は、名月の夜に、酒屋へ酒を飲みに出かけている。

○「名月や居酒のまんと頬かぶり　其角」（いつを昔　元禄三年）

其角三十歳の時の句である。名月の夜は明るい。其角は酒屋に居酒に行く姿を人に見られたくなかったが、名月の夜に飲む居酒の魅力にひかれて、頬被《ほおかぶ》りして出かけている。

○「賑かに　名月の夜の請酒屋」（たから船　元禄十六年）

と詠まれているように、名月の夜の請酒屋《うけさかや》（酒の小売店）は客で賑わいをみせていた。そんな場所で、其角は師匠の芭蕉とは異なるスタイルで独り酒を愉しんでいる。

其角は三十六歳頃に「十五から酒を呑出てけふ〔今日〕の月」（浮世の北　元禄九年）と詠んでいるほど、月を鑑賞しながら飲む酒を好んだので、月を眺めながら酒屋で居酒を愉しんでいる。月下の独酌を愛した其角は、『続虚栗《ぞくみなしぐり》』（貞享四年・一六

八七）「秋之部」に「月下独酌」と題し、月と酒を詠んだ句を六句撰んで載せているが、その中には、

○「月見ばや紫式部妻にして　蚊足」

（美しい才女の紫式部を妻にし、酒を飲みながら月を眺めたいものだ）

○「我人とあらそひなくて月見哉　野馬」

（独酌なら人と言い争うこともなく月を見ながら酒が飲める）

といった句が収められている（『蕉門俳諧前集』昭和九年）。月を眺めながら独酌を愉しむ風情が伝わってくる。

其角は月下独酌の風情を愛した詩人であった（図37）。

三　一日の労をいやす寝酒

（一）寝酒が気休めの独り暮らし

図37　其角の肖像「其角肖像真蹟」渡辺崋山画

元禄期には、雪月花を愛でながら寝酒を愉しむ句が作られる一方で、寝酒で一日の労をいやす句も詠まれるようになった。独り暮らしの人にとって、寝酒はこの上ない愉しみで、

○「酒は妻　気を按《ヤス》らする身は孀《ヤモメ》　十風」（二葉之松　元禄四・五年頃）

と、妻のいない男にとって、一日働いて飲む酒が気を休ませる妻の役割を果たしてくれている。

毎日やってくる夜鰺売りから鰺を買って寝酒を愉しむ人もい

た。

○「又こよい酒をたをすか夜あぢうり」（たから船　元禄十六年）

と、今宵もまた鰺を肴に燗徳利の酒を空にしている。

(二) 町を巡っていた夜鰺売り

江戸の町には、夜鰺売りが町を廻っていて、「うりにくる　夜鰺うつくし銀砂子」（錦の袋　享保年間）と詠まれている。「銀砂子」は銀粉のことで、銀粉をまぶしたように鰺が光っている状態を表わしている。鮮度の良い鰺が売られていた（図38）。

『本朝食鑑』（元禄十年）には、「鰺」は「凡そ春の末から秋の末にかけて多く採れ、就中《とりわけ》その長さが六・七寸許りに過ぎず円肥なものは、味わいが甚だ香美で、最も炙り食に宜《よ》い。あるいは鮓にし、煮物とし、膾とするのも、亦よく、どの品類よりも絶勝《すぐれ》ている。中膨《なかふくらみ》といつて、上下倶《とも》にこれを賞美している」と高く評価されている。鰺は「どの品類よりも絶勝《すぐれ》ている」とあるように、享保年間（一七一六～三六）に

図38　魚売り。『四時交加』（寛政10年）

江戸前という言葉が使われ出すと、鯵は江戸前の随一とされるようになった。『続江戸砂子《ぞくえどすなご》』（享保二十年）には、「江戸前鯵《あぢ》、中《なか》ぶくらと云、随一《ずいいち》の名産《めいさん》也。惣じて鯛《たい》・平目《ひらめ》にかぎらず、江戸前にて漁《すなどる》を前の魚と称して、諸魚《しょぎょ》共に佳品《かひん》也」とある。

鯵売りは大きな売り声を上げて売り歩いていて、「酒呑の耳を突ぬく鯵の声」（武玉川七篇・宝暦四年）と詠まれている。夜鯵は夕鯵とも呼ばれるようになり、後述するように酒の肴として珍重された。

第八章　晩酌の習慣が広まる

一　市中に酒が出回る

(一)　大都市に発展した江戸

慶長八年（一六〇三）の江戸開府以来、一〇〇年余りが経過した江戸中期（享保～寛政年間〈一七一六～一八〇〇〉）になると、江戸は一〇〇万人を超える大都市に発展していた。

江戸には多くの人が集まるようになって賑わいをみせ、西村重長画の『絵本江戸土産』（宝暦三年・一七五三）には、両国橋付近の賑わいぶりが描かれている（図39）。

江戸時代を代表する儒学者・荻生徂徠は『政談』（享保十七年〈一七三二〉頃）において、

「御城下に来り集まる民は、本《もと》は田舎の者にて、麦・粟・稗等の雑穀を食し、濁酒をのみ、味噌をも食せず。すくも火〔もみ殻などを燃やした火〕を焚き、麻・木綿を織りて着し、筵・薦の上に寝ふしたる者が、心儘《まま》に御城下に来り住する故に、米・味噌を食し、薪をたき、炭の火にあたり、衣服も買調えて着し、よき酒をのみ、田舎にこれなき障子を立て、天井をはり、唐紙《からかみ》を張り、畳をしき、蚊帳を釣りなどする事は、ぼていふり〔棒手振り〕も皆かくのごとし」

と、江戸に人が集まる理由を説明している。

荻生徂徠は、江戸にやってくれば生活スタイルがレベルアップし、棒手振りのようなその日暮らしの家業でも「よき酒」を「とゝのえて呑む」ことができる、といっているが、江戸市中に隠棲して、医業を以て生活していた俳人山崎北華は、「市《し》中《ちう》の弁《べん》」と題し、

「行灯出《あんどういだ》さんとすれば油〳〵と呼《よぶ》、煎茶《せんじちや》入れむとすれば薪《まき》〳〵と売る。味噌・塩にも小売有り、酢・醬油は壱銭づゝも買《かは》れ、酒は鳥の鳴くしのゝめより、後夜《ごや》

いる。手前には商店や義太夫小屋などが並び、河岸には縁台を置いた水ろ舟（料理を売る舟）がみえる。『絵本江戸土産』（宝暦３年）

図39　両国橋の納涼。両国橋の西詰（図の右側）と橋の一部が描かれて
茶屋（茶見世）が並んでいる。橋の下には屋形船（涼船）やうろう

〔夜半〕過《すぐ》るまで御用〳〵の小でっち有。春の日の長けれど、寝て居て用を弁じ、秋の月の明らかなるにも、団子、鴫焼《しぎやき》有り。か丶る所に住なれて、いづれの所にか行《ゆく》べき」

と江戸の便利さを讃えている（『風俗文集』延享元年・一七四四）。

（二）いつでも酒が買えた江戸

多くの人が集まり、消費生活が便利になった江戸の市中には、酒が出回っていた。荻生徂徠は、上記の文章の後に、「酒屋に樽拾い・御用というものありて、下々酒をととのえる事自由なる故、寒気をふせぐために調えて呑む」といっている。「酒屋に樽拾い」とは、空き樽や貸徳利を集めて歩く酒屋の丁稚のことで、

○「はつ雪や是も人の子樽拾ひ　江戸沾徳」（俳諧五雑俎　享保十年）

などと詠まれている。享保のころには、こうした樽拾いの少年が酒屋で働いていて、山崎北華の「市中《しちゅう》の弁《べん》」にも、「酒は鳥の鳴くしの、めより、後夜過《ごやすぐ》るまで御用

図40　酒屋の御用。長屋を廻って貸徳利を回収している。左に描かれているのは「座ぜん豆」（煮豆）売り。『教草女房形気』二十一編（万延２年）

くの小でつち有」とある。夜半過ぎまで、とあるのは誇張と思えるが、酒屋の丁稚が、得意先の家々を廻って酒の注文を受けて配達し、空いた酒樽や貸徳利を回収していた。酒飲みにとっては便利な存在で、『教草女房形気』二十一編（万延二年）には、長屋の中を廻って貸徳利を回収している「酒屋の御用」が描かれている（図40）。

　こうした丁稚が働いている酒屋の数は、寛延三年（一七五〇）頃に「凡そ二〇〇〇軒余り」にのぼっていた（『正宝事録』)。延享四年(一七四七)の江戸の町数は「千六百七拾八町」であったという(『壬申掌記』文化八年)。単純計算すると各町に一軒以上の酒屋があったことになり、当時の江戸の人口は一〇〇万人位なので、五〇〇人に一軒の割合で酒屋が存在していたことになる。

酒屋では酒の升売りをしていて、

○「暮方は皆小半《こなから》の買い手なり」(住吉みやげ　宝永五年・一七〇八)

で、夕方、職人の女房などが小銭を持って酒を買いに行っている(『出《で》謗《ほう》題《だい》無《む》智《ち》哉《や》論《ろん》』初編　文化元年、図41)。小半(こなから)とは、小(こ)も半(なから)も半分の意で、半分の半分、つまり四分の一のことをいったが、一般的には酒や米の一升の四分の一、すなわち二合五勺を表す言葉として使われていた。その日暮らしの多い江戸っ子は、その日に飲む量の晩酌の酒を買っていたのである。しかも酒屋は、

○「四つ前に寝ると酒屋は叱られる」(万句合　天明三年)

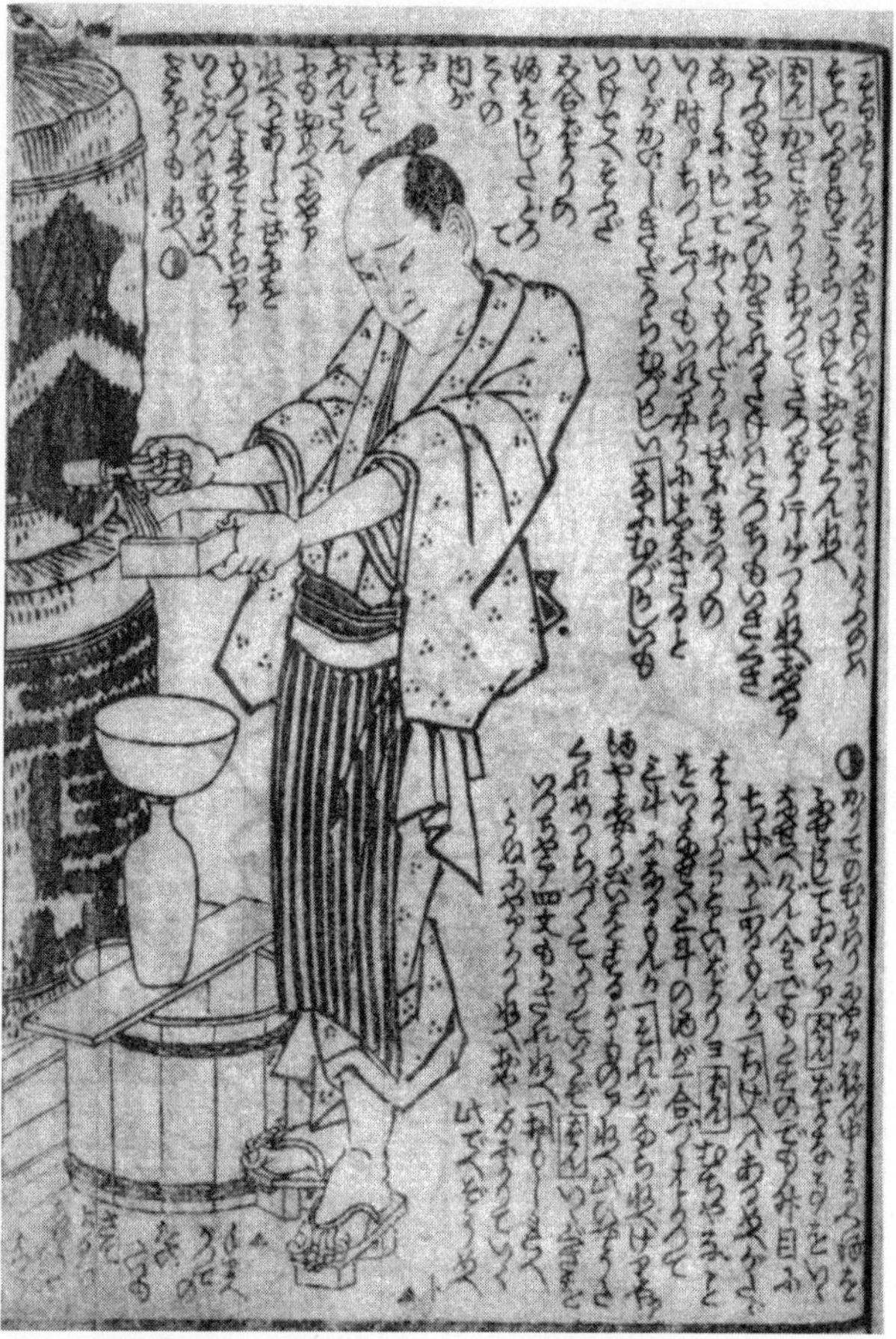

図41　酒の量り売り。酒屋では店内に薦樽を積み、薦樽の呑口から升に酒をぬいて量り売りしていた。『出謗題無智哉論』初編（文化元年）

ので、夜遅くまで営業していた。四つ（午後十時頃）は、前述したように木戸が閉じる時刻である。それでも閉店後に叩き起こされていて、

○「寐ぬ声でもう寐やしたと酒屋言い」（万句合　明和五年）

○「銭で戸を叩いて酒屋起こすなり」（万句合　安永五年）

と夜もゆっくり寝ていられなかった。

(三) 二日酔が常習の山崎北華

江戸には、至る所に酒屋があって、金さえ出せば思いのままに酒を買えたので、自称、自堕落先生と号した愛飲家の山崎北華（元禄十三年〜延享三年・一七〇〇〜四六）は絶えず二日酔になっていた。

「二日酔の朝《あした》は、日たくれ共起《をき》もやらず、頭《かしら》をかゝえ胸をさすり、或は豆腐糟《きらず》湯《ゆ》、水雑吸《みづざうすい》に生気《しやうき》つけ共、いまだぶら〳〵としてをくび出《いで》、心すぐれず。此時に至《いたつ》て弐度《ふたゝび》盃を手に取まじと誓ふ事数度《あまたゝび》。しかする時に宿酒《しゆくしゆ》の気《け》少《すこし》うすらげば、又

迎酒にいざなはれて、元の生酔《なまゑひ》とは成けり。或人呑太郎に問ふ。「過酒《くわしゆ》すれば必《かならず》病《やまひ》を生《しやうず》るにあらずや。其病の生《しやうず》るを知て、何《なん》ぞ過酒をいましめざる」。のむ太郎が曰《いはく》、「しからず。酒を過《すご》す病元来《ぐわんらい》有り。病発して過酒す。過酒して病生るにはあらず。只我が病は酒を過す事を好むのみ」といひて、又七盃」（『風俗文集』「呑太郎《のんたろう》が伝《でん》」延享元年）

二日酔の気持ち悪さに悩まされ、もう二度と飲むまいと誓うが、夕方になって回復してくると、懲りずにまた酒を飲んで酔っ払う、といった酒飲みの習性が体験談として語られている。身につまされる話である。

「豆腐糟湯《きらずゆ》に生気つけ」とある豆腐糟湯は雪花菜《きらず》汁（おからの味噌汁）のことであろう。おからの味噌汁はから汁と呼ばれ、前述したように二日酔いに効能があると信じられていた（九四頁）。

酒を飲み過ぎれば必ず病《やまい》が生じるのはわかっているはずなのに、なんでそんなに酒を飲むのか、という問いかけに対しては、もともと酒を飲みすぎる病があって酒を飲みすぎているのであって、飲みすぎたからといって病になるわけではない、と開き直って、盃を重ねている。

図42　太宰春台画像。『太宰春台』（大正９年）

（四）晩酌は三盃と決めていた太宰春台

大酒家の北華と対照的だったのが、漢学者の太宰春台（延宝八年～延享四年・一六八〇～一七四七）で、春台は、酒は三盃と決めて晩酌を愉しんでいた（図42）。江戸中期の儒者・湯浅常山の『文会雑記《ぶんかいざつき》』（天明二年）には、

「元麟云、春台ハ毎晩酒三盃ヅヽ、飯ハ軽クモリタルヲ三バイ常食ナリ。夜長キ時ハ五ツ時（午後八時頃）ニ夜食、又酒少シヅヽ飲メリ。酒ハ三盃ト定ラレタリ」

とある。春台は晩酌には酒三盃と決めて飲み、夜遅くまで起きているときは夜食を食べて酒を少し飲んだが、いずれも酒は三盃までと決めて、酒を愉しんでいる。

「元麟」とはどんな人物かは不明だが、春台の門人であろう。

江戸初期の漢方医名護屋玄医は、「常に酒しめば大病になるも覚えずに、寝ざまに飲むが大毒なり。癖になりて、飲まざれば寝られずとて、次第に多くなる物也」と警告している（『養生主論《ようじょうしゅろん》』天和三年・一六八三）。酒を常飲すると大病になるが、特に寝しなに飲むのは、飲まなければ寝られなくなるので、次第に飲酒量が増えて大毒になる、という意見に対し、貝原益軒は、『養生訓』（正徳三年・一七一三）において、

「酒は天の美禄なり。少《すこし》のめば陽気を助け、血気をやはらげ、食気をめぐらし、愁《うれい》を去り、興《きょう》を発して甚だ人に益あり。多く飲めば、又よく人を害する事、酒に過《すぎ》ぎたる物なし」

酒は少し飲めば益多く、多く飲めば害多しと、酒の上手な飲み方を奨めている。「酒は天の美禄なり」とは、中国の史書『漢書食貨志』（建初年間・七六〜八三）に「酒は天の美禄にして、帝王の天下を頤養《いよう》する所以なり」（「酒は天から賜った手厚い俸禄であり、帝王が天下をいつくしみ、はぐくまれるためのもの」）とあるのに由来す

る。

山崎北華と太宰春台は同時代に生きた人である。北華は常に二日酔いになるほど「過飲」して、四七歳で他界してしまったが、春台は飲みすぎないよう気を付けて晩酌を毎晩愉しみ、六八歳で生涯を終えている。

江戸時代は人生五十年といわれていて、

○「よいかげん　さくらの七日人五十」(たから船　元禄十六年)

○「我もので我物でない五十年」(俳諧觿初編　明和五年)

などと詠まれている。徳川十五代の将軍の平均寿命が五一・四歳(満年齢で五〇・四歳)の時代だった。

平均寿命五十歳の時代に、春台は適量の寝酒を愉しみながら長寿を全うした。

二　小咄にみる晩酌

(一)　禁酒の誓いを破って晩酌

江戸市中に酒が出回るようになり、小咄（笑話）の世界でも晩酌が話題として取り上げられるようになった。その内のいくつかを紹介すると、延享四年（一七四七）に出版された小咄本『軽口瓢金苗』「調法な禁酒」では、

「心の合ひし友と咄し合ふぞ、よき楽しみはなし。江戸で藤川が大当りといへば、長崎丸山の大夫が、豚の黒炒《こくしょう》で食傷《しょくしょう》したといふ、尾張大根《だいこ》は太いといふ、守口大根は細いが名物と、とり〴〵の咄しなかばに、一人いふやうは、「おれはこの間、三年酒を呑むまいと願《がん》をかけたが、さて、ならんと思へば一杯呑みたい」といふ。なかにも才覚な男がいふやうは、「呑みつけた酒を呑まずにもいられまいほどに、三年の禁酒を六年にして、夜ばかり禁酒にして、昼は呑め」といふ。「イヤ〳〵、それでは寝酒が不自由であらふ。その六年を十二年にして、昼夜呑んだらよかろ」」

と禁酒している人に友人たちが妙案を示している。こんな都合のよい理屈で禁酒の願掛け（願立て）を破るくらいなら、はじめからしない方がましだが、小咄本『聞童子』（安永四年）「禁酒」でも、

「ある夜、茶椀で飲みかける所へ友だち来り、「ヤア貴様は禁酒したといふたじやないか」。「サレバ願《ぐわん》だてが有ッて、一年の内きん酒したが、二年にのばして、昼の内ばかりやめて、夜はお許しにした」。「フウそんならば、とてもの事に、三年の禁酒にして、夜も昼も飲んだがよい」」

と同じような提案をしている。

山東京伝も小咄本『太郎花《たろうばな》』（寛政年間）の中で、「禁酒」と題した小咄を書いているが、ここでも、

「おぬしは酒をやめたじやァねへか」。「さればよ。願立てをして、五年が間禁酒をした」。「そりやァ不自由であらふ。なんと、十年の禁酒にして、夜ばかりのんだらよかろう」。「それもよかろうが、いつそ廿年の禁酒にして、昼夜のむべいか」

と期間を延長して禁酒を破ろうとしている（図43）。

いずれも、都合のよい理屈をつけて禁酒の誓いを簡単に破ってしまう酒飲みの身

図43　禁酒の誓いを破る小咄。『太郎花』（寛政年間）

勝手さが小咄のテーマになっているが、「それでは寝酒が不自由であらふ」（瓢金苗）、「夜はお許しにした」（聞童子）、「夜ばかりのんだらよかろう」（太郎花）とあって、晩酌にこだわっている。当時の江戸っ子の生活にとって、晩酌が重要な意味合いを持つようになっていたことがうかがえる。

（二） 髪の毛を売って亭主の晩酌代を工面

明和から安永年間（一七六四〜八一）にかけて、酒好きの亭主のために髪の毛を売って酒代の工面をする貞女の小咄がいくつか作られている。そのうちの一つ『茶のこもち』（安永三年）「酒好」では、

「「酒が呑みたいが、銭がない」とくやむゆへ、女房、気の毒に思ひ、髪の内をくるりと剃り、二十四文に売り、酒を買ひ、亭主に出す。「これはどふして買った」といへば、「あまりお前が呑みたいと言わしやるゆへ、この通り」と、中ぞり（中央部を剃った頭）を見せれば、「さても、そちは真実なもの」と、涙を流しながら、「まだ十六文ほどはある」」。

図44　髪の毛を売って亭主の酒代を工面。『茶のこもち』（安永３年）

といった会話が交わされている（図44）。折角女房が亭主のために髪の毛を売って酒代を工面しているのに、亭主がまだ十六文ほど髪の毛が残っている、と勝手なことをいっているのが落ちになっているが、この小咄でも、晩酌がテーマになっている。この頃、酒一合は十二、三文ほどだったので、二十四文で髪の毛を売れば酒が二合ほど買えたことになる（『居酒屋の誕生』）。晩酌にはほどよい酒の量である。

図45　長屋の夫婦が小鍋立で仲睦まじく晩酌。『串戯しつこなし』後編（文化３年）

三　夫婦仲睦まじく小鍋立

（一）三味線を弾きながら小鍋立

時代が進み、江戸時代後期（享和年間〈一八〇一〜〇四〉以降）になると、さまざまな晩酌スタイルがみられるようになる。まずはじめに、夫婦で小鍋立をしながら晩酌を愉しんでいる様子を眺めてみよう。

十返舎一九の『串戯《じょうだん》しつこなし』後編（文化三年・一八〇六）では、長屋暮らしの夫婦が仲睦まじく、小鍋立をしながら晩酌している場面が描かれている（図45）。

「ある所に夫婦、掛向い《かけむかい》〔二人だけ〕の暮しにて、至って睦まじく、〈中略〉世間から羨《うらや》まれるほどの睦まじき中、二人寝酒の小鍋立、ちん〳〵鴨の玉子とじ、爪弾き潮来で水入らずの楽しみは、よそから見ると、ヱ、ちくしやうめといふくらひなり」

亭主が三味線を弾きながら歌い、女房は鴨の玉子とじの小鍋立に箸を伸ばしている。鍋の料理の煮え具合を確かめているのであろう。「ちんちんかも」は男女の仲のきわめてよいさまを表わす言葉で、仲睦まじい夫婦が鴨肉を玉子とじにした小鍋立をしながら晩酌を愉しんでいるようすが演出されている。

(二) 春米屋夫婦の小鍋立

山東京山の『教訓乳母草紙』二篇上(嘉永五年)には、舂米屋《つきごめ》の主人「きね右衛門」とその妻「おみの」が小鍋立をしている場面が描かれている(図46)。「おみの」は鍋の中に箸を入れ、「きね右衛門」は、箸を立てて食べるタイミングをうかがっている。長火鉢の銅壺(銅や鉄製の湯沸かし器)にはちろりが入っていて、酒の燗をしている。夫婦は鍋の料理をつつきながら燗酒で晩酌を愉しみ、太介という

図46　春米屋の夫婦が小鍋立をし、酒を燗しながら晩酌。『教訓乳母草紙』二篇上（嘉永５年）

米春《こめつき》の奉公人を番頭に昇格させる相談をしている。商人が店の行く末を考えながら晩酌している風景である。

二人の側には、三本足の蠟燭立てに蠟燭が灯されている。この春米屋は三人の米春を雇って商売しているので、蠟燭を灯して夜を過ごす生活が出来ている。

(三) 娘の縁談を話題に小鍋立

黄表紙作者で落語家の桜川慈悲成作『延命養談数《えんめいようだんす》』(天保四年)にも、「寐酒」というタイトルで夫婦が小鍋立をしながら晩酌している場面が描かれている(図47)。

「夫婦仲良く、寝酒飲みながらの話に、女房いふやう、隣り丁の酒屋の娘は幸せだ。良いところへ嫁にいかるゝそうな。亭主聞きて、さうさ、今朝髪結床で聞いたが、此ごろばゞさまが、浅草の開帳へ娘を連れてゆかれた。そのとき、途中で分限者〔金持ち〕の息子殿が見そめて、もらひたいと人をかけてのたのみ、たちまち縁談出来て、此あひだに婚礼だそうな。〈中略〉おらがところのおちよ、まなんぞは、生まれつきがあの不器量。そのうへにあの重い疱瘡で大あばた。花嫁どころか婿をとるもちとむづかしい、おてんばのいろけなし。なんにつけても、子

図47　娘の縁談を話題に小鍋立をしながら夫婦で晩酌。『延命養談数』（天保４年）

どもは苦労なものだのふ。かゝあどんといへば、女房、亭主の耳に口をあてて、これ〳〵聞きなさい。このごろ噂に聞けば、おちよまもいろおとこができたそうで、そは〳〵してなりませんと話せば、亭主聞きて、にっこり笑ひ、顔の芋もうはぎになる時節がきたか」

「顔の芋」は疱瘡のあとが残った顔を表し、「うはぎ」は嫁菜の古名なので、落ち（さげ）の「顔の芋もうはぎになる時節がきたか」は、あばた顔も嫁になる時節が来たか、という意味になる。

「夫婦仲良く、寝酒飲みながら」とあって、絵を眺めると、女房は徳利で亭主にお酌をし、長火鉢には小鍋がかかっている。夫婦は小鍋立をしながら晩酌をしているが、娘の縁談が気になるようだ。

仲睦まじい夫婦の小鍋立を通して、短い夜のひととき、江戸の夫婦がどんなことを話題にしながら、晩酌を愉しんでいたかを垣間見ることが出来る。

（四）小鍋立の流行

これまでみてきた夫婦の小鍋立を眺めると、小鍋立には鋳物製の鍋が使われているようにみえるが、鋳物製の小鍋は、安永年間(一七七二〜八一)頃に作られるようになった。

大田南畝の『一話一言』巻四十一(文化十四年)に「安永のころよりは、銑〔鋳物〕をもって、いと浅く小さき鍋を造り出しけけるより、いつとなく土鍋のまゝ供する事すたれぬ」とあるように、鋳物製の浅い小鍋が作られようになると、これが土鍋に代って利用され、小鍋立が流行していった。

身分制社会の江戸時代は、社会のあらゆる場面で身分の上下による差別が行なわれていた。飲食の場合もそうで、一人用の膳が用いられ、身分の上下によって座る位置が決められた。家庭でも、一人用の膳で食事をし、座る位置は家族の中で定められていた(『日ごとの心得』天保四年、図48)。こうした社会の中で、一つの鍋をつつき合って食べる小鍋立は画期的な食べ方だった。小鍋立は親密さを示す食べ方として、まず遊里の世界で遊女と客が小鍋立を楽しんでいる様子がみられるが、やがて家庭の中にも入り込んだ。

○「小鍋だてにへ切らぬ内みんな喰ひ」(川傍柳　安永九年)
○「生煮えな内になくなる小鍋立て」(万句合　天明二年)

図48　一人用の膳で食事をする家族。『日ごとの心得』（天保４年）

○「小鍋だてうたゝねをして喰はぐり」

（玉柳　天明七年）

いずれも、小鍋立の料理を争って食べているが、小鍋立は夫婦が仲睦まじくつつきあって食べる晩酌の場にも登場してきた。その早い例が『串戯しつこなし』の場面になる。

（五）仕掛人梅安と小鍋立

小鍋立は一人でも楽しむことができる。

池波正太郎の小説『仕掛人・藤枝梅安』は、寛政十一年（一七九九）から文化三年（一八〇六）頃の時代設定になっているが、ここには鍋料理がよく登場する。白魚の小鍋立、猪鍋《ししなべ》、輪切り大根と油揚げの鍋仕立、千切り大根と浅蜊の小鍋立などだが、そのうちの千切り大根と浅蜊の小鍋立を食べるシーンは次のように描写されている(『梅安最合傘《もやいがさ》』平成十三年)。

「その夜……。

梅安は、ひとりで、おそい夕餉《ゆうげ》の膳に向っていた。

春の足音は、いったん遠退《とおの》いたらしい。

毎日の底冷えが強《きつ》く、ことに今夜は、

(雪になるのではないか……)

と、おもわれた。

梅安は、鍋へ、うす味の出汁《だし》を張って焜炉《こんろ》にかけ、これを膳の傍へ運んだ。

大皿へ、大根を千六本《せんろっぽん》に刻んだものが山盛りになってい、浅蜊《あさり》のむきみもたっぷりと用意してある。

出汁が煮え立った鍋の中へ、梅安は手づかみで大根を入れ、浅蜊を入れた。千切りの大根は、すぐに煮える。煮えるそばから、これを小鉢に取り、粉山椒《こなざんしょ》をふりかけ、出汁と共にふうふういいながら食べるのである。

このとき、酒は冷のまま、湯のみ茶わんでのむのが梅安の好みだ。」

小鍋立に使われているのは浅蜊と大根だけであるが、浅蜊は江戸前の名物である。江戸の町には浅蜊剝き身売りが「あさりむッきん、蛤むッきん」と町を巡っていた（『浮世風呂』前編　文化六年）。『浮世床』初編（文化十年）にはその姿が描かれ、少年が「をぢさん、あさりはどうだ。あさりむきん」と売り歩いている（図49）。

図49　浅蜊剝き身売りの少年。『浮世床』初編（文化10年）

『宝暦現来集』（天保二年）には「蜊《あさり》売、天明ころ迄は、正月末より三月末迄に限りて来るものなり。夏気になると蜊子持となる故、喰はざるものとて、蛤・蜆は年中売り歩くが、蜊ばかりは春に限りたり。〈中略〉近頃は蜊も蛤・蜆同様、年中歩き来るなり。夏は喰はざるがよひか喰ふがよいか、是らは分らず」とあるように、浅蜊は、正月末から三月までに限って売りに来ていた。それは、夏が近づくと、浅蜊が子持になるので食べなかったためだが、梅安の時代には一年中売られるようになっていた。

とはいっても、浅蜊は春が旬である。梅安は、春のまだ浅い冷え込む夜に、旬の浅蜊のむきみをたっぷりと用意して小鍋立にしている。浅蜊は剝き身売りから買い込んだのであろう。

○「五文がむき身すり鉢を内儀出し」(柳一六　天明元年)

と、長屋のかみさんが五文で剝き身を買うのにすり鉢を差し出している様子が詠まれている。五文ばかり買うのに不釣り合いな容器を差し出しているミスマッチのおかしさが詠まれているわけだが、浅蜊の剝き身は安く買えた。

江戸っ子もきっと梅安のように浅蜊の小鍋立を愉しんでいたに違いない。

四　晩酌に飲んでいたのは燗酒

（一）燗酒を飲んでいた夫婦の晩酌

梅安は「酒は冷のまま」で飲むのを好んだようだが、前述の『延命養談数』では、女房が燗徳利でお酌をしていた。

このように夫婦の晩酌では燗酒を飲んでいて、式亭三馬の『古今百馬鹿』（文化十一年）「鼻毛をのばす御亭主馬鹿」では、亭主が「そこの蠅不入《はいらず》から燗鍋《かんなべ》をとつてくんな。おめへも一盃飲《いつぺいのみ》な。何ぞ取にやらう。まづ其間《そのうち》そこの下にある皿をくれ給へ。鴨の鍬焼《くわやき》をして食はう。ヲツト、鍬形《くわがた》を爰《こゝ》へ呉《くん》な」と女房に呼び掛けている。図の左前方の下女が手にしているのが、酒を燗する燗鍋である（図50）。

ちなみに、亭主は鉄板で鴨を焼こうとしているが、このように農具の鍬の刃金を利用して鴨などを焼く料理を鍬焼といった。鋤を利用すればすき焼である。

山東京山の『教草女房形気』十五編上（嘉永七年）には、糠屋の夫婦が「寝酒」を飲んでいるところが描かれている（図51）。白米を常食にしている江戸では米糠を専門に扱う糠屋という商売があった。糠は糠味噌に用い、布袋に入れて入浴時に

女房乃　重ふ　つき玉子　至腐　玉川わく鍋をさつ米ふ志つの形

函亭三七

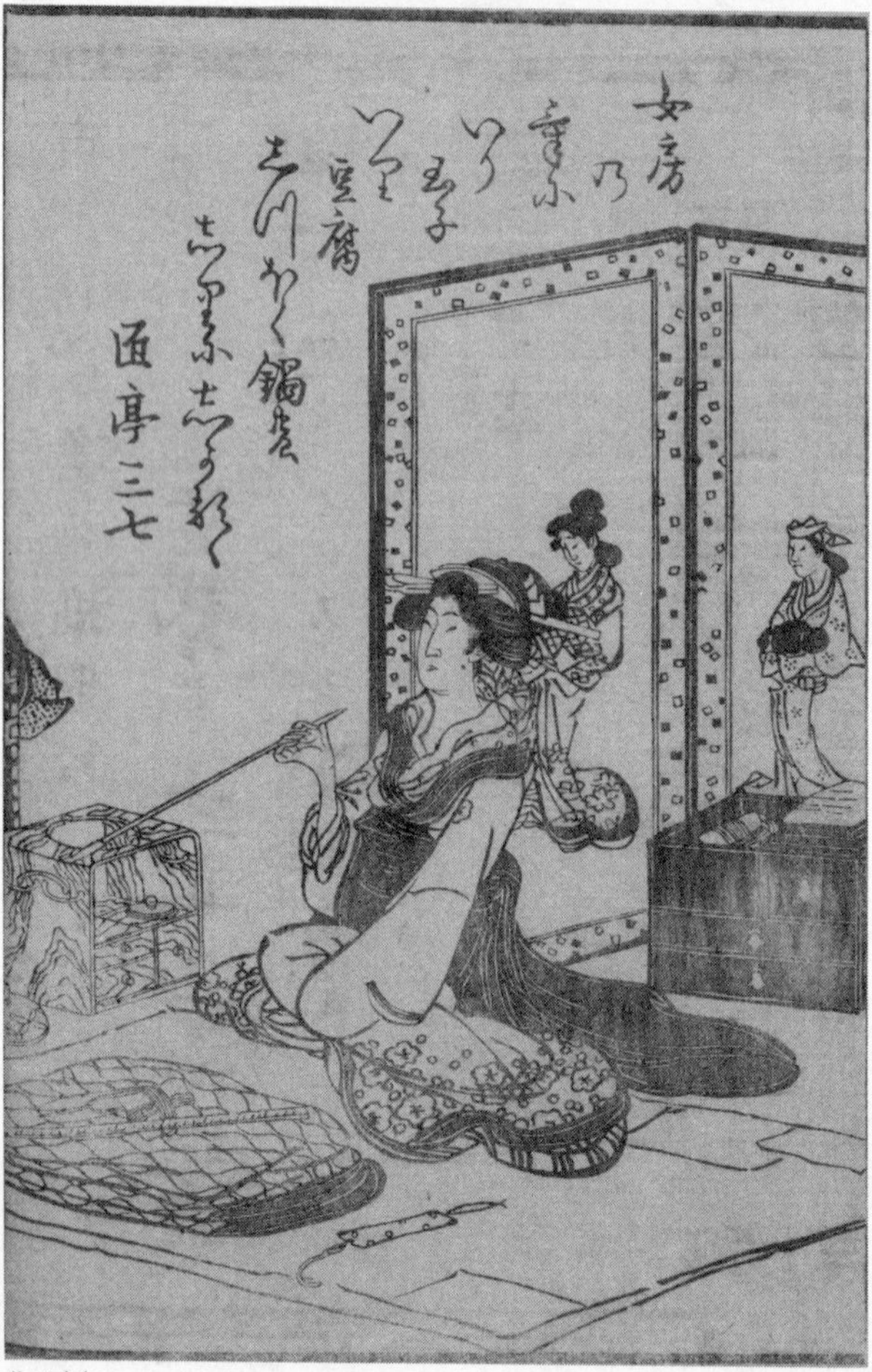

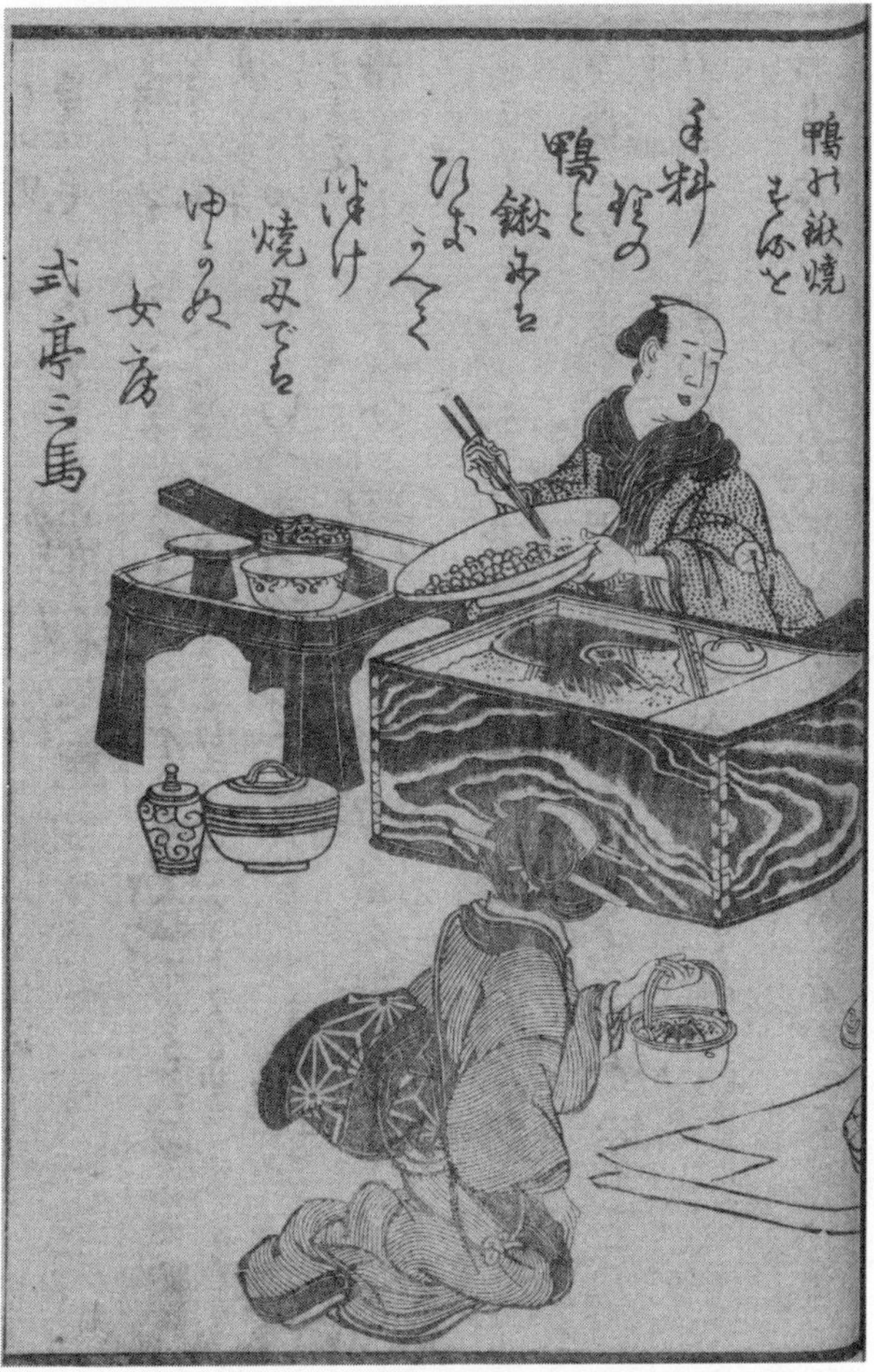

図50　鴨の鍬焼と燗鍋。下女が燗鍋を手にしている。『古今百馬鹿』（文

んでいる。『教草女房形気』十五編上（嘉永７年）

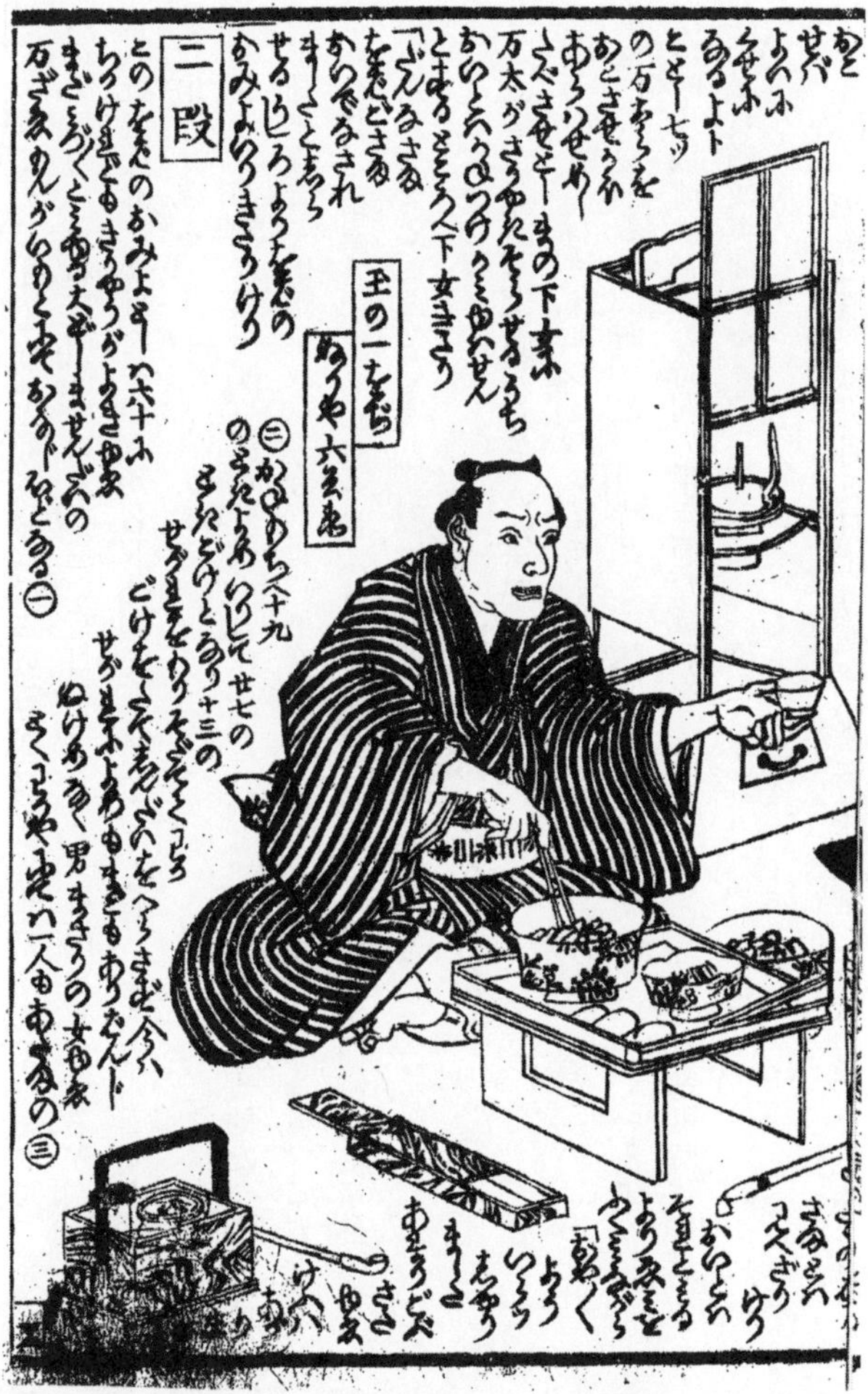

図51　糠屋の夫婦の晩酌。女房が酒の燗をし、亭主の前には酒の肴が並

肌をみがくのに用いるなどしていた。この糠屋は質素な生活をしているので、前述の春米屋の「きね右衛門」の家と違い行灯に油を灯して晩酌をしているが、妻のおよねは長火鉢にかけたやかんから燗徳利を取り出そうとし、主人の六兵衛が猪口を差し出している。

夫婦で飲む酒に限らず、江戸時代の人は、酒は燗して飲むのが一般的だった。江戸の随筆作者・山崎美成《よししげ》は「今の世、酒をのめるに、必ず煖《あたた》むる事なり。これを燗といへり。〈中略〉いとあがれる世（昔）にも煖むる事はあれど、四時ともに熱するにはあらず」と記している（『海録《かいろく》』文政三年〜天保八年）。

（二）シーズン限定で燗をしていた酒

江戸時代にはオールシーズン酒を燗して飲んでいたが、山崎美成が「いとあがれる世にも煖むる事はあれど、四時ともに熱するにはあらず」といっているように、江戸時代以前は、寒い時期の半年間だけ燗をして酒を飲んでいた。室町時代に書かれた『貞順故実聞書条々《さだのりこじつききがきじょうじょう》』（天文年間〈一五三二〜五五〉頃）には、

「御酒のかん（燗）は九月九日より明年の三月二日迄たるべし。上巳（三月三

日）より寒酒なり。桃花を酒に入れ候て用ひるなり。又九月九日には菊花を酒に入れるなり。燖《じん》したる〔あたためた〕酒をかんの御酒と申し候。ひやさけをかんしゆ〔寒酒〕と申し候也」

とある。九月九日より翌年の三月二日迄は燗酒を飲み、三月三日からは寒酒（冷酒）を飲む。九月九日に燗酒を飲むときは菊花を入れるとある。この日に菊花を入れる理由については、『世諺問答《せげんもんどう》』（天文十三年・一五四四）に、「後光明峯寺殿の御抄には、九月九日は寒温二季のさかひあひあふとき。〈中略〉此時〔菊〕酒をのめば病を得ず。さてけふより酒をばわかすといへり」、九月九日に菊酒を飲むのは、病気にならないためで、今日からは酒を沸かして飲む、と説明されている。

（三）酒の燗はオールシーズンに

室町時代には、重陽の節供の「菊酒」を季節の変わり目とし、この日から燗酒を飲むのが慣わしだったが、十六世紀後半にもろみを濾した清酒が生まれると、オールシーズン酒を燗して飲むようになった。宣教師のロドリーゲスは『日本教会史』（元和八年〈一六二二〉頃）において、

「日本の古来正真の流儀によれば、第九の月（旧暦九月）の九日から翌年の第三の月（旧暦三月）の三日まで、すなわち九月から三月までは必ず熱い酒（燗酒）を用いる。〈中略〉一年のその他の時季には本来冷酒を用いる。もっとも、現在では一年中あらゆる時季を通じて皆の者が熱い酒を一般的に用いるので、今は、この点についていえば一定した一般的のことではない」

と酒の燗はシーズン限定からオールシーズンへと変化していることを伝えている。ロドリーゲスが日本に滞在していたのは一五七七年から一六一〇年なので、その頃の様子になる。

宣教師ルイス・フロイス（在日一五六二～九七）も、「われわれの間では葡萄酒を冷やす。日本では、酒を飲む時、ほとんど一年中いつもそれを煖める」（『日欧文化比較』天正十三年・一五八五）と、この頃の日欧の酒の飲み方の違いを比較している。日本では十六世紀後半からオールシーズン酒を燗して飲むようになっていたが、これは江戸時代を通して行なわれていて、明治十年に東大理学部動物学教授として来日したモースは「一八七七年の日本」において、「日本人は酒を小さな浅い磁器の盃から啜《すす》る。酒は常に熱くして飲むのである」と記している（『日本その日その日』一九一七年）。

日本人は明治になってもオールシーズン酒を燗して飲んでいた。

欧米人はワインやビールを普通は燗をして飲まない。日本人は酒を燗して飲む。欧米人とは異なる日本の飲酒文化について、宣教師やモースは注目していたのである。

五　なぜ江戸時代の人は燗酒を好んだか

（一）冷や酒は健康を損ねる

江戸時代の人は四季を通して燗酒を好んで飲んでいたが、その理由は、冷や酒は身体によくないと考えられていたことによる。

貝原益軒は『養生訓』（正徳三年・一七一三）において、「酒は、夏冬ともに、〈中略〉温酒をのむべし」とした上で、

「冷飲は痰をあつめ、胃をそこなふ。丹渓〔中国・元代の名医〕は、「酒は冷飲に

宜し」といへり。然れども、多く飲む人、冷飲すれば脾胃〔脾臓と胃腸〕を損ず。少し飲む人も冷飲すれば、食気を滞《とどこお》らしむ。凡そ酒をのむは、その温気をかりて、陽気を助け、食滞をめぐらさんがため也。冷飲すれば、〔この〕二つの益なし。温酒の、陽を助け、気をめぐらすにしかず」

と、温酒（あたためた酒）を飲むよう勧めている。冷やで飲むのは健康を損ねるとあるが、同じころ、医師の芝田祐祥も、酒は冷やで飲むことを戒めている。文章が難解なので要約すると、「酒は、温めて飲む時は、速やかに脾胃を温め、早く酔い早く醒めて酒気が滞らない。冷にて飲む時は、脾胃を冷やすので、下痢をし、排尿が円滑に行なわれなくなり、やがて内臓を損ねることになるので、酒は温めて飲むのがよい。酒を温めるには指を浸してほどよいころあいに燗をすべし」と冷や酒が身体によくない理由を医学的に指摘している（『人養問答《じんようもんどう》』正徳五年）。

芝田祐祥が、酒は温めて飲めば、早く酔う、といっているように、酒は冷やで飲むと飲み過ぎてしまう傾向がある。アルコールは体温に近い温度で吸収されるので、酔うまでに時間がかかるからである。

松葉軒東井編の『譬喩尽《たとへづくし》並ニ古語名数』（天明六年・一七八六）には「冷酒《ひやざけ》は親の

異見と同じ」とある。すぐには利かずに、あとで利く、という意味である。江戸時代の人も、冷や酒は酔いが回るのが遅いので、飲みすぎてしまうことを承知していたようだ。

冷や酒は健康上よくない、という考えは、江戸時代を通して継承されていて、幕末に近い天保二年（一八三一）に刊行された八隅景山（蘆庵）の『養生一言草』には、「四時とても酒は温め用ふべし。冷酒は夏も毒としるべし」と冷酒を戒めている。

旅行好きだった八隅景山は『旅行用心集』（文化七年）を著わして、旅の心得を説いているが、その中の「道中用心六十一ヶ条」でも、「空腹に酒飲むべからず。食後に呑むべし。尤暑寒ともにあたゝめてのむべし」と道中においても冷や酒を飲まないよう注意を促している（図52）。

（二）超辛口だった江戸の酒

江戸時代の人が燗酒を飲んでいたのは、当時の酒が超辛口だったこととも関係がありそうだ。

現在、日本酒の甘口・辛口の度合いは「日本酒度」で表わされ、日本酒の瓶のラ

図52　道中風俗。「東海道風景図会」（出版年不詳）

ベルに（＋）（－）の数値でその度合いが示されたりしている。（－）の数値が大きいほど糖分が多く、甘口になり、（－）六以上は「大甘口」といわれる。反対に、（＋）の数字が大きいほど糖分が少なく、辛口になり、（＋）六以上は大辛口といわれている。

日本酒の成分分析は、明治十年に、東京帝国大学農科大学英人教師エドワード・キンチ氏によって、はじめて行なわれたが、それによると日本酒度は（＋）十一～十八度と大変な辛口の酒で、「明治維新の頃に「これは甘口」といわれる酒でも、今の人がもしなめて見れば、口の曲るほどの辛さを感じるであろうことも想像に難くない」という(『日本の酒』昭和三十九年)。これからすると、江戸時代の酒も超辛口だったのではなかろうか。

酒の味は、温度によって変わる。甘味は温度が上がるにつれて感度が増し、三五度あたりが最も鋭敏に感じられるという(『日本酒』平成六年)。酒を燗すると、加温により、甘味の感度が増すので、辛口の酒も飲みやすくなる。江戸時代の人が燗酒を好んだのは、飲み易さとも関係がありそうだ。

○「かん徳利時分はよしと尻をなで」(新編柳多留三十八　嘉永三年頃)

と江戸っ子は燗のつき具合を大切にしていた。

(三)　燗酒の習慣から生まれた小咄

江戸時代、酒は燗して飲むのが日常的だったため、次のような小咄が生まれている。

「思ふことを夢に見るとかや。ある酒好きの親仁《おやじ》、方々よりいろ〳〵の名酒をもらふと見て、大きに悦び、「これはおびただしい酒じや。呑みつづけにしても、五年や十年はたしかじや。まづ祝ひに、鶴《つる》の友を燗して呑もふか。イヤ〳〵伊丹《いたみ》諸白《もろはく》が、きつとしてよかろ」と、ちろりへうつし、燗をすると思へば、夢さめたり。「南無三宝、冷《ひや》で呑めばよかつたに」といふた」(『軽口瓢金苗』「夢中の酒」延享四年・一七四七、図53)。

冷やで飲めばよかったが、燗をしたために飲みそこなっている。たとえ夢の中の話でも、酒好きにとっては悔しい話である。その後も同じような小咄が数多く再出するが、その一つ『夕涼新話集《ゆうすずみはなしあつめ》』(安永五年・一七七六)「夢の有合《ありあい》」では、

「猩々《しやうじやう》の徳右衛門と異名の付し大酒ずき、夢に友達の方へ行けり。是は徳右衛門どの、珍しいお出かな。サアお上り。幸ひ貴様のすきの名酒がある。しかし肴はないが、玉子がある。是をふわ〳〵に致そう程に、其間《ま》に貴様はかんをして下され。心得たりと徳右衛門、かまの下を焚《たき》つけ、しばらくして釜のふたをあけんとすれば、ゆめさめたり。ヱ、、冷《ひや》でのめばよかつたに」

図53　夢中の酒。「名酒いろいろある」「さらば一こんいたそふ」とある。『軽口瓢金苗』（延享４年）

となっている。「猩々」は酒をよく飲むという想像上の動物で、主人公の徳右衛門が酒好きなことを表わしている。ここでも燗酒を飲もうとしたため、名酒を飲みそこなっている。いずれも、江戸時代は燗酒が飲まれていたことを背景にして生まれた小咄である。

『夕涼新話集』では、酒の肴として、玉子ふわふわを用意している。玉子ふわふわ（ふわふわ玉子）は、江戸時代に流行した玉子料理で、「とき玉子に調味しただしを卵の三分の一から二倍くらい加え、土器のような厚手の鍋に入れて弱火で加熱し、ふんわりと凝固させたもの」という（『江戸料理事典』）。

時代が下ると夢の中の燗酒にも酒の肴が登場している。

六　風呂上りに晩酌

(一)　江戸っ子と銭湯

寺門静軒の『江戸繁昌記』（天保三〜七年）二篇に「酒は浴後の渇《かわ》きに宜《よろ》しく、食は浴腹《むな》の虚しきに宜《よろ》し」とあるように風呂上がりに飲む酒はうまい。今は多くの家庭に風呂があって気軽に風呂上がりの酒を愉しめるが、江戸っ子はどうしていたのだろうか。

大坂の人で、江戸に滞在歴のある西沢一鳳は、江戸では毎日銭湯に行くと記している。

「都《すべ》て江都は武蔵野の果《はて》にて広々たる平地の上、海近きゆへにや常に風強く土和《やわ》らかにして泥埃り立つ所也。京摂の如く往来へ打水せんにも水不自由なるゆへ、市中のどぶ（上方の溝也）の水を打つ故、香甚だしく、乾けば風にて吹き散らす故、男女共冬は別して縮緬の頬冠りをせし上、手拭にて口の辺りを括れり。〈中略〉故に日毎に湯へ入らねば叶《かな》わぬ様にする也。その風呂を内にて沸す家、屋敷《やしき》方《がた》奥向は格別、町家の大家《たいけ》にても風呂場ある住居はいと珍らしき事也。旅籠屋《はたごや》にも風呂は沸かさず客は銭湯へ行く事にして、町家豪商の内儀・娘たりとも残らず銭湯へ行くをならわせとして、聊《いささか》恥づる事なし。湯屋は大体一町に二軒宛は丈夫に有り」（『皇都午睡』三編　嘉永三年）

江戸は風が強く、土埃りが立つので、毎日入浴しないわけにはいかない。ところ

図54　銭湯の入浴風景。『賢愚湊銭湯新話』（享和2年）

が、武家屋敷は別にして、町人の家は、大町人でも、風呂場があるのは珍しい。宿屋にも風呂場はなく、客を銭湯に行かせている。豪商の妻や娘でも銭湯へ行くのを恥としない、といっている。

西沢一鳳は、この後に続けて、豪商の家でも風呂がないのは、第一に火の用心のため、第二に費用がかさんで割に合わないこと（薪が高価なことなど）を理由に挙げている。

銭湯には貴賤老若が入り混じり、山東京伝はその様子を『賢愚湊銭湯新話《けんぐいりごみせんとうしんわ》』（享和二年）のなかで「諸人入込《いりごみ》の銭湯は、貴賤老若混雑の世界によく似たり」と描写している（図54）。

（二）江戸の銭湯の数

西沢一鳳は、湯屋は一町におおよそ二軒あるといっているが、文化七年に大坂に生まれ、天保十一年に江戸に移り住んだ喜多川守貞は『守貞謾稿』「巻之二十五」において、「今世、江戸の湯屋、おほむね一町一戸なるべし」といっている。西沢一鳳が目にした湯屋の数は多すぎるようだが、江戸の町には多くの銭湯があったことには違いがなく、元文二年（一七三七）に江戸に生まれ育った小川顕道が七十八歳のときに著した『塵塚談』（文化十一年・一八一四）には、「風呂屋（湯屋といふ。銭湯共いふ）、江戸中に六百軒余これ有り。明ヶ六つ時（六時頃）より夜五つ時（八時頃）迄浴湯の人有り」とある。

寛政三年（一七九一）の調査によると、この年の江戸の町数は一六七八町となっている（『東京市史稿』産業篇三六）。従って、風呂屋が「六百軒余りこれ有り」としているのは、少なすぎるように思えるが、たとえこの軒数であったとしても、この頃の江戸の町人人口は、五十万人位なので（「江戸の町人の人口」『幸田成友著作集』二）、今から二〇〇年ほど前には八三〇人に一軒位の割合で銭湯が存在していたことになる。

現在、東京の銭湯の数は減少している。「東京の公衆浴場の現況」によると、「都民の日常生活における健康の維持と適正な公衆衛生水準を確保する上で、公衆浴場は不可欠ですが、自家風呂保有者の増加に伴う公衆浴場利用者の減少等により転廃業が続出し、著しく減少しています」とあって、二〇二一年十二月末現在の公衆浴場数は四八〇軒に減少している（「東京くらしWEB」）。二〇二一年十二月の東京都の人口は約一四〇〇万人なので、二万九〇〇〇人に一軒しか銭湯は存在していないことになる。江戸っ子がいかに銭湯と深いかかわりを持っていたかがわかる。

江戸では風呂屋のことを湯屋とか銭湯といっていたが、『守貞謾稿』「巻之二十五」には「江戸浴戸　今俗に湯屋と云ふ。訛りてゆうやと云ふ」とある。江戸っ子は湯屋を「ゆうや」といっていた。

また、ここには湯屋の看板の絵を二種類載せているが、右の看板については「古の湯屋の招牌《かんばん》なり。ゆいる、と云ふ謎なり。「射入る」と「湯に入る」と、言近きをもつてなり」と謎解きをし、左の看板については「今世、江戸湯屋の招牌。紺地に男女ゆ、あるひはゆとのみ記したる綿簾なり。江戸浴戸も皆必ずこれあるにあらず。路次内あるひは新道等の浴戸、往来の方へこれを出して衆に報告するのみ」と説明している（図55）。

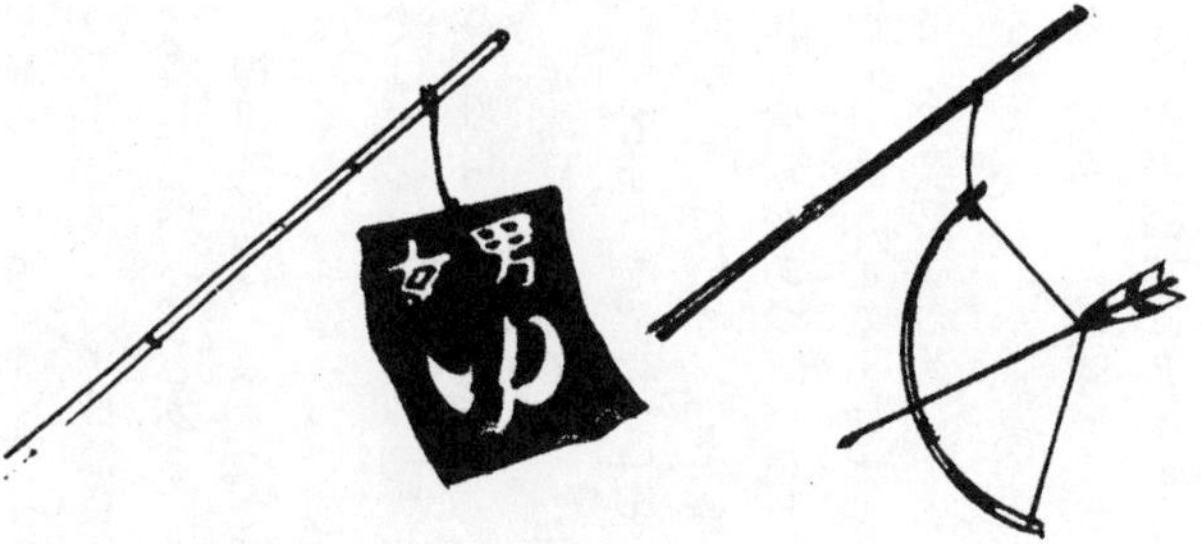

図55　湯屋の看板。『守貞謾稿』（嘉永６年）

（三）銭湯の営業時間と定休日

江戸の銭湯の営業時間は町奉行所より「湯風呂屋明ヶ六ッ時より暮六ッ時迄焚仕舞《たきしまい》可申事《もうすべきこと》」と仰せ付けられていた（『洗湯手引草』嘉永四年）。このお触れによって江戸の銭湯は早朝の明ヶ六つ時（六時頃）より営業していていたが、終業時刻の暮六つ（午後六時頃）は守られていなかったようで、『塵塚談』には、「明ヶ六つ時より夜五つ時（夜八時頃）迄浴湯の人有り」とある。『守貞謾稿』「巻之二十五」には、さらに詳しく、

「烈風の日は、早仕舞と云ひて黄昏を限とす。けだし定制は平日黄昏を限期とするの法なれども、皆初更に至る。烈風には申の刻を限る法にて暮に至るなり」

と載っている。烈風の日は申の刻（午後四時頃）迄と定められているが黄昏（暮六つ）迄営業し、平日は黄昏迄と定められているが、初更（午後七時から九時頃）まで営業している、とある。

神保五弥は「暮六つで焚きじまいにせよ、というのは、火事の心配があるから、風呂釜の火は暮六つで落せということで、火を落しても湯が温かい午後八時ごろまでは、客の入浴を黙認していたのである」と解説している（『浮世風呂―江戸の銭湯』昭和五十二年）。

定休日については、『守貞謾稿』「巻之二十五」に「毎月一日づつの休日あり。浴戸、各定日を異にす」とある。『賢愚湊銭湯新話』には、銭湯に休日が必要な理由が示されていて、「芝居にも土用休みあり。職人にも煙草休みあり。湯屋にも定まれる休みがあつて、風呂場を乾かし、小桶を干し、風を入れ、日に照らすは、水に腐らせぬ用心なり」と説明されている。定休日といっても銭湯は休んでいるのではなく、風呂場のメンテナンスを必要とし、その作業を終えた従業員が、風呂場で酒を酌み交わしているところが描かれていて、「湯屋の若い衆《しゅ》、休み日に奢《おご》りかける」とある（図56）。

『守貞謾稿』にあるように、銭湯の定休日は月一回あったが、銭湯によって異なっ

図56　風呂場で酒を酌み交わす従業員。『賢愚湊銭湯新話』（享和２年）

ていたので、一斉休業ではなかった。

どこかの銭湯が営業していて、江戸っ子は毎日風呂に入ることができた。江戸っ子は、風呂に入ってから晩酌、がいつでもできたのである。

(四) 風呂上りに一杯

式亭三馬の『浮世風呂』は、町人の社交場であった銭湯での会話を通して、庶民生活の種々相を浮き彫りにしているが、その舞台となる銭湯はさまざまな人で混雑している(図57)。

このような銭湯では偶然の出会いもあって、四編(文化十年)巻之中「男湯之巻」では、金持の息子で放蕩ゆえに若隠居させられた「衰微」が、かつて贔屓にしていた幇間(太鼓持)の「鼓八」と銭湯で偶然出会い、次のような会話を交わしている。


すい「……トキニ、けふは何所《どけ》へ往迚《いくとつて》、此湯《ゆ》へ来《き》た。

こ「宿酔《もちこし》で、〈中略〉不図《ふと》此湯《このゆ》やが目に付《つき》まして、汗《あせ》とりに這入《へいり》ました。

すい「爰《こゝ》であふも他生《たしやう》の縁《えん》だ。

こ「悪縁《あくえん》ぢやァごぜへませんかッ。

すい「うさアねへ、一寸おらがうちへ歩《あい》びねへ、直《ぢき》に此横町《このよこちやう》だ。酒《さけ》は相《あひ》かはらず樽酒《たるざけ》だから、些《ちつと》ばかり迎《むけへ》るがい丶。

こ「それはおひさしぶりでありがたい。〈中略〉

すい「トキニ、最《も》う上りやせう。

こ「勿論《もちろん》。

すい「けふは肴《さかな》があればい丶が、魚甚《ぎよじん》が来《き》たかしらん。

こ「モシ〳〵、何《なに》がなくともサ、お久《ひさ》しぶりといふ句《く》が有《あり》がたうごぜへます。〈後略〉

銭湯で出会った衰微が鼓八を自宅に誘い、酒の肴の心配をしているが、鼓八は肴などなくても、久しぶりに一緒に飲めるのが何よりの御馳走、と応じている。二人は湯から上がって、衰微の家に向かい、樽酒で湯上り酒、という趣向になっている。季節は「秋の時候」だが、銭湯のすぐ横町に衰微の家があるので、湯冷めしないうちに二人は樽酒で一献交わすことが出来る。

江戸っ子はふつう樽酒を飲んでいるのに、衰微が「酒《さけ》は相《あひ》かはらず樽酒《たるざけ》だから」

凡例

図57　さまざまな人で混雑している銭湯。『浮世風呂』前編（文化６年）

といって誘っているのは、酒は量り売りで買うのではなく、薦被《こもかぶ》りの酒樽（薦で包んだ四斗入の酒樽。薦樽）で買って備えていることを意味している。薦樽の酒ならば、変質しにくく、美味い酒がたっぷり飲める。江戸時代の酒屋には、薦樽が積まれていた（図41）。

そして、二人は風呂上りでも、この樽酒に燗をつけて飲んでいたものと思える。江戸っ子は一年を通して燗酒を飲んでいたことはこれまでも触れたが、江戸時代には、「夏月といふとも冷飲すべからず」（『老人必用養草』正徳六年・一七一六）、「冷酒は夏も毒としるべし」（『養生一言草』天保二年・一八三一）と、夏の暑い時でも燗をしない酒は身体によくないと戒められていたからである。

二人は魚屋から届けられた魚を肴に、美味い燗酒を酌み交わしたことであろう。

（五）湯上り姿の女房を肴に一杯

女房の湯上り姿を眺めて酒を愉しむ亭主もいた。

○「女房を湯へ遣り亭主酒を呑み」（柳五一　文化八年）
○「湯上りの女房を亭主酒で待ち」（柳一六三　天保九～十一年）

どちらの句も女房が湯から帰ってくるのを心待ちにしながら亭主が酒を飲んでいる光景である。

香蝶楼豊国(三代歌川豊国)は「春夕美女の湯かゑり」(弘化元年)と題し、艶やかな湯帰り姿の美人画を三枚続きで描いているが、その内の一枚(左)をお目にかける(図58)。

江戸の男性が湯上り姿の女性に心を奪われたのは、楊貴妃への連想で、
○「湯上りは玄宗以来賞美する」(柳籠裏《やなぎごり》 天明六年)
と詠まれている。

玄宗皇帝は、後宮に入れた楊貴妃をともない、西安の東郊驪山《りざん》の温泉宮(華清宮)に行幸する。中国の唐の時代、七四〇年のことである。そこで楊貴妃は華清宮の温泉に浴し、その湯上り姿の美しさに魂を奪われた玄宗は、楊貴妃を溺愛するようになる。白楽天はそのときの様子を『長恨歌《ちょうごんか》』(八〇六年)に、

図58　浮世絵に描かれた湯帰り姿の美女。「春夕美女の湯かゑり」（部分、弘化元年）

「春寒くして浴を賜《たも》う華清の池〔驪山温泉〕
温泉　水滑らかにして　凝脂《ぎょうし》に洗《そそ》ぐ。
侍児《じじ》扶《たす》け起こせば　嬌《きょう》として力無《ちからな》し」
（湯のなかでなまめかしく、ぐんなりとなった楊貴妃を腰元たちが抱きかかえて起こす）

と詠じている。「凝脂」は楊貴妃の柔らかく白くつやのある肌を表わしている。

日本ではこの場面が絵に描かれるようになり、『長恨歌図抄』（延宝五年・一六七七）には、腰元たちに支えられた湯上り姿の楊貴妃を玄宗皇帝が振り向きながら眺めている（図59）。

江戸っ子も湯上り姿の女性に魂を奪われていて、明治四十一年に再版された『浮世風呂』には、原本にはない「文化の頃湯上り芸者風俗」と題した一枚の絵が挿入されているが、銭湯から出て来た艶やかな芸者の湯上り姿に二人の男性が見とれている（図60）。

女性のほうも湯上り姿が美しく見えるように努力していて、前に述べたように江戸っ子は糠袋で肌を洗っていたが、特に女性は銭湯に行くときには糠袋を持参し、

図59　楊貴妃の湯上り姿を眺める玄宗皇帝。『長恨歌図抄』（延宝５年）

顔をこすって磨きをかけていた。

○「糠袋ゑりへ廻ると口をまげ」（柳一〇　安永四年）

○「糠袋よつぽど顔を長くする」（柳一二　安永六年）

○「糠袋切れる程する頬つぺた」（柳八〇　文政七年）

○「糠袋二番だしにて母洗ひ」（柳一五　安永九年）

（母は娘が使った後で糠袋を使う）

などと詠まれている。銭湯の方では糠で風呂場が汚れるので、『洗湯手引草』（嘉永四年）には、「湯

図60　艶やかな芸者の湯上り姿に見とれる男性。『浮世風呂』（明治41年版）

屋磨《みが》かざれば光沢なし。光なければ常に客人入らず。石垣磨かざれば糠汁で汚れ、綺麗な湯屋は常に繁昌す」と綺麗に風呂場を磨くよう諭している。

　江戸の亭主は、一杯やりながら湯上りの女房に惚れ直していたのである。

（六）女性も風呂上りに一杯

　女性自身も風呂上が

りに酒を飲んでいて、式亭三馬の『四十八癖』初篇（文化九年）「人の非をかぞふる人の癖」では、裏長屋住まいの二人の女性が次のようなやりとりをしている。

「●お吉さん御めん。

▲ヲヤ　お徳さんか。

●今湯から帰《けへ》つて来たはナ。

▲しよにん〔不人情〕なもんだのう。最《も》うちつとまつておいらといつしよに行つたがいいはさのう。

●それだつてこつちにもさんだん〔都合〕があらァな。

▲コウ〳〵白酒《しろざさ》をのまねへか。

●何白ざゝ、おいらァしろざゝといふものをかぢつたことはねへ。

▲そんなら下卑て白ざけよ。

●いやな事かな、辛酒《からざけ》〔清酒〕なら一升ばかりもひつかけよう。

▲いやよ。

●いやよもすさまじい、コウ　お雛さまをかざつたか。」

銭湯から帰ってきたお徳がお吉の家を訪れ、白酒《しろざけ》を一緒に飲まないかと持ち掛けている。白酒はみりんに蒸した米と米麹を混合して熟成発酵させた、甘みが強く、白く濁り、ねっとりとした酒である。お徳が「お雛さまをかざつたか」といっているように、三月三日の雛祭りに飲む酒で、雛祭りが近づくと売り出された（図61）。この頃、白酒の販売で著名であったのが、鎌倉河岸の豊島屋で、

○「毛氈をまくつてとしま（豊島）ふるまわれ」（万句合　寛政元年）

図61　白酒売り。『世渡風俗図会』（明治時代）

○「雛棚の下でとしま（豊島）の味をほめ」（柳六二　文化九年）

と詠まれている。豊島屋は鎌倉河岸から猿楽町（どちらも現東京都千代田区内）に移転しているが、現在も酒屋を営んでいて、雛祭用の白酒を期間限定で売り出している。アルコール分は七度とある。ビールよりア

ルコール分が多く、『和漢三才図会』（正徳二年）に「下戸や婦人・小児も喜んで飲む」とあるように、女性や子供が好んで飲んでいたが、飲みすぎれば酔っぱらい、

○「美しい生酔のある雛まつり」（柳一四四　天保七年）

と詠まれている。

お徳はこの白酒を湯上りに飲もうとしているのであるが、期間限定の白酒に限らず、湯上り後に酒を愉しむ女性がけっこういたようだ。豊国老人（三代歌川豊国）の「二十四好今様美人」シリーズ（文久三年）の「湯治好」には、湯上り姿の女性が描かれているが、徳利と盃洗（盃洗い）が準備されている（図62）。まさに湯上りに一杯という雰囲気が醸し出されている。

七　さまざまな家飲みスタイル

（一）水割りの酒で独り飲み

図62　浮世絵に描かれた湯上り姿。左側に徳利と盃洗が描かれている。
「二十四好今様美人」（文久３年）

酒落本『遊婦多数寄《ゆふたすき》』（明和七年・一七七〇）には、余分な出費を一切押さえて着の身着のままで生活している「かるき者」が登場するが、「上戸なれど人に酒飲《のま》さず。独のみに四分六分の割をうち、寐酒に飲《のめ》ど腹も下らず」に過ごしていて、「そのやうな人はよく〳〵そく才（息災）に生れ付《つけ》ばこそ」と評されている。酒飲みだが、人には酒を飲ますことをせず、四分六分の割を打って独り飲みの寝酒を飲んでいるが、腹下しをするようなことはない、よくよく息災に生まれついたのだ、とあって、水割りの酒を寝酒に飲む人が現われている。

「四分六分の割をうち」とは、酒四に水六の割合に水を加えることをいった。今では焼酎やウイスキーを水割りにして飲むことはごく普通に行なわれているが、今でも水割りの日本酒は飲まない。ましてや江戸時代には酒を水割りにして飲む習慣はなかった。水割りの酒を飲むと腹下しをすると考えられていて、そんな酒を飲むような人はよっぽどのしまり屋で奇異な人にみえたのだ。

独り飲みを表わす言葉として中国由来の「独酌」が使われてきたが、日本的表現の「独りのみ」が使われ出している。

（二）贅沢な独り飲み

一方で、こんな贅沢な独り飲みをする人もいた。『真佐喜のかつら』（江戸末期頃）には、酒で酒の燗をしている人の話が載っている。

「わが友に酒をたしなむ（たしなむ）者あり。常に用る酒はこと〳〵くえらみ、心に叶《かなへ》る酒なき時は、月を越るとも飲む事なし。さほど好《このめ》る物ながら、他へ客に行き、又は途中にては酒飲む事をせず、己が家にて飲む事にかぎる。魚肉を更に好まず、菜の沁《ゆで》たるへ醤油かけたると香の物を好めり。我折〳〵行て見るに、土瓶へ酒を入れ、煎《に》へたつほどになし、是にて徳利の酒を燗す。湯にてかんせしは味《あじは》ひ劣るよし。されど是も奢に長ぜし限り成るべし」

この人は、酒好きではあるが、気に入った酒が手に入らなければ酒を飲まず、また酒を外で飲むこともしない。酒を飲むのはもっぱら家での独り飲みで、家飲みに徹底している。そして、酒の燗に気を使い、湯の代わりに沸した酒で酒の燗をし、肴はお浸しに醤油をかけたものと漬物だけで酒を味わっている。独り飲みの方が、人に気を遣うこともなく、自分の気に入った酒を選んで、自分のペースで酒を飲むことができ、肴はなるべくシンプルな方が、酒のうまさがわかるからだ。現在にも通じる酒の味を堪能する飲み方だが、燗をするために酒を使用するのは、こだわった酒の飲み方である。「是も奢に長ぜし限り成るべし」と評しているので、燗に使用した酒は処分してしまうのであろう。もったいない話で、贅沢な飲み方をしている。

(三) あり合わせの肴で独り飲み

家であり合わせの肴で独り飲みする人もいた。

○「女房の留守塩からでのんで居る」（柳一〇　安永四年・一七七五）

と、女房の帰りが遅く、待ちきれずに塩辛を肴に一杯やっているが、漢詩人で狂歌作者の中井董堂は「独酌」と題し、「一杯飲掛《ノミカケン》ト思テ、手ヲ出シテ戸棚ヲ探《サグ》レバ、鉢ヲ払《ハラヒ》テ肴何《イヅコニ》カ去ル。只《タヽ》看ル、沢庵ノ有ルコトヲ」（『本丁文酔』天明六年）と戸棚の中にあった沢庵をみつけて独り酒を愉しんでいる。

独り飲みならば、あり合わせの肴で晩酌を愉しむことができる。江戸時代には独り飲み愛好者が現われていて、『江戸繁昌記』を著わした江戸後期の漢学者・寺門静軒（寛政八年〜慶応四年）は、晩年の考証随筆『静軒痴談《せいけんちだん》』において、「老ヲヤシナフニハ、猶独酌ニシクハナシ。予ハ独酌ヲ最上乗トス」、老いを養うには独酌に越したことはない、独酌は最高、といっている。

独酌を生きがいにしたからであろうか、静軒は長生きして七三歳で没している。

（四）魚売りの魚を値切って内呑み

あり合わせの肴で独り酒を愉しむ人がいる一方で、通りがかった魚売りを呼び止めて、晩酌の肴を物色している人もいる。

教訓亭主人（為永春水）作・一筆庵主人（渓斎英泉）画の『大学笑句』（天保年間）には、振り売りの魚屋に対して客が「こつちは内呑《うちのみ》だからやすくまけねへ」と値切っているが、魚屋が「モシかしら内海《うちのみ》だから魚《いを》がちがひやす」と「内呑《うちのみ》」を「内海《うちのみ》」にしゃれて反論している（図63）。

家の内で飲むから内呑みで、コロナ禍の影響で「家飲み」という言葉が使われ出したが、江戸時代は内呑みといっていた。

図63　振り売りの魚屋を値切る客。『大学笑句』（天保年間）

八　孝行息子のおかげで晩酌

（一）養老の滝伝説

孝行息子のおかげで親が酒を飲めた話は、養老の滝伝説が古くから知られていた。鎌倉時代の『十訓抄《じっきんしょう》』（建長四年・一二五二）や『古今著聞集』（建長六年）に載っている話で、『十訓抄』によると、

「昔、元正天皇の御時、美濃の国に、貧しく賤《いや》しき男ありけるが、老いたる父を持ちたり。この男、山の木

草を取りて、その値《あたひ》を得て、父を養ひけり。この父、朝夕、あながちに〔ひとえに〕酒を愛し、ほしがる。これによりて、男、なりびさこ〔瓢箪〕といふものを腰につけて、酒を沽《う》る家に行きて、つねにこれを乞《こ》ひて、父を養ふ。

ある時、山に入りて、薪《たきぎ》を取らむとするに、苔《こけ》深き石にすべりて、うつぶしにまろびたりけるに〔うつぶせに転んだ〕、酒の香《か》しければ、思はずにあやしくて、そのあたりを見るに、石の中より水流れ出《い》づることあり。その色、酒に似たり。汲みてなむるに、めでたき酒なり。うれしくおぼえて、そののち、日々にこれを汲みて、あくまで父を養ふ。

時に帝《みかど》、このことを聞こしめして、霊亀《れいき》三年〔七一七〕九月に、そのところへ行幸ありて、御覧じけり。これすなはち、至孝《しかう》のゆゑに、天神《てんじん》、地祇《ちぎ》あはれみて、その徳をあらはすと、〔帝は〕感ぜさせ給ひて、のちに美濃守《みののかみ》になされにけり。

その酒の出づる所をば養老の滝とぞ申す。かつは、これによりて、同十一月に年号を「養老」と改められける」

とある。江戸時代に出版された『十訓抄』（享保六年版）には、孝行息子が山中で転び、酒が流れる滝を見つける場面が描かれている（図64）。

図64　山中で転び、酒が流れる滝を見つけた孝行息子。『十訓抄』（享保6年版）

現在の岐阜県養老郡養老町の養老公園内にある滝がこの「養老の滝」と推定され、滝を発見した男が腰につけていた「なりびさこ」にちなんで、瓢箪が養老町のシンボルになっている。

（二）養老の滝伝説の影響

養老の滝の親孝行説話は江戸っ子の間でも話題になっていて、

①「養老は実《げに》はかりなき孝の徳」（柳六二　文化九年）
②「養老の滝孝行の壺へおち」（柳八四　文政八年）
③「御寝酒と孝子進る四方の滝」（柳一三九　天保六年）
④「滝の水孝子毒見で味を知り」（新編柳多留二十二　弘化二年）
⑤「下戸も子に習はせたがる滝の酒」（新編柳多留三十三　弘化年間）

などと詠まれている。③は、養老の滝水を新和泉町（現中央区日本橋三丁目）にあった四方酒店で売っていた名酒滝水《たきすい》（四方の滝）になぞらえて、孝子がうまい酒を親に飲ませている様子を連想している（図65）。

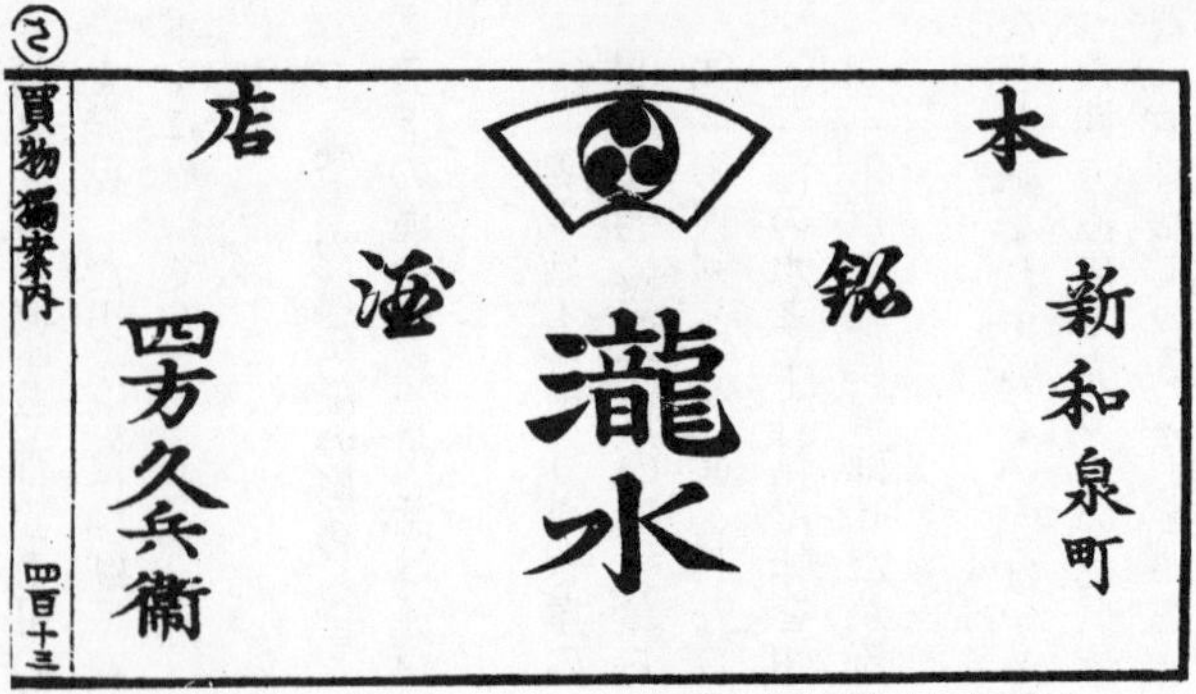

図65　四方酒店の名酒滝水の広告。『江戸買物独案内』（文政７年）

養老の滝伝説は、孝子が酒好きの親に酒を買ってのませる美談として、江戸の人々に影響を与えていた。また、江戸時代には親に孝養を尽すことが重視されていたこともあって、孝行息子や娘が一生懸命働いて、酒好きの親に酒を買って孝養をつくしていたことが『孝義録』（享和元年・一八〇一）や『忠孝誌』（天保年間）に載っている。

『孝義録』には、寛政年間（一七八九～一八〇一）までに善行者（孝行者、忠義者、奇特者、貞節者等）として町奉行から褒賞を受けた町人が、『忠孝誌』には、天保年間（一八三〇～四四）に忠孝者または奇特者として町奉行より褒賞を受けた町人が載っているが、そこには、酒好きの親のために酒を買って孝養をつくした孝行息子や娘が数多くみられる。

以下にその数例を挙げてみた。

(三) 豆腐商いで両親の晩酌代を工面

江戸の喜左衛門町に裏長屋住いする勘次郎という豆腐商いがいた。勘次郎は父親と豆腐商いしていたが、二十六歳のとき、父親が中風を患い歩行困難になってしまう。それでも勘次郎は父親をかいがいしく介抱し、両親ともに酒が好きなので毎日買い求めて勧め、朝は早く起きて豆腐を作り、風雨を避けず、寒暑をいとわず、日に三度豆腐を売り歩いていた。こうした親孝行が町奉行の耳に達し、勘次郎は町奉行から孝行者として褒賞され、銀貨を給わっている。

「町奉行小田切土佐守きこえありて、寛政三年の三月に銀給《たま》はりて、其孝行を賞し給《たま》ふとぞ」

とある(『孝義録』)。

勘次郎は宝暦十年(一七六〇)生まれなので、表彰された寛政三年(一七九一)には三十一歳になっていた。両親は五十歳を過ぎていたであろう。裏長屋の豆腐商

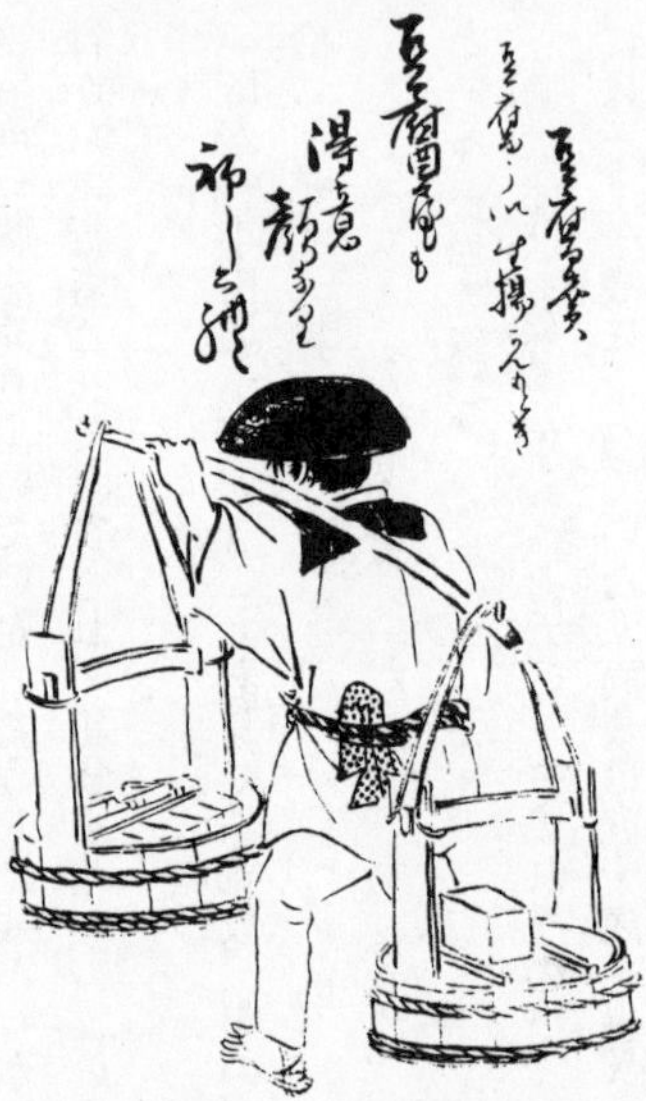

図66　豆腐売り。『世渡風俗図会』（明治時代）

いでも、両親に飲ませる酒代を工面することができ、両親は孝行息子のおかげで、夫婦で毎日晩酌しながら、長生きしている（図66）。

（四）その日稼ぎで両親の晩酌代を工面

京都西陣の織物手間職人の子・次兵衛は、江戸に出てきて煙草商いをしていた伯父の養子になるが、その伯父が多病になってしまう。しかも大火に遭って、養母の実家のある堺町近くの和泉町に裏店を借りて移り住む。次兵衛は商いの元手がないので、着物の洗い張りや仕立てをして養父母を養っていたが、ここでもまた火災に遭い、わずかな家財まで焼失し、浅草旅籠町一丁目代地に店借して転居する。そこで、次兵衛は野菜売りをしたり、薪割りをして賃銭を貰い、その日稼ぎの日《ひ》傭《よう》（日雇）に雇われるなどして老い衰えた養父母のために食を求め、養父母は酒がことに好きなので、わずかに得る銭で、夜ごとに三十二文ずつ養父母の酒代に充てていた（図67）。その後、養母も中風になり身動きもままならなくなるが、次兵衛は親身になって面倒をみる。養父は七年前に八十一歳で他界し、次いで養母も八十一歳で病死するが、次兵衛は過失により手足が利かなくなったため、浅草安部川町法成寺の和尚の弟子となり、剃髪して名を祐心と改め、門付して暮らしていた。こうした善行を町役人が町奉行に訴え、祐心は寛政三年（一七九一）に町奉行から褒賞されている。

図67　その日稼ぎの日雇《ひよう》。『家内安全集』（文政12年）

「かく年月の身を苦しめて父母を養ひし事ども町の役人、町奉行小田切土佐守に訴へ出しに、寛政三年三月に銀給はりけり」

とある（『孝義録』）。

次兵衛（祐心）が表彰されたのは寛政三年であるが、その二十一年前（明和七年・一七七〇、次兵衛四十四歳）には、三十二文ずつ養父母の酒代に充てていた。この頃の酒の値段は、明和七年五月に町名主が調査した報告書によると「壱升に付百十六文から百弐三拾文ほどしている」ので、酒一合が十二文位だった（『江戸町触集成』八二〇〇）。三十二文では三合位の酒しか買えないが、老夫婦が晩酌に飲む量としては充分である。老夫婦は適量の晩酌を毎晩愉しみながら、人生五十年といわれた時代に、かなり長生きしている。

（五）野菜売りで父親の晩酌代を工面

百之助は、本郷金助町の借家に住む庄八の妻「りよ」から貰い乳した縁で、二歳のときに庄八・りよ夫妻の養子になるが、養母のりよは多病で寝込みがちになってしまう。それでも、百之助は養母をいたわって面倒をよくみ、十三歳頃から養父庄八と同じように「時々の野菜物」などを売り歩いて、暮らしを助けていた。養父庄八は酒を好んだが、妻のりよが久しく病気のため費用がかかり、家産も乏しく酒を飲むことを我慢していた。それを知った百之助は、好きなものを断って、父まで病気になってはと案じ、商いの道にひときわ心を入れ、わずかなる利得のなかから酒を求め、父が帰って来るのを待って酒を勧めていた。特にこの四年ほどは父母を敬い慈しみ、少しもその意に背かなかった。父母は大いに感謝し、知人にこのことを語って喜んでいたので、近隣の人が訴え出て町奉行から褒賞されている（図68）。

「寛政四年四月、近隣のものより訴へ出て、銀そこばく〔いくらか〕を下し賜はり、その孝を賞し給へり。時に年十四、町奉行は池田筑後守とぞ聞えし」

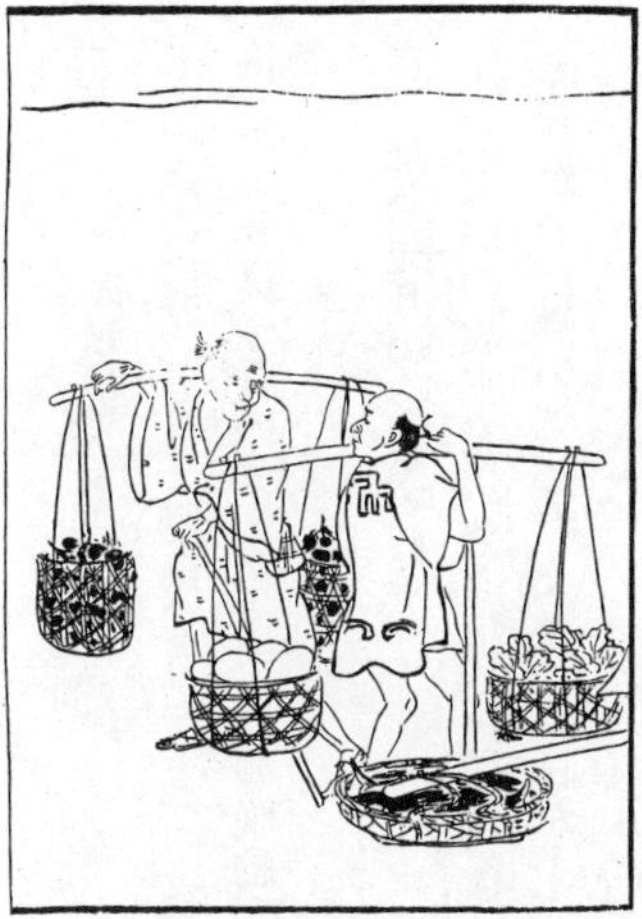

図68　菜売り。『教訓差出口』（宝暦12年）

とある（『孝義録』）。

十四歳の少年でも、野菜売りをして、父親の酒代を稼ぎ出すことができ、そのおかげで父親は一日の労を癒すための晩酌が飲めている。

（六）野菜売りの一日の収支

江戸後期の故実家・栗原信充の『柳庵雑筆《りゅうあんざっぴつ》』（嘉永元年）には、その日稼ぎの野菜売りが一日働いてどのくらいの銭が手元に残るかが載っている。

「菜籠《なかたま》を担《かたげ》て晨朝《しのゝめ》に銭六七百を携へ、蔓菁《かぶら》、大根《をほね》、蓮根《はす》、芋《いも》を買《かひ》、我力の有《ある》かぎり肩の痛むも屑《かず》とせず。脚《あし》に信《まか》せて巷《ちまた》を声ふり立《たて》、蔓菁めせ。大根はいかに。蓮も候。芋や〳〵と呼《よば》はりて、日の足もはや西に傾くころ、家に還るを見れば、菜籠に一攫《ひとつかみ》ばかりの残れるは、明朝《あす》の晨炊《あさけ》の儲《もうけ》なるべし。家には妻いぎたなく、昼寝の夢まだ覚《さめ》やらず。懐《ふところ》にも脊にも、幼稚《いとけな》き子等《こら》二人許《ばかり》も横竪《よこたて》に並臥《なみふし》たり。夫《をつと》は我家に入《いり》て菜籠かたよせ、竈《へつい》に薪《たきゞ》さしくべ、財布の紐とき、翌日の本資《もとで》を算除《かぞへのけ》、また房賃《たなちん》をば竹筒へ納《いれ》などする頃、妻、眼を覚し、精米《しらげよね》の代《しろ》はと云ふ。すはと云ひて、二百文を擲出《なげいだ》し与ふれば、味噌《みそ》もなし。醤《こんず》もなしと云ふ。又五十文を与ふ。妻は麻筒《をけ》を抱《かゝへ》て立出《たちいづ》るは、精米《しらげ》を買《かひ》に行《ゆく》なるべし。子供這起《はいおき》て、爺々《とゝ》、菓子の代《しろ》給《たま》へと云ふ。十二三文を与ふれば、是も外《と》の方《かた》へ走出《はしりいで》つ。然《さて》猶残る銭百文余。または二百文もあらん。酒の代《しろ》にや為《なし》けん。積《つみ》て風雨の日の心充《こころあて》にや貯ふるらん。是其日稼の軽き商人の産なり」

野菜売りが、一日中身を粉にして働いても、手元に残るのはわずか百文か二百文しか残らないぎりぎりの生活をしていて、「酒の代《しろ》にや為《なし》けん。積《つみ》て風雨の日の心《こころ》充《あて》にや貯ふるらん」と思案している。これでは、野菜売り稼業では、毎日晩酌など出来そうにないが、実際にはそうともいえないようである。『柳庵雑筆』は「栗原信充が、永年にわたって見聞鈔録したものの中から抜粋して四巻となした考証随筆」といわれているが(『日本随筆大成』解題)、幕府に仕え、『古今要覧稿』の編集に参加していた学者が、江戸庶民の生活実態をどれほど正しく把握していたか疑問があるからである。誇張もあるのではなかろうか。

百之助の一家は三人家族で、親子二人で野菜売りをしているが、養母は病気で治療代がかさんでいる。それでも、十四歳の孝行息子が野菜売りをして父親の晩酌代を工面することが出来たのである。

（七）大工をして父親の晩酌代を工面

鐘五郎は両親の手元で成長したが、父の医業がはかばかしくなく、家が貧しいため、十四歳ころから近所の走り使いなどに雇われ、わずかな賃銭を得ていた。しかし、これでは暮らしの助けにならないので、大工職を覚えたいと考え、十七歳のとき大工職茂左衛門方へ行き、弟子入りを志願する。茂左衛門は、外の弟子と同じ年季奉公では親たちの暮らしが差し支えるだろうと考え、通い弟子にしてくれた上、少しずつ作料もくれ、大工職を教えてくれた（図69）。

鐘五郎は四、五年で仕事を覚え、南槙町に借家して大工職をしていたが、父は老衰して医業ができなくなり、母も中風を患い歩行困難になる。鐘五郎一人が生計を担っていたが、文政十二年（一八二九）に火災に遭い、北槙町に借地し、小屋掛けして住む。さらに天保五年（一八三四）にも類焼し、家財を残らず焼失する。度々の類焼で困窮するが、焼け跡に小屋掛けして家族を支え、天保八年（一八三七）に家名を鐘五郎の名義に改める。

母は大病を患い、寝起きも不自由になったが、鐘五郎は夜中にも母を撫でさすっ

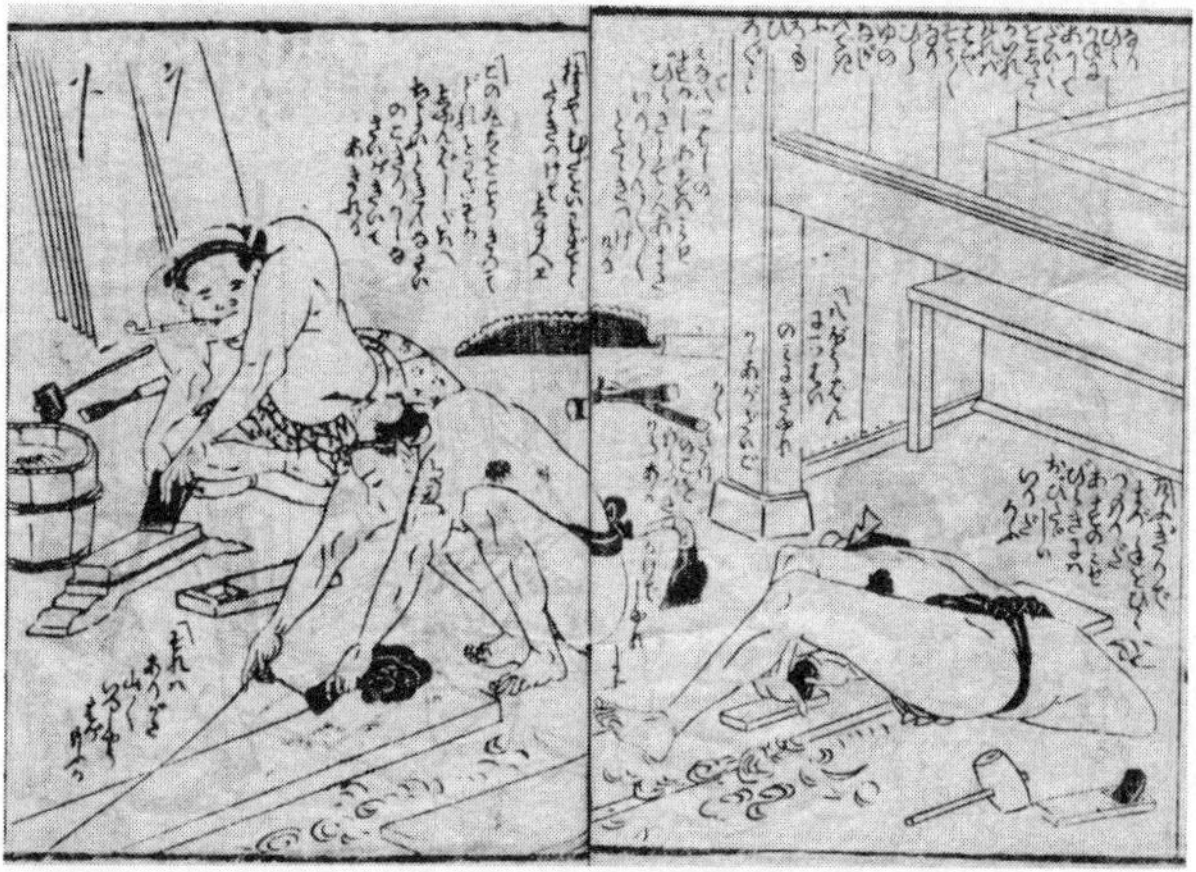

図69　大工の仕事風景。『競腰業平形』（寛政13年）

たりして、看病を少しも怠らなかった。また、父に対しては、特に酒を好んだので、日々調えて飲ませていた。

　懇意の人より妻を迎えるように勧められるが、両親の意に叶わなければ、却ってよくないといって断る。また、師匠茂左衛門に対しても恩義を忘れず、五節句や寒暑の節はもとより、そのほかにも時々師匠のご機嫌伺することを怠らなかった。

　こうした善行によって、鐘五郎は天保十三年八月に、

「右体両親え孝心を尽し候段相聞へ、奇特なる儀に付き、御褒美として銀三枚下され候。有難く存じ奉るべし」

と町奉行所より褒賞されている（『忠孝誌』）。

そして、この時、鐘五郎の父は七十八歳、母は六十九歳になっていたが、鐘五郎の孝心によって、父に「扶持として一日米五合宛、一生之内」下されることが達せられている。

（八）大工の年間収支

栗原信充の『柳庵雑筆』には、大工の年間収支も載っている。

「大工が云。一日工料《さくれう》四匁二分、飯米料《はんまいれう》一匁二分をうく。但《たゞし》一年三百五十四日の内、正月、節句、風雨の阻《なやみ》などにて六十日も休《やすむ》として、二百九十四日に、銀一貫五百八十七銭《もんめ》六分なり。夫婦に小児《こども》一人の飯米《はんまい》三斛五斗四升、此代銀《このだいぎん》三百五十四匁、房賃《たなちん》百廿匁、塩、醤《こんず》、味噌、油、薪《たきゞ》、炭代《すみだい》銀七百目（一日銀一匁九分余なり）。道具家具の代百廿匁、衣服の価《あたひ》百廿匁、親属故旧の音信《いんしん》祭祀仏事の嚫施《しんせ》百匁等、都合一貫五百十四匁許《ばかり》を費して、僅《はつか》に七十三匁六分を余せり。若子《もし》二人あるか、又外に厄介《やくかい》あれば、終歳《いちねん》の工料《さくれう》を尽して以て供給に足らず。何の有余《いうよ》を得て酒食に耽楽《たんらく》することを得んと云。是工匠《こうしやう》の労と産とを勘《かんがへしる》知の大略なり」

大工の年収は一貫五百八十七銭《もんめ》六分であるのに対して、支出は一貫五百十四匁で、支出が年収の九五パーセントを占めている。これでは、「酒食に耽楽《たんらく》する」ことなどとても無理だといっている。この史料はよく紹介されているが、これにも少し誇張があるようで、実際にはそうでもなさそうだ。

江戸は火事が頻発している。鐘五郎自身も何度も火災に遭っているにもかかわらず、生計を維持し、父親に毎日晩酌させることが出来たのは、火事があると大工の賃金が上がったからである。武陽隠士の『世事見聞録』（文化十三年頃）には「扨また当世、大工・左官・屋根葺き・諸職人・鳶の者などいへるもの、追々人数増し、今の町家に焼失なき時は渡世に困る事ゆゑ、大火災などあれば、大いに競ひ立ちて悦び、作料・手間賃銀など倍増する」とあるが、滝沢馬琴は『独考論』（文政二年）において、

「江戸中大火のときに、〈中略〉大工、屋根葺、諸職人の賃銀なども、この時俄《にはか》に上る事あるは、江戸数十万戸なる武家、町人の家作を、一時に造り立ることとな

れば、江戸なる職人のみにてはなほ足らず、近国よりのぼする職人は、往返《いきかへ》りの路用、滞留中の諸雑費さはなるに〔かさむ〕より、定式の賃銀にては人気す、まず。この故に、諸職人の賃銀をまして、速に招きあつむる謀《はかりごと》をなすにより、家を焼れたる江戸の諸職人も、或は妻子を田舎へつかはし、或は焼残りたる所、親がり遣しなどして、おの〳〵棟梁の手につきて、働んと欲する程に、さしも数十万戸の家作、半年ならずして、同時に成就する也」

と大火の時には大工の賃金が上がる理由を説明している。『守貞謾稿』「巻の五」にも、「江戸大工雇銭定制なし。平日大略銀五匁あるひは五匁五分なり。もし大火等あるの時、諸国の工いまだ集来せざるの間は、十匁余をも与ふことなり」とあって、大火になると大工の賃金は二倍ほどに値上がりしている。

大工の鐘五郎は三人家族で、働けなくなった父親と大病を患う母親を養っているが、それでも父親に毎日晩酌させることが出来ている。

そして、父親は、孝行息子のおかげで一日米五合が支給され、七十八歳に至るまで晩酌をしながら余生を送っている。晩酌が生きがいになっていたのだ。

江戸時代は忠孝が重んぜられた時代で、町奉行は他の模範となるような孝行者を積極的に褒賞している。その褒賞記録を通して、貧しいながらも、孝行息子のおかげで、父親や母親が晩酌を愉しめていた実例を突き止めることが出来る。

九　孝行娘のおかげで晩酌

(一)　父親の晩酌の肴を手作りする娘

為永春水の人情本『菊廼井草紙』巻之二(文政八年・一八二五)には、昔は武門に仕えていたが、今は浪人の身となり、子供たちに手習い指南をして生計を立てている人物が登場する。手習いの子供たちが帰ったあと、娘が「爺《とゝ》さん嘸《さぞ》ほっとしなさんしたであろふ。サアこれからはお前の好な豆腐に鰹節《おかゝ》をたんといれて、うまふ煮ておいた程に、あれで酒《さゝ》をおあがりなされませぬか」とねぎらいのことばをかけ、酒を勧めている。父親は、「折角のそなたの志《こゝろざし》、そんならまづ一盃やりませうか。それにつけても一昨年《おとゝし》姥婆《ばゞ》めがなくなつてからは、台所の飯拵《めしごしらへ》から掃きそうじ、何から何まで皆そなたの手で、うれしうござる忝《かたじけ》のふござる。わしは子とはおもひませぬ。心のうちでは常住《ぜうぢう》おがんでばかり居《い》まする」と酒を飲みながら感謝の意を表わしている(図70)。

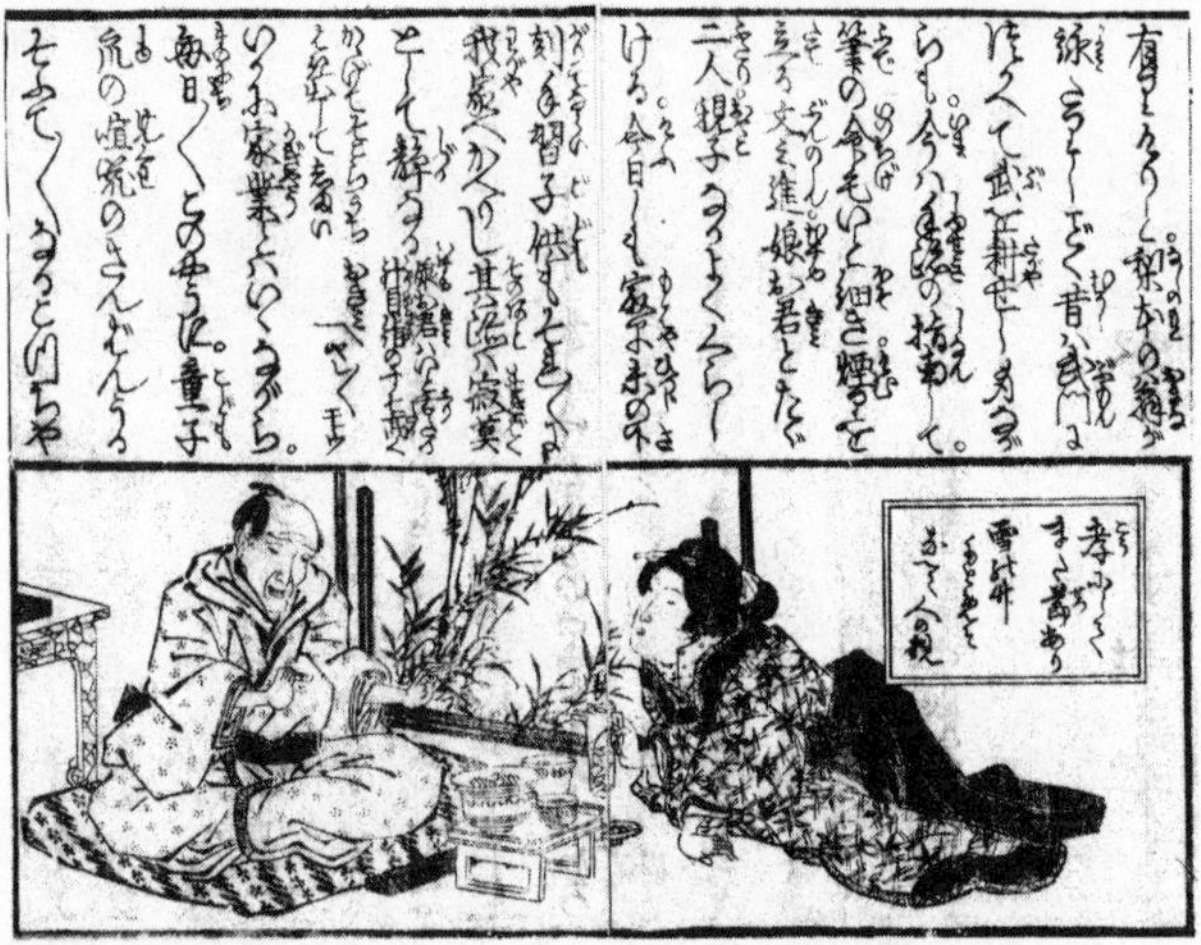

図70　父親の晩酌の相手をする娘。父親の前には料理が並び、娘はちろりを手にしている。『菊廼井草紙』巻之三（文政８年）

娘が「豆腐に鰹節《おかゝ》をたんといれて、うまふ煮ておいた」といっている豆腐料理は「煮ぬき豆腐」であろう。料理書の『豆腐百珍』（天明二年）に「煮熟《にぬき》とうふ　鰹脯《かつほ》のだし汁にて、もつとも、炭火のつよからぬ火を用ひ、終日《いちにち》あさよりくれまで煮る。豆腐すだつなり」と作り方が載っている。時間をかけてじっくり煮ると豆腐に鬆《す》が立ち、出し汁がしみ込みやすくなって、美味い豆腐料理が出来上がる。娘はこうした煮ぬき豆腐を酒の肴に手作りして父親の一日の労をねぎらっている。娘の心づくしが伝わってくる。

これは小説の世界のことであるが、こうした光景は実際にみられた。

（二）晩酌の用意をして父親の帰りを待つ娘

この人情本が出版された少し後の天保年間（一八三〇～四四）のことになるが、「きん」という女性がいた。「きん」は四谷の鮫ケ橋谷町に借家住いしていた。父の生業は車力（大八車を引いて荷物を運搬する人）である（図71）。「きん」の実母は幼年の頃に病死し、継母が後妻に来たが「きん」は実母のように慕う。継母は長血《ながち》（子宮からの長期間の不規則な出血）を患い、しだいに多病になり腰が立たなくなるが、娘とめを出生する。「きん」は幼年の妹を背負って継母の看病をし、その合間に家族の衣類の洗濯をし、父の徳蔵は酒好きなので、日々渡世より帰ってくる時刻には酒を調えておいて飲ませ、孝養を尽くしていた。こうした「奇特」な孝養によって、「きん」は天保十三年四月十八日に北町奉行所において、

図71　車力。『北斎漫画』二編（文化13年）

「褒美」として銭十五貫文を給っている(『忠孝誌』)。

『菊廼井草紙』に出てくる娘と同じ様に、「きん」は父親の一日の働きの労をねぎらうために酒を用意して飲ませていたのである。

(三) 火口売りをして父親の酒を買う娘

『忠孝誌』には、「きん」のような娘がもう一人載っている。

「つる」は、芝の神明町に両親と借家住いしていた。父親忠次郎は中風を患い、稼げないので、娘の「つる」は母とともに小間物渡世を始める。看病のかいがあって、父は快方に向かったので、両親に勧められて嫁に行き、男子が生まれたが、不仲になって、離縁になる。息子を連れて実家に戻るが、母は病気になり、父の病気も再発して、生活が困窮する。「つる」はいささかの元手で火口《ほくち》を買い受けて売り歩き、わずかの口銭(手数料)を取ってその日を暮らしていたが、父親には日々酒を買い調えて飲ませ、夏になっても蚊帳がないので、夜通し蚊やりをし、寒気の厳しい時には自分の着物を脱いで両親に着せ、万事両親のいいつけに背かないで孝養を尽くしていた。こうした「奇特」な孝養によって「つる」は、天保十三年八月に町奉行所より「御褒美」として銭十貫文を給っている。

火口とは、火打石と火打金とを打ち合わせて生じた火をうつし取る燃えやすい燃料で、『守貞謾稿』「巻之四」には「蒲穂をもってこれを製す。黒赤二種あり」とある。平亭《へいてい》銀鶏の『街能噂《ちまたのうわさ》』（天保六年）には、火口を入れる火口箱の絵が載っている（図72）。「つる」の場合は、火口を売り歩き、自ら働いた稼ぎから酒代を工面して父親に晩酌させている。

十　女性の晩酌

（一）老後の晩酌を愉しむ女性

式亭三馬の『浮世風呂』二編巻之上（文化六年）「女中湯の巻」の「朝湯より昼前のありさま」では、「ばあさまふたり」がこんな会話を交わしている（図73）。

「おめへはいつも気さくで能《い》よ。白髪《しらが》にはなつても気は若いョ」とり「気をくさらしたつて、はじまらねへ事だ。なんでもこちと〔こちとら〕は貪惜《とんじやく》〔頓着〕しねへのさ。黒油《くろあぶら》〔白髪染め〕でもなすつて最《も》う一ぺんおしやらく〔おしゃれ〕をする気だものを。嫁に行口《いくくち》があらばおばさん、仲人《なかうど》して呉《くん》なよ。鬼も六十今が婆盛《ばゞあざか》りだ。アツハツハツハ、、、、、」

さる「ハ、、、、、、。ほんにおめへは後生《ごせう》がよからうヨ〔死後が幸福だろう〕」

とり「なアに後生も三升《さんじやう》もかまふことか。死《しん》だ跡《あと》は勝手にするがい、。此世《このよ》の事さへもしれねへものが、死《しん》だ先がどう知れるものか。寐酒の一盃《いつぺへ》ヅ、も呑ん

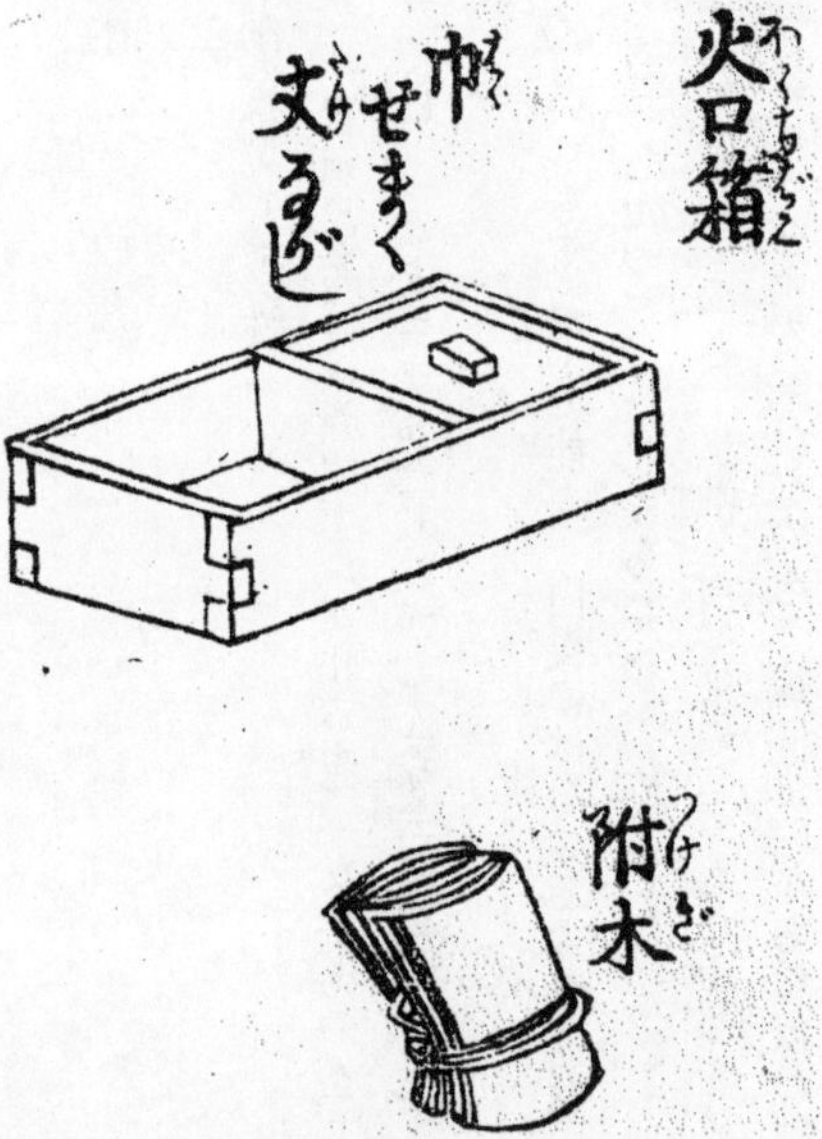

図72　火口箱と附木。『街能噂』（天保6年）

で、快《こゝろよ》く寐るのが極楽よ」
さる「それよ。おめへは些《ちつと》ヅ、も酒がいけるだけ気の持《もち》やうが違ふ。こちとらは気の晴《はれ》やうがねへ。年《ねん》が年百《ねんびやく》くさ〳〵して居るだ。〈中略〉最《も》う〳〵、婆婆《しやば》に倦《うん》じ果《はて》た〔この世に飽き果てた〕」

毎晩寝酒を飲んで寝る「とり」が、「快《こゝろよ》く寐るのが極楽」といっているのに対し、酒が飲めなく、気の晴らしようがない「さる」は、「婆婆《しやば》に倦《うん》じ果《はて》た」と嘆いている。「さる」は七〇歳、「とり」は六〇歳である。二人の年齢差も考慮する必要があるが、二人のいっていることは対照的で、老後の人生にとって晩酌の効用の大きさが強調されている。

この後も二人の会話は続くが、「些《ちつ》とも早くお如来《によれへ》さまのお迎《むけへ》をまつのさ」と極楽往生を願っている「さる」に対し、「死《しん》だ先がどう知れるものか」と考えている「とり」は、

「こちとらは不断《ふだん》息子や嫁に云《いつ》て聞《きか》せるのさ。手めへたちはの、おれが活《いき》て居る内にうまい物をたんと喰《くは》せろとの。死《しん》だ跡で目がさめるな。お仏壇へお盛物《もりもの》を並《なら》

図73　女中湯の風景。『浮世風呂』二編（文化６年）

立《べたつ》て、ナニガ芋やすりこ木を削込《けづりこん》だつて、仏になつて食《く》ふやら食《くは》ねへやらしれねへッ。〈中略〉生《いき》て居る内に初松魚《はつがつう》で一盃飲《いつぺいのま》せる方が、遥《はるか》に功徳《くどく》だと。の、さうだらうおばさん。さういふもんだからの、野郎《やらう》〔息子〕どのもよく孝行にして売《しやう》買《べへ》を精出《せいだ》すはな。毎日商《めへにちあきねへ》から帰《けへ》りにはの、何《なに》かしらン竹の皮へ買《かつ》て来ての、サアかゝさん一ツあがれと一合ヅヽも寐酒をのませるしの」

と語り、「少しうれし泪で泪ぐみたるおもむき」を呈している。息子が仕事帰りに「竹の皮」に包んで買って帰る肴は、屋台店の煮しめや天麩羅などであろう。

孝行息子のおかげで母親は毎日晩酌ができたが、こうしたことは実際に行なわれていて、『孝義録』に載っている。

（二）孝行息子のおかげで母親が晩酌

浅草田原町三丁目に借家住いする伊右衛門は、養母と二人暮らしをしているが、料理屋に雇われて料理人をしながら、酒好きな養母のために忘れずに酒を買い置いて飲ませて孝養を尽し、寛政八年に町奉行より孝行者として御褒美銀を給っている。

また、文政十二年に完成した幕府編纂の江戸地誌『御府内備考』にも、褒賞され

図74　つづら師。『今様職人尽百人一首』（享保14年頃）

た孝行息子のことが記録されているが、葛籠《つづら》下細工をしながら老母と二人で本郷四丁目に借家住いしている吉兵衛は、母を大切にし、酒を好む母のために毎日酒を用意して飲ませ、自分も酒好きなので母の相手をして孝養を尽し、寛政八年に町奉行より孝行者として御褒美銀三枚を給っている。葛籠編みは、細やかな神経と体力を要する仕事である（図74）。吉兵衛は一日の仕事の労を母親とともに晩酌で癒していたのである。

もう一人紹介すると、小石川伝通院前表町に借家住いする元右衛門は、いたって律義者で、少々の商い物を仕入れて水菓子渡世をし、母は酒好きなので、生活は苦しいが、毎夜少しずつ酒を用意して飲ませ、孝養を尽し、享和元年（一八〇一）に町奉行より孝行者として御褒美銭十貫文を給っている。

その日暮らしの長屋住まいの女性でも、孝行息子のおかげで晩酌が出来ていたのだ。

（三）大店のおかみさんの晩酌

こうした江戸庶民の晩酌に対し、松亭金水作『春色淀の曙』初篇（刊年未詳）には、大店《おおだな》の「お内室《かみ》さん」が晩酌をしているシーンが描かれている。

晩酌をしているのは、「豪富《がうふ》」と呼ばれている米材木問屋仲買商・二葉屋與茂七の妻・お慳《けん》である。主人與茂七は病に伏しているが、そうした主人を尻目に、「お慳《けん》は或日《あるひ》の夕暮《ゆうぐれ》に、縁側《えんがは》へ蒲《かま》を敷き、夜食の設《まう》けと夕河岸の鯵の塩焼・鯒《こち》の煮つけ、其の他何やら蓋茶碗《ふたぢやわん》、三ツ四ツ並べて、蝶足《てうあし》の膳を引き寄せ、小間使《こまづかひ》の小女《こをんな》に酌をさせ、ほろ〳〵酔に」なっている。そこに番頭がご機嫌伺いにやってくるが、その番頭をそばに招いて、「まア一つお上がりよ。此の鯵はとんだ甘《よ》いわ」といって酒を勧め、番頭は「エ、、大分《でえぶ》新しさうだ」と応じている（図75）。

米材木問屋の「お内室《かみ》さん」だけあって、晩酌の肴は豪華で、夕河岸の鯵の塩焼、

図75　番頭にお酌をするおかみ。おかみの前には料理が並んでいる。『春色淀の曙』初篇（刊年未詳）

鯒《こち》の煮つけに蓋茶碗《ふたぢゃわん》（蓋つきの茶碗）に入った料理が三、四種類並んでいる。

お慳《けん》が夕河岸の鯵の塩焼がとてもうまいといっているが、江戸の町には夕鯵売りが大きな声を上げて夕鯵を売り歩いていた。番頭が「エヽ、大分《でえぶ》新しさうだ」と評しているように、鮮度のよい江戸前の鯵が売られていた（後述）。

鯒も江戸前の代表的な魚で、日本橋魚市場の近くに居住していた武井周作の『魚鑑《うおかがみ》』（天保二年）には、「こち」は「江都の海にもつとも多し。夏月洗ひ・鱠《なます》となす時は、こひ・すゞきに次いで、酒《さけの》肴《さかな》の逸品なり」とある。

蓋茶碗の料理は不明だが、蒸し物や煮物などが入っていたものと思える。

ここには、大店の「お内室《かみ》さん」が、江戸前の新鮮な鰺や鯒など多彩な料理を酒の肴にして、晩酌している光景が演出されている。『浮世風呂』の息子が屋台店から買ってくる肴とは大きな違いがある。江戸の女性はそれぞれの立場に応じた晩酌の愉しみ方をしていた。

（四）漢学者の妻の独盃

一方で、式亭三馬の『一盃綺言《いっぱいきげん》』（文化九年）「わる口を吐《はい》てうれしがらす酒癖」では、漢学者の妻（内君《ないくん》）が、主人の外出中に独り酒を愉しんでいる。

そこに大酔の「大坊主」が闖入してきて居座り、主人の悪口をいいはじめるが、内君が「独盃」をしているのを見て、大坊主が「イヤコレ、内君《ないくん》、先刻《せんこく》から見うける所が、足下《そつか》は独盃《どくはい》でおたのしみなさるが、不佞等《ふねいら》にも一椀吃《いちわんきつ》しろとかなんとか御《ぎょ》意《い》がありさうなものぢやの。但《たゞ》しその酒がをしいか」と酒の相伴を要求する。内君は「イ、エあげません。わたくしどもの宿《やど》の事をわるくおつしやつたからなりません」といって断ると、大坊主は一転して亭主をほめはじめて酒にありつく。そして、

そこに並べられている酒の肴について、

「トキニお肴《さかな》は。ハ、ア下酒物《かしゆぶつ》〔左訓にサカナ〕をならべた〳〵。〈中略〉なんぢや、寺《てら》から来た納豆《なつとう》、ヱ、ト、〔吉原の〕中の町《ちやう》から来た甘露梅《かんろばい》ト、それから生《なま》たまご、鰤《ぶり》の麴漬《かうぢづけ》、是はおの〳〵寒見舞《かんみまい》に到来物《とうらいもの》を、内君《ないくん》あたじけないから〔物惜しみをするので〕、かばっておいたもの〔大切にしまっておいたもの〕なりト。此鍋《なべ》は、トふたをとりハ、ア菜鴨《なとり》か。此鴨《かも》は社中《しやちう》から到来《とうらい》、この菜《な》はお三が宿《やど》から到来《とうらい》、こゝにかぢけてゐる昆布巻《こぶまき》は、出入《でいり》の家守《やもり》から到来《とうらい》、〈中略〉斯《かう》見た所でと、トきろ〳〵ながめて、まづ不審紙をつけるものは甘露梅ぢやて。主人奈何之町《なかのちやう》の茶亭《さてい》〔左訓にちやや〕に知己《ちき》〔左訓にちかづき〕のあるはずがない。按ずるに他所《よそ》へ到来の品を又《また》引《ひき》に引《ひい》たものであらう。〈中略〉扨まづ、斯《かう》見た所が、通計六種の肴が、一品も銭の出たものがないの」

と勝手にやって来て言いたい放題のことを言っている（図76）。ここの主人は、漢学者である。大店の「お内室《かみ》さん」に比べれば生活はそれほど豊かではないと思えるが、内君は、寺や大家、知人などから贈られた納豆・甘露梅・生玉子・鰤の麴

が並んでいる。『一盃綺言』（文化９年）

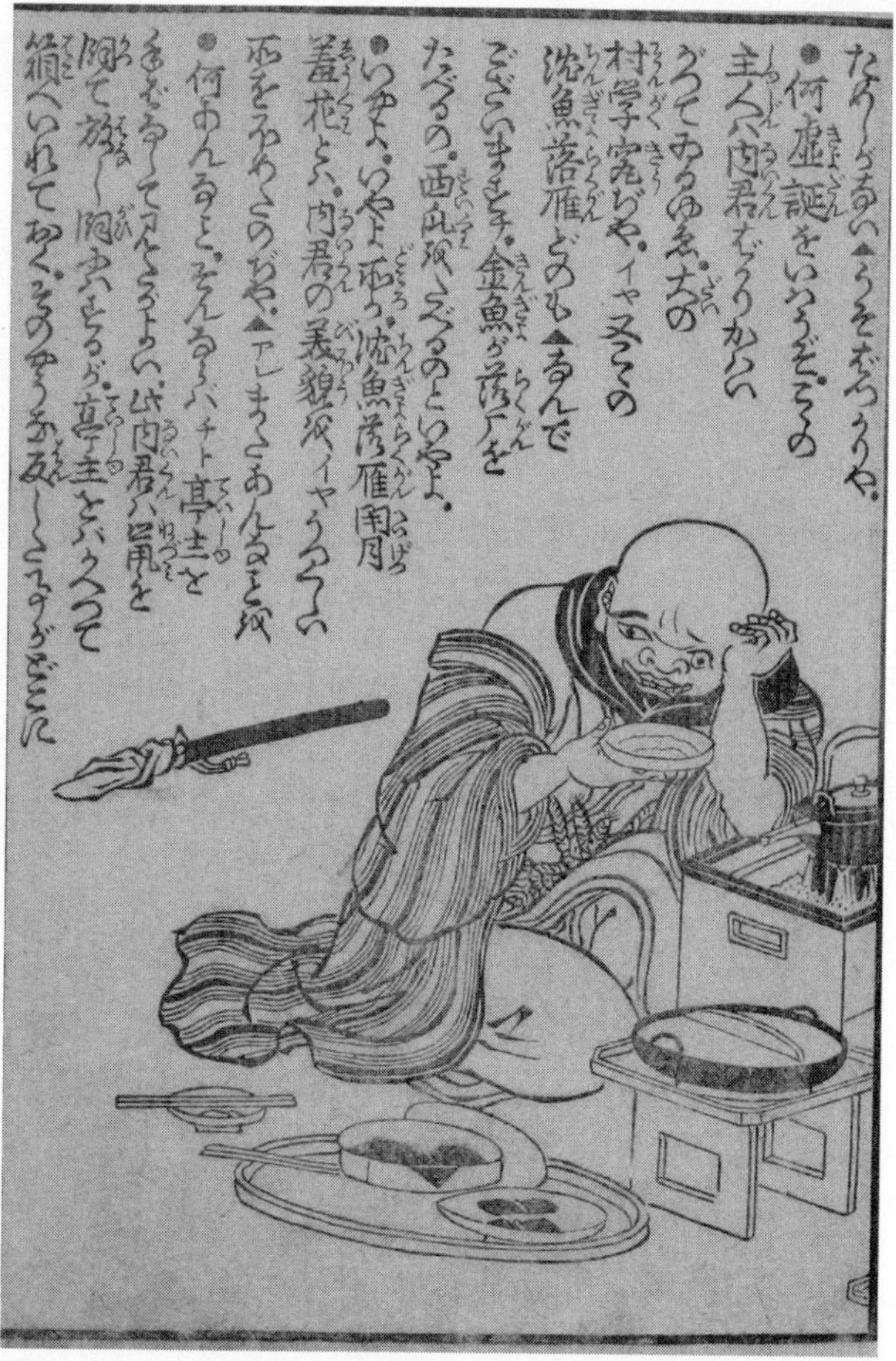

図76　亭主の留守に独盃を愉しむ漢学者の妻。その前にいろいろな料理

図77　甘露梅。『守貞謾稿』（嘉永６年）

漬・昆布巻、社中（主人の同門の人）や下女の実家から到来した鴨と菜を使った鍋物などを肴にして「独盃」を愉しんでいて、内容は豊かである。挿絵を眺めると鴨と菜の鍋物は小鍋立にしているが、生玉子があるので、玉子とじにして食べるつもりであろう。

甘露《かんろ》梅《ばい》は小粒の梅の実を紫蘇の葉で包み、砂糖漬けにしたもので、吉原の名物だった。吉原の引手茶屋では、家々でこれを製し、正月に得意客に贈っていて、『守貞謾稿』「巻之二十二」には、「正月、遊客得意の宿に往くに、年玉の進物皆必ずこれを用ひ、他品を贈ることこれなし」とある。（図77）。

大坊主は、主人は吉原の茶屋に縁があるはずはないので、誰かからの貰い物の使い回しであろうと推量している。

三馬は、亭主が留守でも、留守を預る妻がかなりの数の肴を取り揃えて独酌できる時代が訪れていたことを描き出している。

（五）やけ酒を飲む女性

江戸時代も後期になると、女性の職業は多様化し、働く女性が多くなった。蓬莱山人等編・歌川国貞（三代歌川豊国）画の『花容女職人鑑《はながたちおんなしょくにんかがみ》』（文政年間）には、女絵師、茶屋女、矢場娘、なかゐ（仲居）、和歌の師、祐筆（文筆に長じた人）、針《しん》妙《みょう》（裁縫）、琴の師、胡弓の師、花の師、舞子、女太夫、人形遣い、手品遣い、浄瑠璃語り、いちこ（市子）、名取り、髪結、町芸者といった女性の職業が描かれている（図78）。

こうした女性のなかには、酒でストレスを発散させる女性も現われている。松亭金水の『花廼志満台《はなのしまだい》』二篇（天保七年）にはお吉という女髪結が登場する。お吉は、人と言い争いをして、むしゃくしゃしながら「日暮方《ひぐれかた》」に帰宅し、やけ酒を飲む準備に取り掛かる。

「独《りとり》で何か訥々《ぐどぐど》と呟《つぶや》きながら燧筥《ひうちばこ》とり出《だ》して打つ石と鎌、お吉「エ、じれつてへノウ。人を空戯《こけ》にした算段《さんだん》が違《ちが》やァ火までつかねへョ。誰ぞ水でもぶつかけやァしねへか。火口《ほくち》が大そうに湿《しめつ》てゐるやうだ」ト、対身《あいて》もなきに一人でじれ込み、火を打ちつけて付木《つけぎ》にうつし、むづと摑《つか》みし消炭《けしずみ》を火鉢

図78　左から町芸者、髪結、名取の娘。『花容女職人鑑』（文政年間）

へ入れて吹きつけつ、持出したる酒瓶と燗鍋、やがて茶碗へつぐ酒を息をもつかず飲干《のみほ》して、つゞけて二ッ三ッ五ッ酒瓶《とくり》のかぎり無法酒《やけざけ》に尽《つく》して、蒲団《ふとん》引かぶり前後もしらず伏したりしは、女子《おなご》の所為《わざ》とは見へざりき」

仕事上のトラブルではないが、「まだ三十になるやならず」の女性が、人に持ち掛けた話が受け入れられず、かえって怒りを買ってしまい、寝酒を飲んでストレスを発散させてふて寝している。

お吉は火の気のない自宅に帰っても酒を燗して飲んでいるが、江戸時代、火をおこすのは大変だった。ガス栓を捻れば着火出来る今とは違って、お吉がやっているように、火打石と火打金で打ち出した火を火口《ほくち》に移し取り、さらに火口から付木《つけぎ》に火を移し、付木を火種にして焚き木に着火させる、といった面倒な手順を必要とした（図72）。それでも、冷や酒を飲むのではなく、燗酒を飲んでいるのは、前述したように、江戸時代には酒は燗して飲むことが一般的だったことを物語っている。

豊国老人（三代歌川豊国）の「二十四好今様美人」（文久三年）シリーズには、「酒好」と題した町芸者が描かれているが、芸者はぐい飲みを手にして酒を飲んでいて、芸者の前には徳利と酒の肴の入った二重の丸い器や深鉢が置かれている（図79）。

図79　やけ酒を飲む町芸者。芸者の前には徳利と酒の肴（二重の丸い器、深鉢）が描かれている。「二十四好今様美人」（文久３年）

左上の文字は「ひとにしやくられ　こじれにじれて　やけにのむさけ　しやくのたね」と読める。この芸者は、客席で客との間で何かトラブルがあって、憤懣やるせない気持ちをやけ酒で癒しているのであろう。

江戸後期になると、働く女性が多くはなったが、男性社会であることには変わりがなかった。女性が働いて生きていくには今よりはるかに苦労の多かった時代で、働く女性が、やけ酒でストレス発散して明日への活力を得ていたようすがみてとれる。

第九章　多彩な晩酌の肴

一　肴の名の出現と多様化

（一）肴は酒菜に由来

これまで江戸っ子の晩酌の様子を眺めて来たが、それでは彼らはどんな肴で晩酌していたのであろうか。これまでも触れてはきたが、以下で酒の肴の種類や入手方法について述べてみたい。

酒を飲むときに食べるものは、早くから「肴」といっていた。奈良時代に編述された『常陸国風土記』（養老元〜八年〈七一七〜七二四〉頃）「久慈郡」には、

「謂《い》はゆる高市《たけち》、此《ここ》より東北《うしとら》のかた二里《さと》に密筑《みつき》の里《さと》あり。村の中《うち》に浄泉《いづみ》あり。

俗《くにひと》、大井《おほゐ》と謂《い》ふ。夏は冷《ひやや》かにして冬は温《あたた》かなり。湧《わ》き流れて川と成《な》れり。夏の暑き時、遠邇《をちこち》の郷里《むらざと》より酒と肴とを齎賚《もちき》て、男女《をとこをみな》会集《つど》ひて、休《いこ》ひ遊び飲《さけの》み楽しめり」

とあって、「酒と肴」がセットで使用されている。

奈良時代の法典『養老令』（養老二年・七一八）をみると、朝廷での会食の料理を担当する役所の「大膳職」が「肴」づくりをしている。大膳職は宮中における宴会用の肴を作っていたようだ。

肴は「サカナ」と読んでいて、平安時代の辞書『和名類聚抄』（承平四年〈九三四〉頃）に「肴」は「佐加奈」（サカナ）と読むと出ている（図80）。

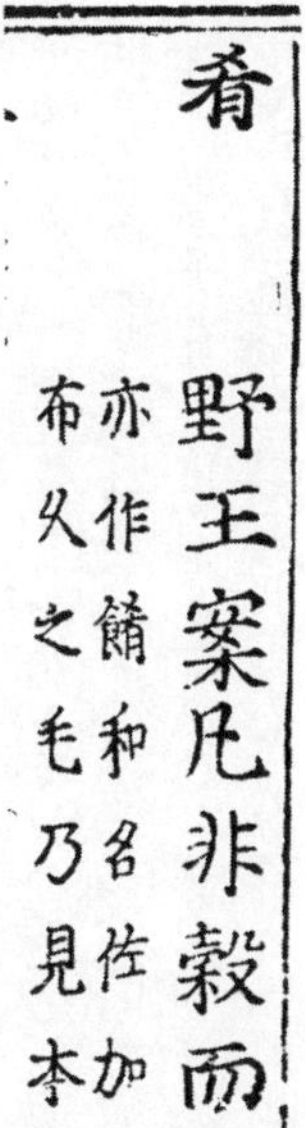
肴 野王案凡非穀而食謂之肴 胡交反 字亦作餚和名佐加奈一云布久之毛乃見本朝令

図80 「肴」は「和名佐加奈」とある。『和名類聚抄』（承平4年頃）

肴の名の由来については、鎌倉時代の辞書『名語記《みようごき》』（建治元年・一二七五）に「サカナ如何。肴トカケリ。但シサカハ酒也。ナハ菜ノ義也」と載っている。肴（サカナ）の「サカ」は酒、「ナ」は菜を意味しているとあるが、新井白石は「サカとは酒也。ナとは古俗、魚菜をいひし総名也。サカナとは其酒を佐《たすく》る者をいふ也。〈中略〉古俗魚をも菜をも共にナと云ひけり」、つまり「サカ」は酒、「ナ」は魚や野菜類の総称で、「サカナ」とは酒を飲むときに助けをなすものである、と解説している（『東雅《とうが》』享保二年・一七一七）。

イエズス会宣教師らによって編纂された『日葡辞書』（慶長八年・一六〇三）には、「Sacana　サカナ（肴）。肉や魚のような食物。また、何であれ、酒を飲む時におかずとして食べる嗜好物」と出ている。室町時代には酒を飲むときの食べ物を意味する肴の名が広く通用していたことがうかがえる。

日本人にとって、古くから、酒と肴は一体をなしてきたのである。

（二）肴の名の多様化

江戸時代になると、肴の名には下酒《かしゆ》・下酒物《かしゆぶつ》、あいて、あて、つまみといった言葉が使われるようになって多様化した。

下酒・下酒物は、酒の肴を意味する中国語だが、江戸時代になるとこれを「サカナ」と読むことがはじまった。江戸中期の儒学者・伊藤東涯が編纂した辞書『名物六帖』（正徳四年・一七一四）には「下酒」が収録されていて、「サケノサカナ」の読みが付されている。その後、「下酒物」の語も使われ出し、ともに「さかな」と読まれている。

式亭三馬は「下酒」「下酒物」の語をよく使っている。『人心覗機関《ひとごころのぞきからくり》』（文化十一年・一八一四）「馬鹿はつくさぬといふ人の表」では、亭主が娘に「サア〳〵お鷺《さぎ》やお爺《とつ》さんの御酒《ごしゅ》のお下酒《さかな》になんぞ唄《うた》ひな。サア〳〵爰《ここ》へお出よ。爰《ここ》へ来てお弾《ひき》な」といって、三味線を弾かせ長唄を歌わせて、河豚すっぽん煮などを「下酒物《さかな》」にして酒を飲んでいる（図81）。『一盃綺言』（文化九年）「わる口を吐《はい》てうれしがらす酒癖」では、前述したように大坊主が「トキニお肴《さかな》は。ハ、ア下《か》酒物《しゅぶつ》（左訓にサカナ）」をならべた〳〵」といっていた。

(三) 肴を表わす上方ことば

一方、上方では下酒を「あいて」といっていて、三馬の『浮世風呂』二編（文化六年）では、「かみがたすぢの女」が、

前には多彩な料理が並んでいる。『人心覗機関』（文化11年）

図81　娘に三味線を弾かせ、女房の手料理を肴に酒を飲む亭主。亭主の

「さいな。御当地《ごたうち》〔江戸〕の鼈煮《すつぽんに》〳〵といふはな、どないな仕方《しかた》じやと思ふたら、あほらしいマア、吸物《すいもん》じや無《なう》て上《かみ》でいふ転熬《ころいり》じやさかい。塩が辛《から》うてトトやくたいじや〔どうにもならない〕。上《かみ》の拵方《こしらへかた》は又あないなもみない〔うまくない〕もんじやない。第一が薄《うす》したぢで吸物じやさかい。酒の下酒《あいて》になとせうものなら、いつかう能《ゑい》じや。こちや最《も》う大好《だいすき》〳〵」

と、江戸の塩辛い味をけなし、上方の薄味を自慢しているが、下酒に「あいて」の読みが付されている。

上方では、最近東京でもよく耳にする「あて」という言葉も使われていた。大坂で出版された『粋《すい》のたもと』（安永九年・一七八〇）には、大坂「ことば」が載っているが、「今の世《よ》、里《さと》の詞《ことば》くさ〳〵あれど、用《よう》と〔用途〕よろしきをしるす。〈中略〉酒のさかなといふヲ　あて」というとある。大坂ではけっこう早くから「あて」が使われていた。

三馬の『浮世床』二編（文化十一年）には、巫女《いちこ》が神がかりになって大坂生まれの人の生口《いきくち》（生霊《せいれい》）を口寄せするシーンが描かれているが、巫女は大坂人に通じる

図82　生霊を口寄せしている巫女。右側の巫女が梓弓を手にして口寄せしている。『浮世床』二編（文化９年）

ように大坂の言葉で口寄せをしている。口寄せされた人は、巫女の口を通して、「さいこぼう〔こめのめし〕もぢり〔食い〕たくなつたゆゑ、朝のじんだい〔みそしる〕のあまりときら〔香の物〕ト、おしぐすり〔唐がらし〕をあて〔菜の物〕にして、さゝき〔四膳〕か、かたこ〔五膳〕のせ〔食〕たはいのう」と霊界から食べたいものを要求している。ここでは「あて」はご飯のおかずの意味で使われている（図82）。

（四）江戸の肴の呼び名

大坂ことばの「あて」に対し、

江戸では「つまみ物」や「つまみ肴」が使われるようになった。

十返舎一九が書いた『堀之内詣』(文化十三年・一八一六)では、二人連れが「新宿のとりつき」にある茶屋に入り、「ちよつぴりしたもので一ぱいやらかし」たいと注文すると、茶屋の女が「かしこまりました」と応じて、「ほどなくつまみものにてうしさかつき〔銚子・杯〕」が出されている。南仙笑楚満人《なんせんしようそまびと》と滝亭鯉丈《りゆうていりじよう》の合作『明烏後正夢《あけがらすのちのまさゆめ》』二編(文政七年)では「抓肴《つまみざかな》の栄螺《さゞゐ》の壺焼《つぼやき》」を酒の肴に夫婦が客をもてなしている。「つまみ物」や「つまみ肴」は「つまみ」ともいわれるようになり、和歌山の医師による幕末の江戸見聞録『江戸自慢』(安政年間頃)には、江戸では「取肴を撮物《つまみ》と言〔ふ〕」とある。

取肴とは、本来の意味は皿に盛って出し、各自が取り分けて食べる酒の肴のことをいったが、ひろく酒の肴を意味するようになった。江戸の飲食店には「取肴」「御取肴」と看板に書いている店をよく見かける(図83)。

江戸では、酒を飲むとき添えて食べるものを肴、取肴、下酒、下酒物、つまみ物、つまみ肴、つまみなどと呼んでいた。肴の名の多様化は、肴をつまみながら酒を飲む文化が発展していたことを裏付けているといえよう。

それでは、江戸っ子は、どんな肴で晩酌を愉しんでいたのであろうか。

二　手づくり肴を味わう

（一）多彩な手作り肴

前述したように三馬の『人心覗機関』「馬鹿はつくさぬといふ人の表」では、亭主が娘に三味線を弾かせ長唄を歌わせて酒を飲んでいたが（図81）、やがて酔いが回って来て、

「ア、い丶心持《もち》だ。きのふ煮た鮒《ふな》の煮びたし、しかも女房料理《にょうぼうれうり》。ソコデ昼飯の菜物《おかず》の残りがやぼに、ヲツトやぼではない。ぐつといきな昆布《こぶ》に油揚《あぶらげ》、里芋《さといも》のお平《ひら》。其上《そのうえ》にお自《みづか》らお手料理の河豚すつぽん煮、それから下《した》ものは種《たね》抜蕃椒《たうがらし》、鮭《さけ》の塩引《しほびき》の切身《み》、お袋の製《こせへ》たなめもの、至ッて塩の辛《から》きやつ、是を下酒物《さかな》として到来《たうらい》の滝水《たきすい》、ひとりで五合とおめにかけて、お鷺《さぎ》〔娘〕が三絃《さみせん》を聴《きい》てたのしむ所が、イヤどうもいへねへ」

と悦に入っている。酒の肴には、鮒の煮浸し、昆布に油揚、里芋のお平、河豚のす

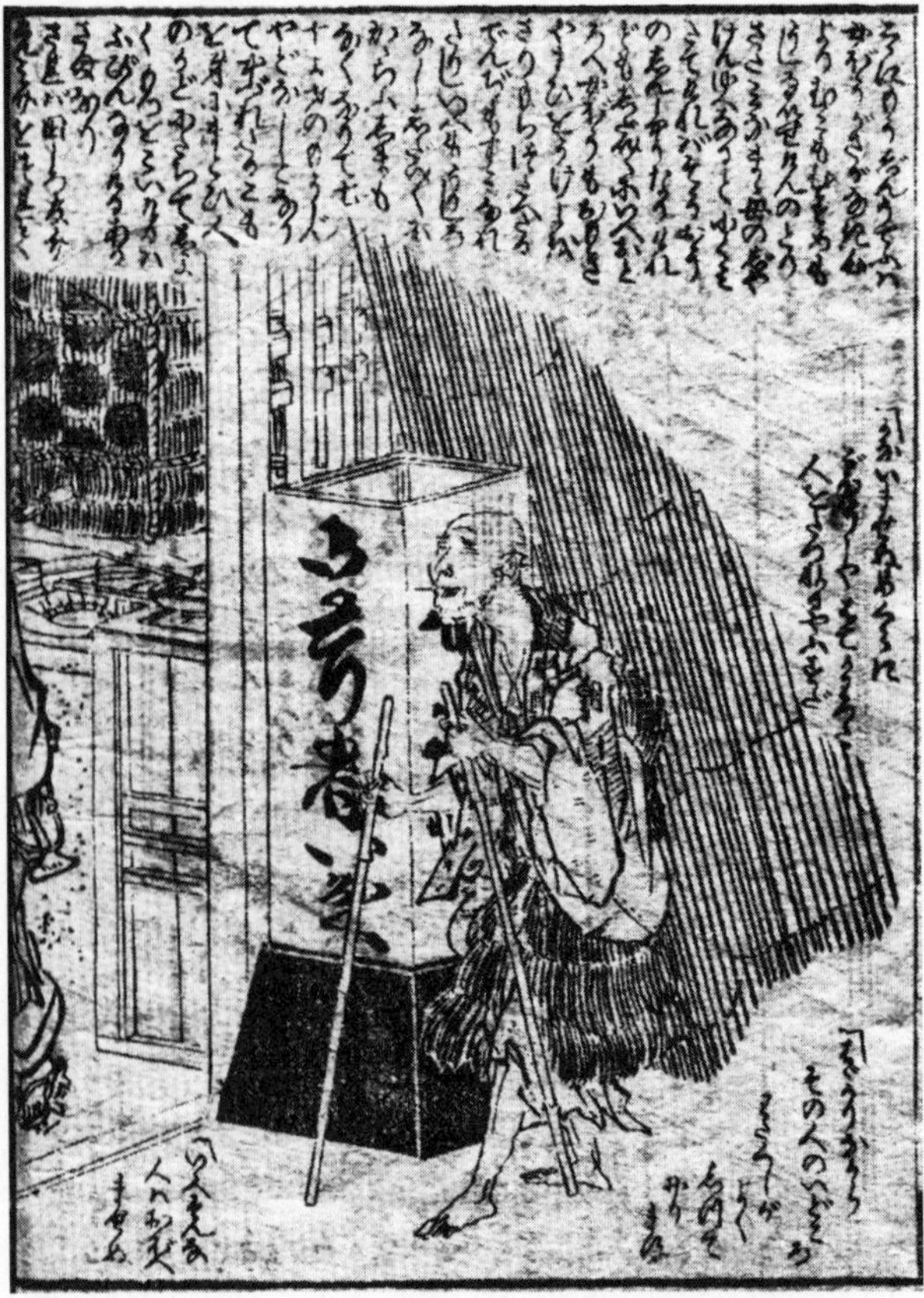

かれ、肴と酒（ちろり）が運ばれている。『昔語姑獲鳥』（文化3年）

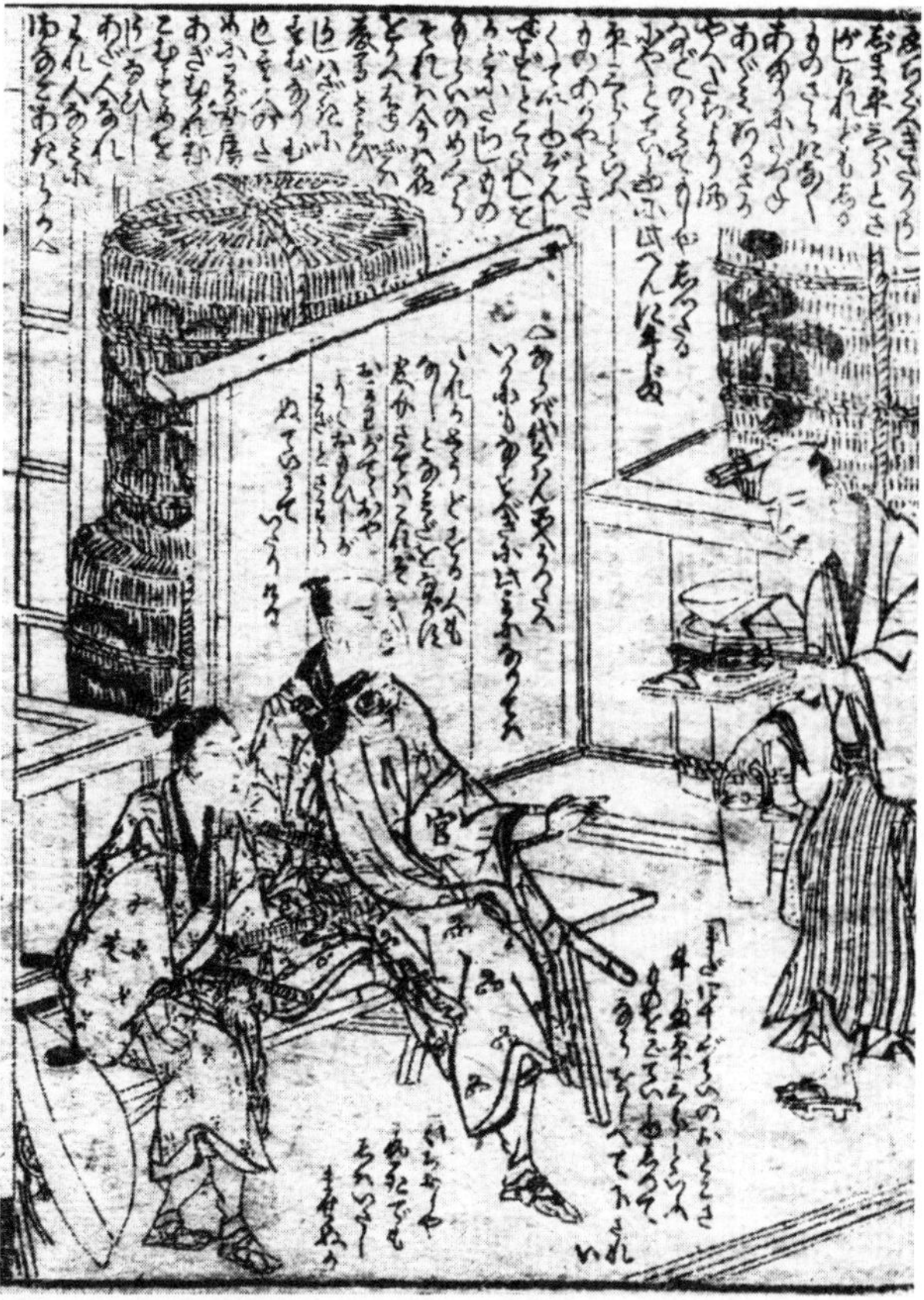

図83 「御とり肴いろいろ」の箱看板を立てた居酒屋。店内には菰樽が置

つぽん煮、下もの（種抜蕃椒、鮭の塩引の切身《み》、なめもの）など手作りの料理が並べられていて多彩である。

鮒の煮浸しは、鮒を白焼きにしてから、調味した出しでゆっくりと煮含めた料理である（『江戸料理事典』）。

昆布に油揚は、昆布と油揚の煮もので、「順礼に観音様は、昆布に油揚、葱に鮪」（『四天王産湯玉川』文政元年）といわれているように、相性のよい食材を組み合わせた料理として、ねぎま鍋とともに、江戸っ子が好んで食べていた。

里芋のお平は、里芋を煮て平椀に盛った料理であろう。江戸時代、芋といえば里芋を意味し、里芋を転がしながら汁がなくなるまで煮詰めたものを「芋の煮ころばし」といい、酒の肴として好まれていた。これを売り物にする「いも酒屋」という居酒屋があり、江戸名物番付「江戸五高昇薫」（嘉永五年）には五軒の「いも酒」の名店が載っている。なかでも江戸橋北の照降町から元吉原へ行く途中に架かる親父橋のそばにあった「おやじばし　いも酒屋」が有名で、『江戸久居計』（文久元年・一八六一）には、店内で芋の煮ころばしを肴に一杯やっている人たちが描かれている（図84）。

すつぽん煮は、本来はすっぽんが材料で、油で炒めてから醬油、砂糖、酒で濃い味に煮て、生姜汁を加えた煮物であるが、一般的にはぶつ切りにした魚を同様にして煮たものをすっぽん煮といっていた。亭主は河豚をさばき五分切りのネギと山椒を加えてすっぽん煮にしている。

下ものとは、値段の安いものをいった。『浮世風呂』四編では、振り売りの魚売りと青物売りが商いの途中で出会い、「（青物売り）「けふはあるか」、（魚売り）「何あるもんか」、（青物売り）「下物《したもの》もねへの」、（魚売り）「殻湿気《からっちけ》よ。下物売《したものうり》みじめといふ日だ。鯵を一籠見《ひとかごみ》当《あた》つたが、なか〳〵買付《けへつけ》られねへ」」といったやりとりをしている。ここでは安物の魚の意味で使われている。

下ものの「種抜蕃椒」は、青唐辛子の種を取って煮たものではなかろうか。『守貞謾稿』「巻之六」には「生蕃椒売り　とうがらしの根とともに抜きて、小農等売り巡る。すでに熟して赤きあり、あるひは未熟にて青実もあり」とあって、未熟な青唐辛子が売られていた。

「鮭の塩引の切身」は、江戸庶民が好んで食べた総菜の人気番付「日用倹約料理仕方角力番附」（天保年間頃）の「雑」に「鮭しほびき」がランキングされている（図85）。この番付は、「雑」「春」「夏」「秋」「冬」に区別して江戸庶民の日常的な総菜をランキングしているので、「雑」は、季節限定でなく食べられる惣菜を意味して

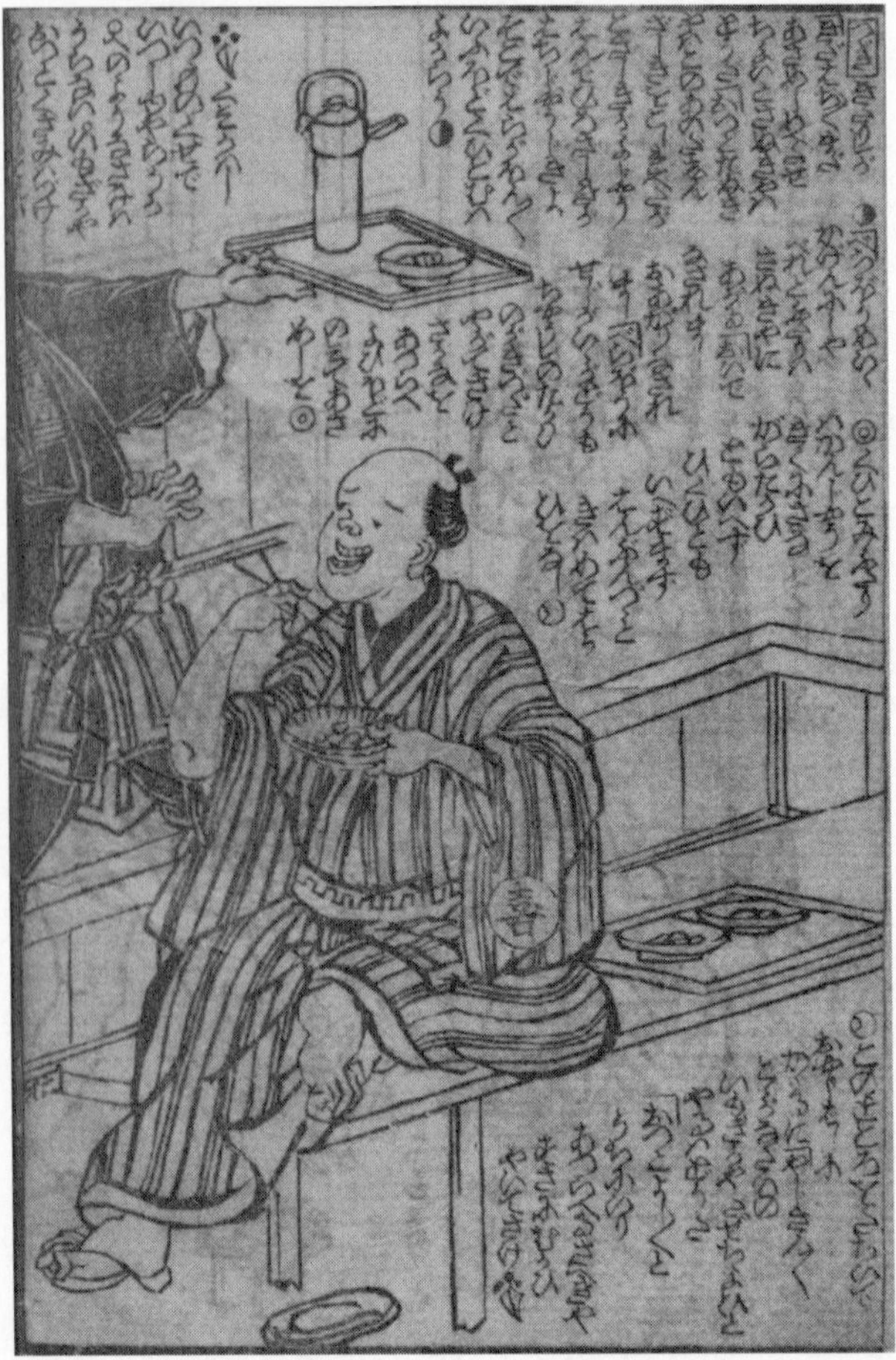

『江戸久居計』（文久元年）

図84　親父橋のいも酒屋。平椀に盛った芋の煮ころばしを食べている。

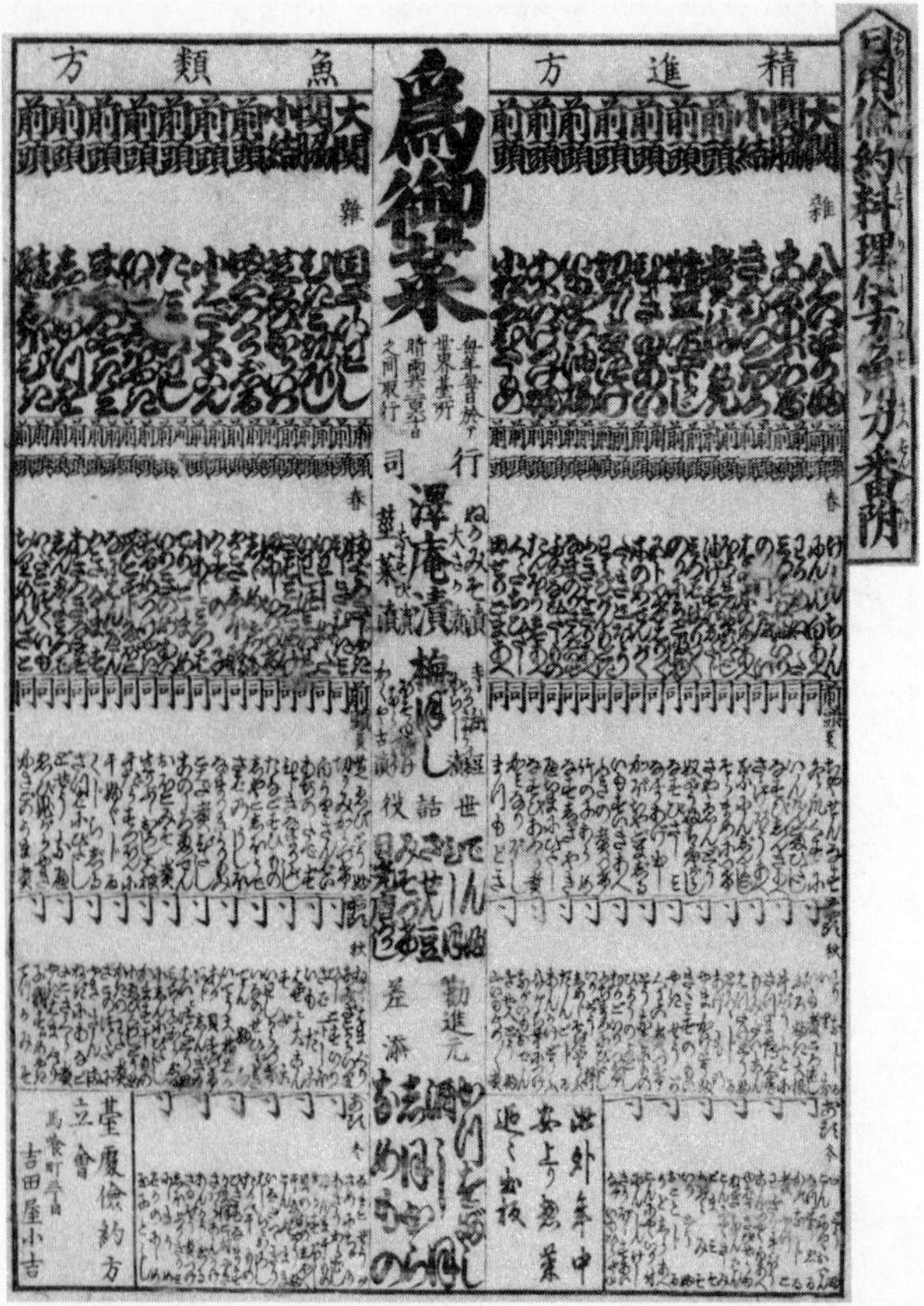

図85　江戸庶民の総菜番付。「魚類方」最上段の「雑」の一番左に「鮭しほびき」とある。「日用倹約料理仕方角力番附」（天保年間頃）

いる。鮭の塩引きはシーズン以外にも食べられていたようだ。

（二）多彩な「なめもの」の種類

下ものの「なめもの」は、そのまま副食物として食べられる味噌のことで、なめ味噌ともいった。なめものを売る嘗め物売りが町を巡っていて、『守貞謾稿』「巻之六」には、「嘗物売り」が担っていた荷が描かれているが、同書によると「漬物売り」もなめ物を売っていて、

「〔漬物売りは〕江戸は諸香物および煮豆・嘗物・味噌の類を兼ね売る。〈中略〉また三都ともになめものに、さくらみそ、金山寺《きんざんじ》みそ等あり。金山も禅寺の名。また江戸に鉄火みそと云ふもうる。京坂になき所なり。鉄火は博徒の異名なり」とある（図86）。

江戸の町には、桜味噌・金山寺味

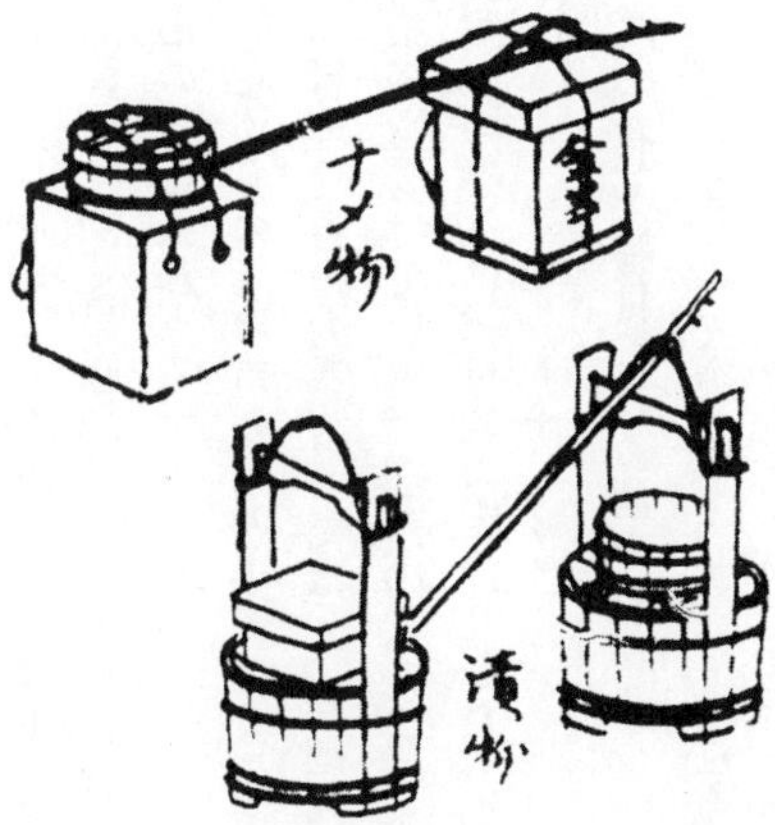

図86　嘗物売りと漬物売りの担ぎ荷。『守貞謾稿』（嘉永6年）

噌・鉄火味噌などのなめものが担い売りされていたが、煮豆屋でもなめものを売っていて、『守貞謾稿』「巻之五」には、「江戸の煮豆屋は、香煎《こうせん》およびなめもの、味噌の類を兼ねうる」とある。

なめものは江戸っ子が手軽に入手できた常備菜で、酒の肴にもなった。「日用倹約料理仕方角力番附」では、「勧進元・差添」に「なめもの」の名がみえ、別格の扱いを受けている。江戸の人は自家製のなめものも作っていたようで、『人心覗機関』の亭主は、母親の手作りしたものを肴にしている。

(三) 惣菜番付にみる酒の肴

これまでみてきたように、『人心覗機関』に登場する亭主の前には、前日に煮た鮒の煮浸し、昼飯の残り物の昆布に油揚と里芋のお平、入手しやすい常備菜が酒の肴として並べられていた。河豚のすっぽん煮は、亭主が自ら手作りしているが、小石川養生所の医師・小川顕道が著わした『塵塚談』(文化十一年)には、近年は「魚屋、魚売は、何に拵へませうと聞て、指身にても、切刻みの尾首もすてず、丁寧に拵て売事になれり」とある。亭主は、下拵えの済んだ河豚を買い求めて、それほど手間をかけずにすっぽん煮を作ったのであろう。

「日用倹約料理仕方角力番附」に列挙されている惣菜は、「庶民が日常食として利用しやすいものが中心となっている」といわれているように(『江戸の食』平成六年)、江戸の庶民がおかずとして好んで食べていたものであるが、亭主の前にはここに名のみえる「こぶあぶらげ」(関脇・雑)、「のっぺい」(前頭・春)、「いも煮ころばし」(前頭・秋)、「鮭しほびき」(前頭・雑)、「なめもの」(勧進元・差添)などが酒の肴として並んでいる。このほかにも、ここには、目さしいわし、むきみ切ぼし、芝えびからいり、あぢのたでず、といった、酒の肴になるものが多数含まれている。江戸っ子がどんなものを酒の肴にしていたのか参考になるので、「番附」に記載されている料理や食品をすべて列挙してみた。江戸っ子は四季を通じて多彩な酒の肴を味わえたことがうかがえる。

日用倹約料理仕方角力番附

精進方

大関　雑　八はいどうふ
関脇　雑　こぶあぶらげ
小結　雑　きんぴらごぼう

前頭　雑　煮まめ　焼豆ふ吸下夕じ　ひじき白あい　切ぼし煮つけ　いもがら油揚　あぶらげつけ焼　小松なひたしもの

前頭　春　けんちん　にんじん白あへ　わかめぬた　みつばね〔三つ葉根〕油いり　のつぺい　はす木のめあへ　ほうれん草ひたし　油げすいしたじ　みつばはり〳〵　のりにうど吸物　五卜つけはり〳〵　木のめでんがく　たゝきごぼう　わらびがんもどき　ふきは〔蕗葉〕きりあへ　なまのりさんばいず　よめなひたしもの　たんぽう〔たんぽぽ〕みそあへ　くゝたち〔茎立ち〕ひたし　田せりごまあへ

前頭　夏　ちやせんなす　冬瓜くずに　いんげんごまびたし　なすびしんきあへ　ささげぼうあへ　葉にんじんよごし　そらまめにつけ　さやゑんどう　奴どうふ青唐がらし　なすびさしみ　なすあげ出し　かぼちやごまじる　いもすいき〔芋茎〕あへ　ふきの煮つけ　竹の子あらめ　なすしぎやき　へちまにびたし　なすびあふら煮　かみなりぼし　まつもどき〔茄子の煮物〕

前頭　秋　わりなじる　いりな　いも煮ころばし　ふろふき大根　牛ぼうふとに　さつま薄くず　もみだいこん　はつたけどうふ　とろゝじる　あげも

の　やまかけとうふ　きくみ〔菊の花〕すのもの　やきせうが　くわい煮つけ　とうなすにもの　ひよう〔莧《ひゆ》〕のよごし　むかごいりつけ　ふじまめにびたし　いりどうふ　しめじそぎどうふ　だんごじる　あんかけどうふ　八つがしら芋につけ　ながいもおでん　ぎせへどうふ　山いもぐつ〳〵煮

前頭　冬　ゆどうふ　こんにやくおでん　なつとうじる　かぶなじる　煮やつこ　わぎり牛ぼう　こんにやく白あへ　ゆばわさびぜうゆ　ねぎなんばん　こんにやくさしみ　ごまみそ　あぶらみそ　いりどうふ　おことじる　〔御事汁〕　うどしらあへ　こんにやくいり付　にんじんけし〔芥子〕　きりぼしすあい　ながいもひらだね

魚類方

大関　雑　目ざしいわし

関脇　雑　むきみ切ぼし

小結　雑　芝えびからいり

前頭　雑　まぐろからじる　小はだ大こん　たゝみいわし　いわししほやき　まぐろすきみ　しほがつを　鮭しほびき

前頭　春　まぐろきじやき　ひじきむきみ　いわしぬた　いわしつみいれ　さばみそづけ　田にしいりつけ　しじめじる　やきしほ鱒　かずの子　小あじニみつば　てりごまめ　いかきのめあい　するめつけやき　芝〔芝えび〕とすじかまぼこ　な〔菜〕にはんぺん　かきなます　あさりきなます　しんじよみつば　いゝだこつくいも　ちりめんざこ

前頭　夏　芝えびとうふ　切りみからづけ　白うりさんばい　あぢのたでず　ひじきなまりぶし　たなごすひもの　しやこしほうで　さばのうしほなまりきうりもみ　こはだ煮びたし　このしろ魚でん　おほこ〔ボラの幼魚〕みそ煮　生りぶしおろし大根　干だらすつぽんに　干ふぐじる　くじらじる　さつぱにびたし　どぜうなべ　えび鬼がらやき　かさごのうま煮

前頭　秋　むしはまぐり　あみざこからいり　ひしこすいり　さば一トしほ　いもだこ　はぜと大こん　すだこ　いわしからづけ　いなのせひらき〔背開き〕てんぷら〔天ぷら〕　いてう大根ばか〔ばか貝〕　あか貝すづけ　あじしんぎり〔新切＝生干し〕　ばいニつとどうふ　はらゝ子からじる　にしんにびたし　かます干もの　小えびくづしどうふ　かきの

前頭　冬　わた煮　ざこのつくだに　やきさんま　ねぎにあなご　たこさくら煮　やきはまぐり　子鮒すゞめやき　てつかみそ　なまこせうが　さめにこゞり　あさりからむし　さんま干もの　しらすぼし　貝の躬のしや〳〵　干えびとうふ　こんぶまき　いなだつゝぎり　はしらニおろし　たかべ干もの　ひきず〔氷頭《ひず》か〕なます　かまぼこ付やき　さはらあんかけ　あんかうじる　さるぼう煮つけ　しほぶりきりみ　にしきうめ　ばかのにしめ　玉子とじ

行司　ぬかみそ漬　大さか漬　沢庵漬　なすび漬　茎菜漬　寺納豆　らつきやうづけ　からし漬　梅ぼし　ほそね漬　ならづけ　かくや古漬

世話役　でんぶ　ひしほ　ざぜん豆　みそづけ　日光唐がらし

勧進元　差添　かつをぶし　酒しほ　しほから　なめもの

(四) 手作り肴の特色

三馬の『一盃綺言』（文化九年）では、漢学者の妻が六種もの肴を前にして「独盃」を愉しんでいたが（二四二頁）、その内容は、寺や大家、知人などから贈られた納豆、甘露梅、生玉子、鰤の麹漬、昆布巻、社中（亭主の同門の人）や下女の実家から到来した鴨と菜を使った鍋物だった。ここにやってきた大坊主が、「扨まづ、斯《かう》見た所が、通計六種の肴が、一品も銭の出たものがないの」といっているように人から贈られたものだけで間に合わせている。また、そのまま食べられるものがほとんどで、手料理は鍋物だけである。

三馬の『人心覗機関』に登場した亭主の前には、鮒の煮浸し、昆布に油揚、里芋のお平といった手料理や常備菜が酒の肴として並べられていた（二六一頁）。

このほか湯豆腐やねぎまなども簡単に作れる料理として好んで酒の肴にされていて、『一口はなし』（嘉永三年）「火《ひ》の番人《ばんにん》」にはこんな小咄が載っている（図87）。

「火《ひ》の番人《ばんにん》　冬の夜の寒い、から風の吹くに、金棒《かなぼう》をひきて、ひつきりなく「火の用心さつしやりまし」と廻るうち、たき火をしてあたつてゐる家があるゆゑ、火の番人ンのぞいてみて「コレ〳〵この寒い、大かぜの吹く晩に、たき火をしてあたつてゐるといふがあるものか、はやく消してしまはせへ」としかりつければ、「イヤおまへも、此寒いに、寝ずに歩くはさぞ〳〵つらいことであらう、今燗をして湯豆腐で、いつぱいやらかすところだ、おまへもこゝへきて、たき火へあたって、いっぱい飲んでおいでなさい」といへば、番人も寒さは寒し、したぢは好きなり。御意はよし〔ごもっともと〕、よだれを流して、たき火のそばへきたり。一チ二はい酒を飲み、「さて〳〵寒い晩であつたが、一ぱい飲んだらあつたかになつた。冬は湯豆腐、ねぎまのことだ」と互ひに、やつたりとつたりで、大きに酔ひがまはりければ、ばん人「これはごちそうになりました。おかげであつたまりました」と立てゆくゆゑ、「モウ一ツ茶碗でひつかけなさい」とすゝめられ、立てゐて飲みながら、「コリヤア、いゝ、あんばいに酔ひました。おかげで寒さをしのぎます。風が吹いてもかまうことはない。おまへも、火のもとなんぞはいゝかげんに気をつけて、はやくおやすみなせへ。火の用心も、ぜんてへ、こゝの家は、かつてしだいにしていゝと思つたヨ」

火災の予防をすべき火の番人が、燗酒を振舞われて職務を放棄してしまう滑稽さがテーマになっているが、寒風吹きすさぶ冬の夜などは、燗酒に湯豆腐は身体が温まる。独り者にとって湯豆腐は簡単に作れた晩酌の肴で、

○「湯どうふの有ゆゑ人の二日酔」（武玉川三編　宝暦二年）

『一口はなし』（嘉永３年）

図87　焚き火で湯豆腐。小鍋で湯豆腐を温め、土瓶で酒の燗をしている。

図88　まぐろ売り。鉈でぶった切ろうとしている。『絵入柳樽』七編（弘化３年）

などと詠まれている。

番人が「冬は湯豆腐、ねぎまのことだ」といっているように、江戸っ子はねぎま鍋も好んで食べていた。まぐろは長屋住いの人々の食べ物で、まぐろ売りが長屋の路地を売り歩き、

○「まくろうり安いものさとなたを出し」（万句合　明和八年）

とまぐろを鉈でぶった切って売っていた（図88）。

そして、ぶった切ったどて（土手、大きな切身）は、

○「どっちても御取りなさいとまぐろうり」（万句合　天明元年）

と俎板の上に並べていた（図89）。そして、そのどてを買う人が、

○「此どてはいくらだとねぎ下げて居る」（万句合　天明二年）

と、ねぎを携えながら値段を聞いている。まぐろのどてを買って帰って、これから晩酌の肴に葱と一緒に煮て、ねぎま鍋にして食べようというわけだ。

図89　まぐろ売り。ぶった切ったどて（土手）を並べて売っている。『誹風たねふくべ』八集（弘化２年）

江戸っ子は、惣菜としてよく食べているもの、常備菜や作り置きしておいたもの、手早く作れる鍋物、人から贈られたものなどを肴にして晩酌していた。

こうした酒の肴のほか、江戸っ子は食べ物売り、テイクアウト、出前などによって酒の肴が入手出来た。

三　振り売りから肴を買う

(一)　町を巡っていた振り売り

江戸の町には振り売りが、売り物を担いだり提げたりして、呼び声をあげて売り歩いていた。

幕府は、振り売りの自由な営業を認めず、早くも慶長十八年(一六一三)に、町奉行所から振売札《ふりうりふだ》の交付を受けた者(札所有者)のみに営業を許可していたが、振り売りの数が増え、万治二年(一六五九)一月には、江戸北部(日本橋より北)だけでも五九〇〇人に達していた(『正宝事録』)。

振り売りはわずかな資金でだれもが営業できる生業で、江戸に下層民が増加するにともない種々の業種に及んでいた。増え続ける振り売りに対処するため、奉行所は万治二年四月に、振売札制度を見直し、振売札を必要としない業種を二十六種指定したが、こうなると振売札制度は有名無実化し、振り売りは自由放任状態になっていた。

そこで、幕府は、延宝七年(一六七九)二月に「振売商売人がみだりに多く出来たと聞いている。近日中に実態調査し、先規のごとく札を出して人数を改め、当年は新規振売を停止《ちょうじ》せしむべし」(『撰要永久録』御触留)というお触れを出して、振売札制度を復活させ、新規振売の参入を禁止している。しかし、その効果はなく、喜多村筠庭は『嬉遊笑覧』「巻之十二」(文政十三年)において、「この後〔延宝七年以後〕はこのような触れは聞かれず、〔振売札制度は〕遂にすたれてしまったようだ」と記している。

結局、幕府は江戸庶民のその日稼ぎの生業を規制することはできなく、江戸の町々には振り売りが一日中さまざまなものを売り歩いていた。『守貞謾稿』「巻之六」は、「三都ともに、小民の生業に賈物《こぶつ》を担ひあるひは負うて市街を呼び巡る者はなはだ多し」とさまざまな振り売りを絵入で紹介している。先に述べた「なめもの」売りもその一つであるが、食べ物関係では次のようなものが売られていた(図90)。

図90　鮨売り。『守貞謾稿』(嘉永6年)

鮮魚、枯魚（干物）、初鰹、白魚、剝き身（蛤・あさり・ばか・さるぼう等）、蠣《かき》、蜆《しじみ》、生海鼠《なまこ》・金海鼠《きんこ》、鯉、菜蔬（野菜）、豆腐、嘗物、漬物、鰻蒲焼、生蕃椒《とうがらし》、湯出《ゆで》菽《まめ》、初茸、蝗《いなご》蒲焼、乾物、鳥貝・ふか（鮫）の刺身、湯出《ゆで》鶏卵《たまご》、鮓、塩辛、おでん、茶飯、稲荷鮓

まさにスーパーやデパ地下の食品売り場が移動してきているような観を呈していて、これらはみな酒の肴になる。江戸っ子は家に居ながらにしてさまざまな酒の肴を入手できた。

(二) 鮮魚売り

『守貞謾稿』にある鮮魚売りから魚を買う場面が、式亭三馬の『四十八癖』二編（文化十年）に載っている。ここには、無尽で二〇両取った裏長屋住まいの男が、「むじんの当つた祝ひに一盃《いっぱい》飲まうぢやァねへか」と、やってきた「肴屋」（魚売り）から鯛、生貝（生の鮑）、たいらぎ、伊勢海老、栄螺を買い求めて、大盤振る舞いしているシーンが描かれている（図91）。丸ごと一匹買い求めた鯛は、「鯛はよき所をさし身に取つて、残りは塩焼に魚田《ぎょでん》、ヲイか、あどん。そこの棚に串があるか

ら取って下《くだ》つし。ソリヤすぐにこの串へさしてもらはう。ヲイ〳〵頭《かしら》（肴屋）。鯛のあらは潮煮《うしほ》としべい」と、刺身に作ってもらい、残りは塩焼、魚田（魚の田楽）、潮《うしお》汁用に下ろしてもらっている。先にも述べたように、江戸の人は自分で魚を下ろさなくともよかった（二七〇頁）。

都合よく、ここに青物売りやって来て野菜を買い、神田和泉町の酒屋、四方久兵衛の御用聞きがやって来て、名酒滝水を五升注文している。家に居ながらにして、豪勢な晩酌の用意が出来ている。

魚売りは、時節に応じてさまざまな鮮魚を売っていたであろうが、なかでも羨ましいのは夕河岸で仕入れた鯵を売り歩く夕鯵売りの存在である。

(三) 夕鯵売り

鯵は江戸っ子に好まれた江戸前の魚で、江戸の地誌『続江戸砂子』（享保二十年）には「江戸前鯵《あぢ》、中ぶくらと云。随一《ずいいち》の名産《めいさん》也」とあって、鯵が江戸前の魚の最高位にランクされていた（一四二頁）。

夕方日本橋の魚河岸にあがった鮮度のよい旨い鯵が売られていて、

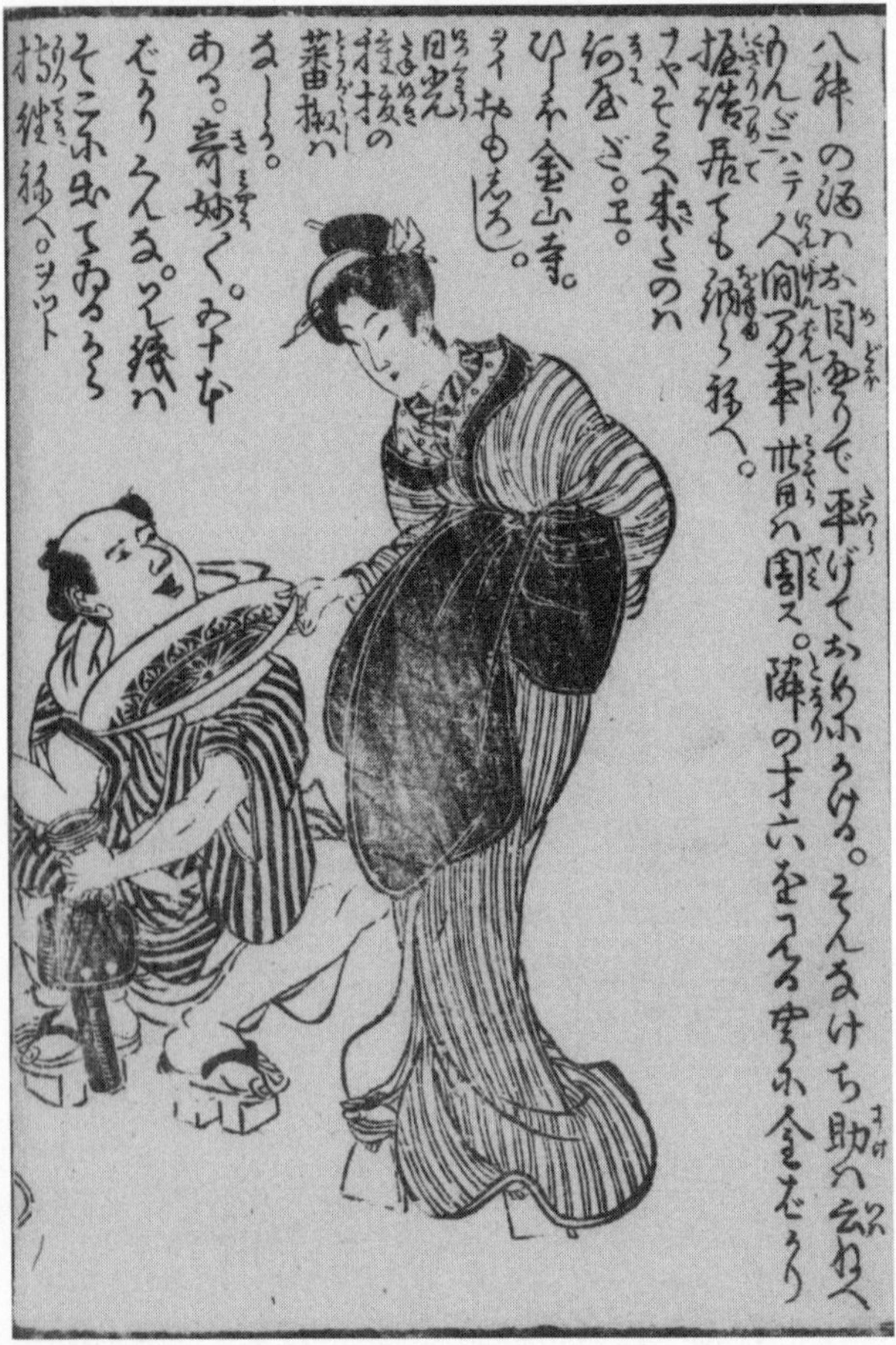

きな皿を持って買いに来ている。『四十八癖』二編（文化10年）

図91　魚を下ろして売る魚売り。魚売りは注文の鯛を下ろし、女房は大

○「夕鰺の声は売人《うりて》も生《いき》てはね」（柳一二二別篇　天保四年）
○「夕河岸はひとしほ旨き鰺の魚」（同）

と詠まれている。

日本橋魚市場の近くに居住した医師の武井周作は、連日魚市場に出かけていって、その様子をつぶさに観察し、その成果を『魚鑑』（天保二年）にまとめているが、江戸前の「あぢ」について、

「あぢ〈中略〉春の末より秋の末に至るまで尤《もつとも》多し。就中《なかんづく》夏月夕河岸（夕漁）のものを酒媒《さけのさかな》の珍とす。大サ一二寸、肥円《こへまる》く腹中《はらに》あみ（アミエビ）満《み》つ。これをなかふくらといふ。生熟《なまにる》皆香美《かうみ》なり。上下《かみしも》ともに賞美《しやうび》す」

と記している。特に夏の鰺は美味で酒の肴に珍重されている。

夕鰺は芝浦にもあがったようで、滝沢馬琴編の『俳諧歳時記』（享和元年）には「夕鰺。江戸芝浦にあがるもの也。夏日、夕猟の鰺を日没せんとする頃より街頭《ちまた》をうりありく也。これを夕河岸といふ。炎暑《えんしよ》の時、魚るい多くは腐臭《ふしう》す。ゆゑに夕河

岸の魚をよしとす」とある。

この『俳諧歳時記』が編纂された頃、実際に「炎暑の時」に、芝浦の鰺を買って晩酌をしている人がいた。芝浦にほど近い、品川御殿山下に住んでいた国学者の石原正明で、著書の『年々随筆』三（享和二年）に、

「いと暑き頃、日ざかりは身も浮くばかり汗流れて、息のみ喘《あへ》がるゝに、辛《から》うじて日暮らしの声待ちつけ、湯浴《ゆあみ》などして、酒飲まばやと思ふ折しも、鰺のいと鮮《あざや》けき、籠の中にて猶《なお》踊るを、塩あえて焼て、さゝげのひたし物など、ことさらにはあらで、一二杯かたぶけたる、楽しさいはん方なし」

と書き留めている。独り暮らしをしていた石原正明は、日中の暑さで汗びっしょりになった身体を夕暮に行水で洗い流し、暑気払いに一杯飲みたいと思っていた。そこにタイミングよく籠の中で新鮮な鰺が踊り跳ねている夕鰺売りがやってきたので買い求めて塩焼にし、ささげ（大角豆）をひたし物（浸物）にして一杯やっている。殊更《ことさら》贅沢な肴ではないが、これで一二杯傾ける楽しみは言葉に尽くせない、と感慨深げである。

(四) 鯵の食べ方

鯵の食べ方は、『魚鑑』には、生で食べても煮て食べても香美（うまい）とあるが、『本朝食鑑』（元禄十年・一六九七）は「最も炙食に宜《よ》い」としている。石原正明は夕鯵を塩焼にして食べているし、前述した松亭金水作『春色淀の曙』でも、夕河岸の鯵を塩焼にして食べていた（二三九頁）。江戸っ子は塩焼にして食べるのを好んだようだ。

鯵の塩焼は、江戸で出版された『料理早指南』初篇（享和元年）に「たで酢かけ」とあるように、蓼酢をかけて食べるのが江戸風の食べ方である。洒落本『鯉《こいの》池全盛噺《いけぜんせいはなし》』（天明二年）には、江戸に下ってきた大坂の豪商・鯉の池伝右衛門（鴻池善右衛門のこと）と取り巻き連中の一人・医者の雲安の間で、鯉「日外《じつがい》（いつぞや）品川へ行た時、あじの塩焼に青い物をかけて出したが、あれは青海苔を酢でといたのかな。雲「旦那は御存知あるめい。あれはたで酢で御ざります」といった会話が交わされている。江戸っ子は、

○「蓼と酢で待つ黄昏《たそがれ》の魚の声」（柳一三六　天保五年）

と蓼酢を作って夕鯵売りの来るのを待ち構えている。蓼酢は「青蓼の葉を少量の塩を加えてすり鉢ですり、飯粒少量をすりまぜてから裏漉《うらごし》にかけ、酢でのばし」て作るという（『江戸料理事典』）。

煮物にするときは、茄子といっしょに煮て食べたりしていたようで、

○「鯵うりが来べき宵だと茄子を買」（柳五六　文化八年）

と夕鯵に合せて茄子を買い求めている。

「魚かし会会長」をしていた町山清（明治三十八年生れ）は「昔、東京のまちでは、初夏になるとイキのいいアジを盤台に入れ、これを天秤でかついだ棒手振りが「エエ、とりたてのアジッ」と流して歩いたものだった」と回顧している（『河岸の魚』昭和五十四年）。明治の頃までは、家に居ながらにして生きのよい鯵を肴に晩酌ができていた。

（五）鳥貝・ふかの刺身売り

魚売りのほか、晩酌の肴としてありがたいのは、鳥貝やふかの刺身売りがやって

きたことである。『守貞謾稿』「巻之六」には、「鳥貝・ふか刺身売り　ふか、〈中略〉鮫の属なり。ふかおよび鳥貝ともに刺身に造り、酢味噌にて食す。さしみうりの荷ふ所、鰻蒲焼売りと相似たるが故に略して図せず。けだし刺身売りには、無火鉢勿論なり。買ふ人器を携へざる者には、蚫殻《あわびがら》に盛りてこれを売る」とある。

『魚鑑』によると、「鳥貝」は、「古《いにし》へ東海稀にして、近来甚だ多し。〈中略〉煠《ゆび》き食へばもつとも美《うま》し」とあり、「さめ」は、「或は魚餅《かまぼこ》とし、或は煠《ゆび》き、或は煮る共によし。その煠《ゆび》き晒《さらしみ》とするを、七色づくりとて、庖人《りやうりにん》これを秘す。魚餅もつとも佳なり。ゆへに魚餅家《かまぼこや》、一日も欠くべからず。酒肆《さかや》もまた必ず備う」「さめは総称《そうめう》、又わに又ふかという」とある。

どちらも、湯引いたものを刺身に造って売っていて、食器を持参しない人には鮑の貝殻に盛り付けてくれるので、そのまま持ち帰って酒の肴にできる。食べる時には酢味噌をつけて食べている。

ふかは鮫のことで、『魚鑑』に「さめは総称《そうめう》、又わに又ふかという」とあり、『守貞謾稿』にも、ふかは「鮫の属なり」とある。今はあまりふか（鮫）を食べないが、『魚鑑』にみえるように、江戸時代には、蒲鉾の原料にしたり、「酒肆《さかや》」（居酒屋）の人気メニューになっていた。また、ふかのひれ（鱶鰭）は、乾物にして中国に輸出されていた。

(六) 枝豆売り

枝豆をゆでて売るに来る者もいた。『宝暦現来集』(天保二年)に、「ゆで豆売、寛政年中より専ら流行せり。是迄は両国辺却《かへつ》て盛場にて、家台見世にて売りしが、往来売り歩き行く事は寛政年中より也」とある。寛政年間(一七八九〜一八〇一)より、往来でゆで豆を売ることが流行しはじめているが、『守貞謾稿』「巻之六」には、

「湯出《ゆで》萩《まめ》売り　三都ともに夏月の夜、これを売る。特に困民の業とす。男子あり、あるひは婦あり。京坂は「湯出さや〱」と云ふ。鞘豆《さやまめ》と云ふが故なり。江戸はこの萩を枝豆と云ふ。故にこれを売る詞も「枝豆や〱」と云ふ。けだし婦は江戸に多し。また萩籠を、江戸は懐《いだ》き、京坂は肩にす。また江戸は萩の枝を去らず売る故に、枝豆と云ふ。京坂は枝を除き、皮を去らず売る故に、さやまめと云ふ」

図92　江戸と京坂の枝豆売り。『守貞謾稿』（嘉永6年）

とあって、夏の夜になると枝豆売りが江戸の町を巡っていた（図92）。

「京坂は「湯出さや〳〵」と云ふ」とあるが、大坂では「ゆでやのおさやさん、よふこえたの」と呼び歩いてもいたようだ。

久須美《くすみ》祐雋《ゆうせん》が大坂町奉行に在職中に見聞した大坂の風俗を記した『浪華の風』（安政三年頃）には、夏の夕刻に夜商人が売り物を担い、呼び声をあげて売り歩いているようすが記されているが、枝豆売りについて、

「ゆでやのおさやさん、よふこえたの

かく呼びありくは、江戸にて、ゆで豆や〳〵と呼びありくに同じく、枝豆の湯引しものなり。これは豆といふ縁よりして、女の見立てとなし、それ故にゆでしことを、やの字を加へ、家号の如くゆでやと呼び、さや豆のことを女に譬へ、おさやさんと呼なり。（浪花にては都《すべ》て江戸にていふ枝豆のことを、さや豆といふ。そ

れゆゑそら豆抔《など》サヤの儘《まま》なるをば、サヤそら豆と云ひ、はぢきたるをばはぢき豆と呼びて、只そら豆とばかり呼ぶことなし）。よふこへたのは、よく太り肥たるなり」

と大坂での呼び声について解説している。

尾張藩士の江戸見聞記には「六月初より、枝豆やユデマメと町々・武士小路売歩行。〈中略〉（六月）初より八月・九月になりても、壱把四文づつなり」と記されている（『江戸見草』天保十二年）。

江戸では六月から九月までの四か月間、かなり安い値段で枝豆が売られていた。枝豆はゆでて売っている。ゆでた枝豆はご飯のおかずというより酒の肴に合う。江戸っ子が、暑い夏の盛りに、団扇の風にあたりながら、枝豆を肴に晩酌を愉しんでいる姿が目に浮かぶ。

四　屋台店から肴をテイクアウト

（一）食べ物屋台店の繁昌

江戸っ子は屋台見世からも酒の肴を買うことが出来た。

江戸中期になると、江戸の町に食べ物を売る屋台店が出るようになり、中洲の繁栄を描いた『中洲雀《なかずすずめ》』（安永六年・一七七七）には、

「商人居並《いならん》で通り狭く、煮売・煮肴・綿飴・玉子焼・胡麻揚・西瓜の立売（裁売＝切売り）・桃・真桑瓜・餅菓子・干菓子の家台《やたい》見世には、買喰《かいぐい》の族蟻《やからあり》の如くに集り、食物過ては腹を下し、食傷（食あたり）の種を求む。四文銭持（てば）能《よい》といへ共《ども》、纔《わづか》の買物には壱文・二文のやり取りに損が有れば四百《いっぽん》の銭も忽《たちまち》なく成る」

とあって、隅田川河口近くの中洲（埋立地）に出現した屋台店に多くの人が群がっている。

その後、こうした屋台店が江戸のいたるところに出現するようになるが、『明和誌』（文政五年頃）によると、天明の飢饉（天明二年から同七年にかけての大飢饉）によって江戸の食料事情が悪化した天明七年（一七八七）以来「往来に喰もの屋台見世、定見世に出る」ようになったという。

屋台店では、酒の肴になるようなものを売っていて、前に述べた『浮世風呂』二

編（文化六年）では、孝行息子の母親が「毎日商《めへにちあきねへ》から帰《けへ》りにはの、何《なに》かしらン竹の皮へ（竹の皮に包んで）買《かつ》て来ての、サアか、さん一ツあがれと、一合ヅ、も寐酒をのませるしの」と息子に感謝していたが、息子が「竹の皮」へ包んで買ってきたものは、屋台店のものであろう。

屋台店では売り物を竹の皮に包んで売っていた。天麩羅の屋台店がそうで、人情本『閑情末摘花《かんじようすえつむはな》』初編（天保十年）では、一日の仕事を終えた門付《かどづけ》（人家の門口で芸を見せ金品をもらって歩くこと）の母娘が、家に帰る途中、屋台店の天麩羅屋から「残りしものを買集《かいあつめ》、竹皮《かは》につ、みて」家に持ち帰って、晩ごはんのおかずにしている（図93）。

煮染を売る屋台店も出ていて、『誹風たねふくべ』四集（天保十五年）には、「おにしめ」の屋台店が描かれていている（図94）。式亭三馬の『七癖上戸』（文化七年）では、六畳一間の長屋に住む夫婦が、突然訪れてきた客をもてなすためにそば屋からそばと酒を出前してもらってもてなすが、それでは足らずに、女房が屋台店から刻みするめ・慈姑《くわい》・赤螺《あかにし》・焼沙魚《やきはぜ》・竹輪豆腐などの煮付物《につけもの》を竹の皮に包んで買ってきて、それを皿に盛りつけて酒の肴にしている。

やはりここでも竹の皮が利用されている。江戸っ子は仕事帰りに、手ぶらでも屋

載せた天麩羅が置かれている。『閑情末摘花』初編（天保10年）

図93　屋台店から天麩羅をテイクアウトした母娘。母親の前には竹皮に

図94　煮染を売る屋台。『誹風たねふくべ』四集（天保15年）

台店から酒の肴を買ってくることが出来た。

(二) ワンコイン屋台店の四文屋

屋台店のなかでも、明和五年（一七六八）に新鋳《しんちゅう》された四文銭一枚で買えるワンコイン屋台店が増えていった。幕臣柴村盛方の風俗見聞記『飛鳥川』（文化七年・一八一〇）は、「煮肴、にしめ、菓子の類、四文屋とて、両国は一面、柳原より芝までつゞき、大造《だいさう》なる事也」と四文屋の繁昌ぶりを伝えている。煮染や煮魚を売る四文屋もあった。鍬形蕙斎の『近世職人尽絵詞』（文化二年）に描かれた四文屋の屋台店では、「なに、まれ、えりとりにして、あたひはなみ形のあし（四文銭）ひとひらにてざう。安からずや」と売っている。四文屋の前にはテイクアウトしやすいように串に刺したものが並べられている（図95）。

図95　四文屋の屋台店。立ち食いしている人がいる。『近世職人尽絵詞』（文化２年）

感和亭鬼武の『旧観帖』三編（文化六年）では、田舎から江戸見物に出てきた「ばゞ」が、「なんでも四文屋といふやたひみせにくひものをくしにさしてあるを見て、ばゞ「こりやア安いもんだア、一つくんべいか」」と、両国広小路に出ている四文屋から串刺しの食べ物を買い求めている。

『江戸繁昌記』三篇（天保五年）には、「一鍋内《いつくわない》、数串《すうくわん》、芋を貫き、豆腐を貫き、種々蘸《ひた》す。鍋沸《なべわ》いて煙馨《かんば》し。一串四文、人の択《えら》び食ふに従《まか》す。此を四文屋と曰ふ」とある。串刺しの里芋や豆腐などを鍋で煮ながら売っている四文屋もあった。江戸っ子は、ワンコインフード屋台店から安価な晩酌の肴を買うことも出来た。

五　煮染屋などから肴をテイクアウト

（一）煮染屋に並ぶ酒の肴

江戸の町には屋台店とは別に煮染を売る店があった。煮染を売る店を菜屋ともいい、『守貞謾稿』「巻之五」には、

「菜屋《さいや》　江戸諸所往々これあり。生蚫・するめ・刻《きざみ》するめ・焼豆腐・蒟《こん》にやく・くわひ・蓮根《れんこん》・牛蒡《ごぼう》・刻牛蒡等の類を醤油の煮染《にしめ》となして、大丼鉢に盛り、見世棚にならべこれを売る」

とある。町の所々に菜屋（煮染屋）があって、大きな丼鉢に盛られたさまざまな煮染類が店の棚に並んでいたが、屋台店と同じくこうした店の煮染類も酒の肴にされ

ていた。

人情本『恋の花染』（天保四年）では、悪だくみをたくらんだ与次郎・門太・寸八の三人が、計画がうまくいきそうなので、与次郎の家で「前祝《まへいはひ》に一杯やらう」ということになり、

与次郎「〈前略〉コレ寸八、若役（門太）に酒買つて来て下せえ。裏の煮〆屋《にしめや》を覗いてみてくれ。ちよつぴり口取・大平とはいくめえの」

と与次郎が寸八に煮染屋から酒の肴を買ってくるよう頼んでいる。口取は、口取肴の略で、料理茶屋の会席料理では、初めに三種類の口取肴が吸物と一緒に出された。大平は、大平椀（平たく大きな蓋つきの椀）の略で、煮物などを盛った。

与次郎が料理茶屋の口取や大平の代わりにならないか、といっているように江戸の煮染にはこだわりがあった。大坂人の西沢一鳳は、江戸の煮染について、

「食物の内、煮染といへるは、醤油にて煮さへすれば、にしめと心得たるは僻言《ひがごと》のよし、さる料理家に聞けり。松魚《かつお》のだしをよく煮出して、酒又醤油を化し、煮

べき品を分量して、その汁をその品に煮付れば染《しみ》る也。これを煮染といふて十種あらば十遍に煮る」（『皇都午睡』初編　嘉永三年）

と江戸の煮染は食材ごとにかつおの出汁を利かせ、酒や醬油を加減して煮染めていることに注目している。

味付けにこだわった江戸の煮染屋には名店が出現し、吉原細見を模して作られた江戸名物の番付『細撰記』（嘉永六年）「幕の内　にしめ屋重介」には、煮染の名店がランキングされている。店名の下には煮染の種類が載っていて、玉子、かまぼこ、はす、くわい、こんにゃく、ゆり、するめ、ぎせい（豆腐）、いも、するめ、とある（図96）。「幕の内　にしめ屋重介」とあるように、こうした煮染屋では煮染を幕の内弁当に詰めて売っていて、このランキングのトップに名のみえる「よし丁」（芳町、現日本橋人形町一、三丁目）の万久は、幕の内弁当の有名店で、折詰の幕の内は百文していた（図97）。もりそばの値段が十六文であった時代である。

（二）味つけの東西比較

江戸の煮染の煮方には食材に合せた工夫がこらされていたが、大坂で生まれ育っ

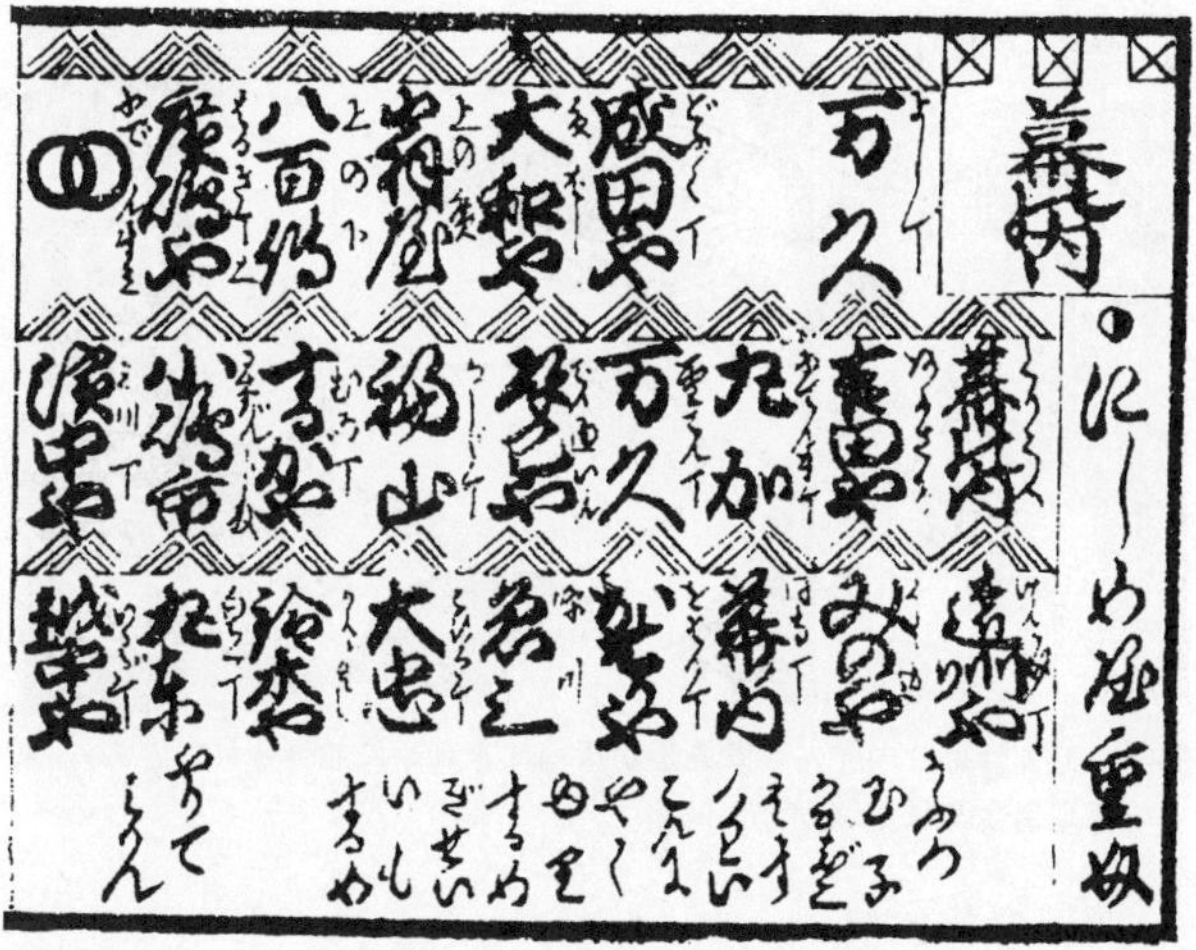

図96　煮染の名店のランキング。上段から下段にかけてランクが下がる。『細撰記』（嘉永６年）

て江戸に移り住んだ喜田川守貞は『守貞謾稿』「巻之五」において

「京坂は美食といへども鰹節の煮だしにて、これに諸白《もろはく》酒を加へ、醤油の塩味を加減するなり。故に淡薄の中にその物の味ありて、これを好《よし》とす。江戸は専《もっぱ》ら鰹節だしに味琳《みりん》酒を加へ、あるひは砂糖をもってこれに代へ、醤油をもって塩味を付くる。故に口に甘く嘗《うま》しといへども、その物の味を損するに似たり。しかれども従来の習風となり、今は味

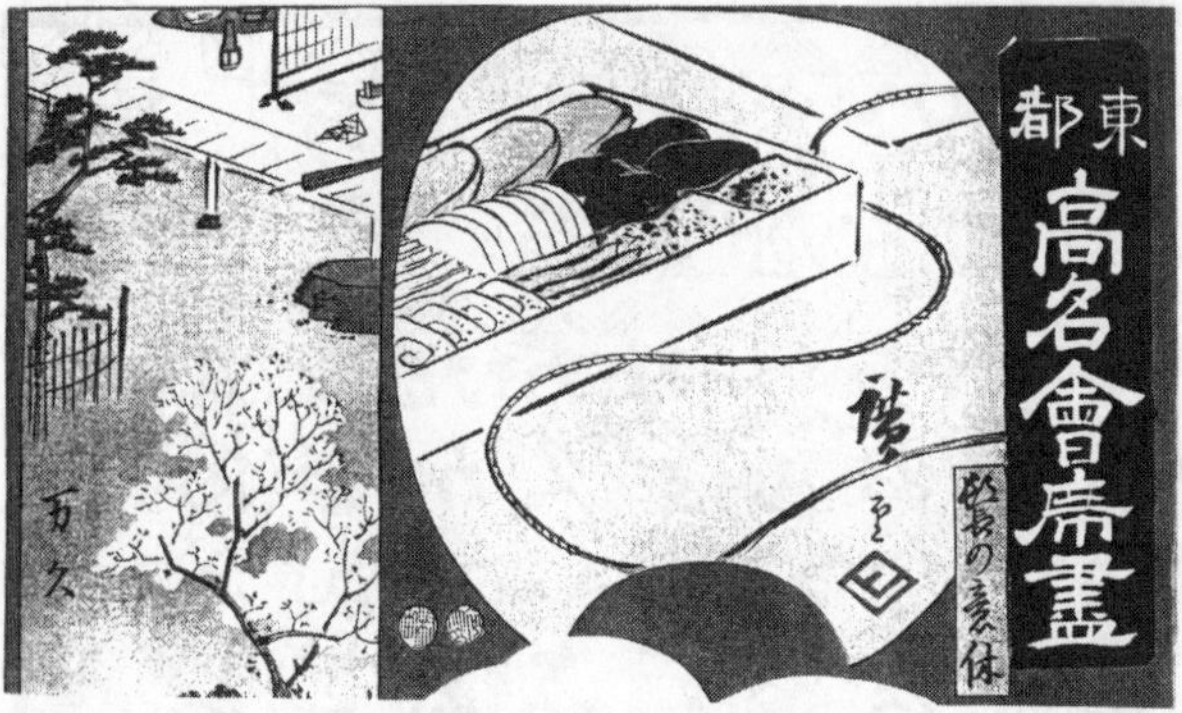

図97　万久の幕の内弁当。煮染類が折箱にきれいに並べられている。「東都高名会席尽」（嘉永５～６年）

りんあるひはさとうの味を加へざるを好まず。必ずこれを用ひて、京坂の食類さらに美ならずと云ふ。また京坂の人は、江戸にて甘味を用ふをたるし〔甘ったるい〕と云ひて、これを忌みて美食とせず。各互ひ己れが馴《な》れたるを善とし、馴れざるを不善とするのみ。余大坂に生まれ、三十歳にて江戸に下り住み、今年四十四、すでに十五年を江戸に住す。故に両地の可否を弁ずることを得る。必ず自己の口に合はずと云ひて、強ひて論ずることなかれ」

と江戸と京坂との味付けの違いについて言及している。大坂人からみると、鰹節のだしに、酒を加え、塩味を加減する京坂の味付けに対し、江戸の人は、鰹だしを使い、濃口醤油とみりんや砂糖で濃い目に味付けをした甘ったるい味の煮ものを食べていたようだ。

江戸っ子の三馬は、この点に気づいていて、前述した『浮世風呂』二編で、「かみがたすぢの女」に、江戸の「鼈煮《すつぽんに》」について「あほらしいマア、吸物じや無《なう》て上《かみ》でいふ転熬《ころいり》じやさかい。塩が辛《から》うてトトやくたいじや。上《かみ》の拵方《こしらへかた》は又あないなもみないもんじやない。第一が薄《うす》したぢで吸物じやさかい。酒の下酒《あいて》になとせうものなら、いつかう能《ゑい》じや。こちや最《も》う大好《だいすき》〳〵」と、江戸の鼈煮の塩辛い味をけなし、上方のは薄味で酒の肴に合うと自慢させている。

転熬《ころいり》とは、材料を汁がなくなるまで煮つめることをいったので、江戸の鼈煮は煮詰まって濃い味になっていたのである。江戸ですっぽんが食べられていたようすは、十返舎一九が江戸市中で「すっぽん」を商っている店の看板を描いている（『的中《あたりや》地本問屋《したじほんどんや》』享和二年、図98）。

(三) 大坂で好まれた鼈と鱧

「かみがたすぢの女」が鼈煮を「こちや最《も》う大好〳〵」といっているように、大坂では鼈《すつぽん》を好んで食べていて、久須美祐雋は、「鼈は土人〔大坂人〕賞玩するゆゑに、四時ともにあり。されどその調理江戸と違ひて羹となして露沢山に仕立て、江戸にていふすつぽん烹《に》といふもの、調理方法は絶てなし。それ故土人の調製にては、江戸人の口には適し難し」といっている（『浪華の風』安政三年）。大坂の人は鼈を一年中食べているが、三馬がいうように江戸風の調理方法では大坂の人の口に合わなく、反対に大坂風の調理方法では江戸の人の口に合わないことを告げている。

図98　すっぽんと蒲焼を売る店。『的中地本問屋』（享和２年）

久須美祐雋の『浪華の風』には、大坂では、鼈のほか、特に鱧が好まれていることも記されていて、「土地の人は、はもを殊更に珍重し、骨切とて細かに庖丁目を入れて、照り焼にしたる抔《など》専ら賞玩す。淡味にしてあしからざれど、江戸人の口には適せず」とある。大坂では鱧の骨切り技術が発達し、照り焼きにして好んで食べているが、味が淡白で、江戸人の口に合わない、といっているのは、江戸の人は濃い味付けを好むからだが、京坂では焼物にもみりんを使わないことにもよるのではなかろうか。

『守貞謾稿』「巻之六」には、「江戸はこれ〔蒲焼〕を焼くに、醬油に美琳《みりん》酒を和す。京坂は諸白《もろはく》酒を和す。諸食ともに京坂にては諸白を交へ、江戸にてはみりんを交ゆなり」とあって、江戸では蒲焼のたれをはじめ料理の味付けにみりんを使うが、京坂では鰻の蒲焼はもとより、そのほかの料理にもみりんの代わりに酒を使う調理法が取られている。

六　刺身屋から肴をテイクアウト

(一) 刺身屋には鰹や鮪の刺身

江戸には刺身を売ってくれる「刺身屋」も方々にあった。『守貞謾稿』「巻之五」は「今世、江戸にありて京坂にこれなき生業」を紹介しているが、その一つが刺身屋で、「刺身屋　鰹およびまぐろの刺身を専らとし、この一種を生業する者諸所に多し。銭五十文、百文ばかりを売る。麁製《そせい》なれども、料理屋より下直《げぢき》なる故に行はる。けだし枯魚〔干物〕の類少しづゝ兼ね売り、あるひは鮮魚も格別下直の日は売る」とあって、刺身屋では主に鰹と鮪を売っていたが、そのほかの刺身も日によって売っている。

この刺身屋に買いに行くと、刺身につまを添えて綺麗に盛り付けてくれたようで、『守貞謾稿』「後集巻之二」には、

「京坂、惣じての作りみ、斬目正しからず、斬肉を乱に盛る。〈中略〉また添へ物、ただ一種を用ふ」

が、江戸では

「庖丁、はなはだ精工にて、斬目正しく、斬肉の正列に盛るを良とす。また幅四、五分、長さ二、三寸を列す。〈中略〉江戸、刺身添へ物、三、四種を加ふ。絲切大根、同うど、生紫海苔（浅草海苔）、生防風、姫蓼（赤芽）。粗なる物には、黄菊、うご、大根卸し等を専らとす。けだし江戸には刺身一種を生業とする小店あり（小店にて魚多き日は四十八文、あるひは百文ばかりよりこれを売る）。近年、この小店にて制す物、二、三種を添ふるにより、嘉永の今はかへつて精製の割烹店などには、刺身更に添へ物なく、別に卸し大根を持ち出して取り分けて後、これを置くなり」

図99　「京坂作り身」と「江戸差身」の盛り付け。『守貞謾稿』（嘉永6年）

とあって、刺身屋では、刺身に二、三種類のつまを添えて売っていた（図99）。

（二）多彩な刺身の調味料

江戸っ子は、持ち帰った刺身に調味料をつけて食べるだけでよかったわけだが、魚の種類によってその使い分けをしていた。

鯛や平目は、辛子味噌やわさび醤油で、鮪や鰹は大根卸しと醤油で食べるのを好んだようで、『守貞謾稿』「後集巻之一」には「鯛・鮃には辛味噌あるひはわさび醤油を用ひ、まぐろ・鰹等には大根卸しの醤油を好しとす」とあるが、鰹は辛子酢、辛子味噌などでも食べている。

ふか（鮫）や鳥貝の刺身は、酢味噌で食べ

ている（二九二頁）。

このほかを料理書でみてみると、江戸で出版された『料理早指南』初編（享和元年・一八〇一）には、

「膾余魚《さより》　ほそ作り。速作り。かたみ作り。いづれもさしみの相手、いりざけ、又は生酢。

烏賊《いか》　ほそづくり。あたまをよくあらひ、なまにてほそく引なり。さしみの相手、いり酒にも、すみそにても。

蛸《たこ》　ゆでたるあし〔足〕、いぼをむき、小口よりうすく引き又にへゆ〔煮え湯〕へとうしてはぜさせる。さしみのあひて、いり酒」

と載っている。さよりには、いりざけ、生酢《きず》（純粋の酢）、烏賊には、いり酒、酢味噌、蛸には、いり酒が用いられている。いりざけ（いり酒）は、煎酒とも書き、酒に削り鰹節、梅干、たまり少量を入れて、煮詰めて漉して作る。梅干の香りと酸味、塩気、鰹節のうま味が素材の持ち味を引き立ててくれる調味料で、膾や刺身に好んで用いられていたが、醬油の普及につれてしだいに利用が減ってしまった。

江戸時代の刺身の調味料には、煎酒、酢、味噌などが用いられていたが、江戸中期より醬油が加わり、魚の種類により、これらの調味料を使い分けていた。次第に醬油の比率が増えていったが、醬油と山葵で刺身を食べることが多い現在と比べて、江戸の子の刺身の食べ方は多彩だった。

ちなみに、醬油は万能調味料として江戸時代の人びとに迎え入れられたが、意外にも刺身に用いられるようになったのは、煮物や焼き物の味つけに使用されるようになってから後のことだった。

七　仕出し料理のデリバリー

(一) 料理茶屋からの仕出し

酒の肴はテイクアウトすることが出来たが、料理茶屋などからデリバリーしてもらうことも出来た。

料理を注文に応じて調理して出前することを「仕出し」といったが、江戸で繁盛していた料理茶屋が仕出しをしていた。武陽隠士の『世事見聞録』(文化十三年)は、

「料理茶屋の繁昌なる事、譬へば同志のもの十人二十人、一群にて不意に参り、金五両拾両の価なる料理を好むに、何時も差支へなく即時に調ふなり。今の十両は米三十俵余の価なり。右体大勢連れの客が幾群参るとても、いさゝか差支へなき程の支度を、日々仕込み置く事なり。此の如きのもの江戸中に所々ありて、また仕出しと云うて、何百人前にても誂へ人次第、いづれまでも持ち出すなり」

と、料理茶屋が繁盛し、料理茶屋では予約なしでも大人数の客に即座に対応でき、仕出しもしていると記している。江戸の商店のガイドブック『江戸買物独案内』「飲食之部」（文政七年）には、六十三軒の料理茶屋が載っているが、その内の二十五軒は「仕出し」を行なっている（図100）。江戸では仕出しの需要がかなりあったことがうかがえる。

式亭三馬の『四十八癖』四編（文化十五年）「極楽蜻蛉《ごくらくとんぼ》と呼ばるゝ人の癖」では、極楽蜻蛉と呼ばれている人物が「おかこ」（妾）の住む家を訪ねるが、丁度そこに旦那がやって来ていて、三人で「酒もり」になる。そこへ「料理茶屋より誂の三ツ物・二ツ物」が届き、それを下女が座敷に並べると、それを見た極楽蜻蛉が、「ウツ　ト目をふさぎ後ろへそりかへりて　死んだア引　ト目を開き、どてつぱらをかう

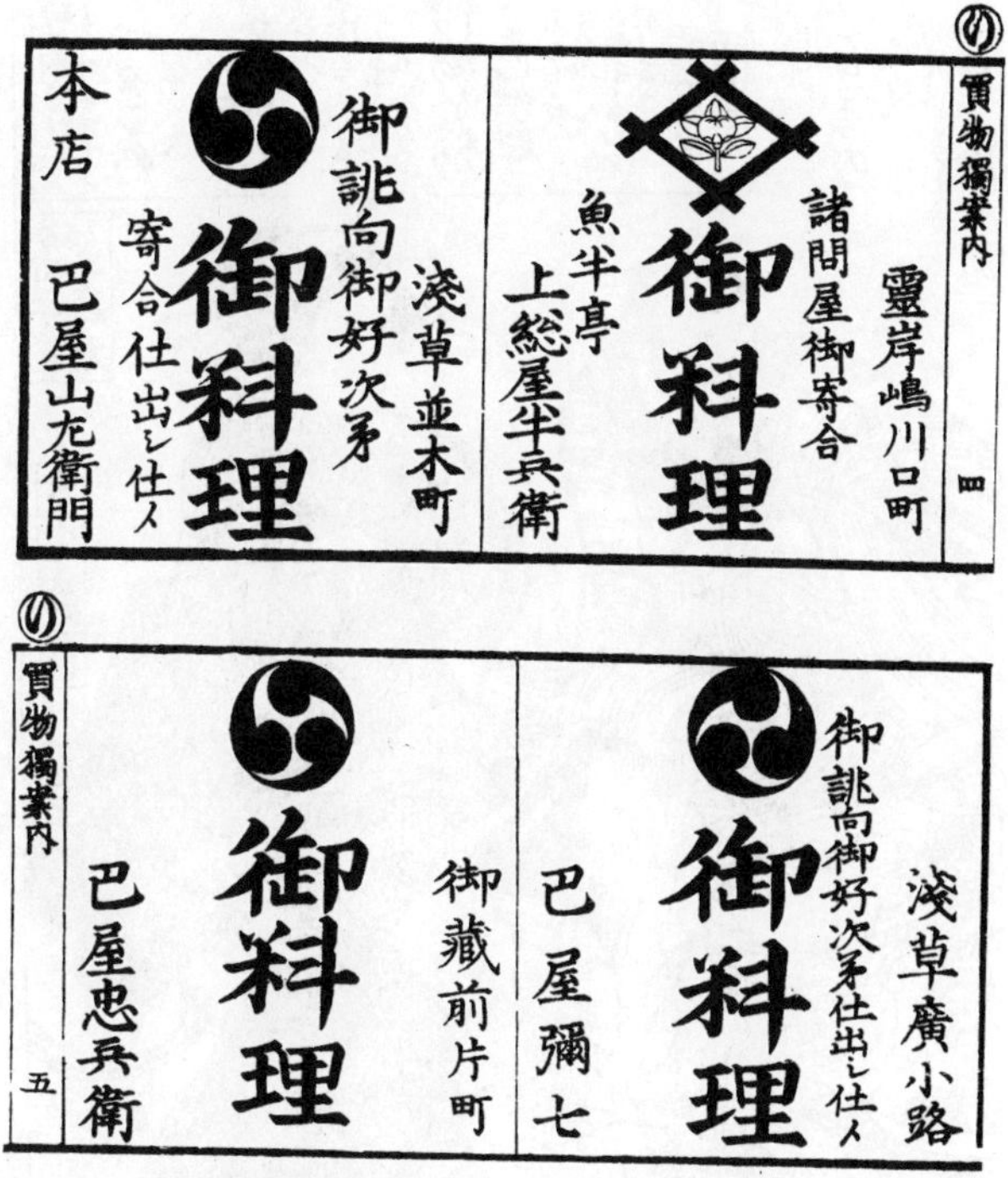

図100　『江戸買物独案内』（文政７年）に載る料理茶屋（一部）。ここに載る４軒の内、２軒に「仕出し仕候（つかまつりさうらふ）」とある。

る。『四十八癖』四編（文化15年）

図101　料理茶屋の仕出し料理。下女が届けられた料理を座敷に並べてい

えぐられちゃアたまらねへ、モシいつの間にお誂《あつらへ》が有りやした」と驚きの様相を示している（図101）。

料理茶屋からかなり立派な仕出し料理が届けられたからだ。三ツ物は三種類の料理、二ツ物は二種類の料理を組み合わせたものをいった。

（二）仕出し屋からの仕出し

江戸には、料理茶屋のほか、仕出しを専門にする「仕出屋」があった。

為永春水の人情本『春色英対暖語』（天保九年・一八三八）には、仕出屋から酒の肴を取り寄せる場面がある。

主人公の宗次郎は、夕暮時ににわか雨に遭い、人家の軒下に駆け込んで、雨の上がるのを待っていたが、ますます雨脚が強くなる。雨宿りした家には、芸者の増吉が母親と二人で暮していた。増吉は外が暗くなってきたので表の戸を閉めようとして雨宿りする馴染み客の宗次郎に気づき、家に招き入れる。宗次郎は帰る機会をうかがっていたが、風雨がますますひどくなり、結局、この家で一夜をあかすことになる。そうときまればということで、宗次郎は母親に金を渡して、酒と肴の工面を頼む。母親は一軒隣りの仕出し屋に酒と肴を注文し、間もなく「仕出し屋より三ッ物と酒をもつて」来る。

仕出し「へイ大きにおそなはりました。

ます〔増吉〕「ハイ是はお世話でござゐます。とんだはやかつたヨ。雨でお困りだらふねへ。

仕出し「ハイどふいたしても、お平《ひら》なんぞは冷《さめ》ましたらふ。どうぞお温《あたゝめ》なさつて下さいまし。そしてこれがお釣でございます。ト銭《ぜに》を出《いだ》して、
仕出し「しけでござゐますが此《この》お天気だから、モウ今晩は早仕舞《はやじまひ》にいたすつもりでおまけ申て上《あげ》ます。

ます「ヲヤ左様《さう》かへ。それは大きに。

仕出し「へイ左様《さよう》ならば。ト立出る。

ます「ヲヤ〳〵、御酒も温めて来たそふだ。サア直《すぐ》にめし上りませんか。


といって、増吉は宗次郎に酒と肴を勧めている。仕出し屋は、風雨の激しい中でも、酒の肴と燗酒を即座に出前してくれている（図102）。

為永春水は人情本『春告鳥』三編（天保七年）でも、仕出し屋に肴を注文する場

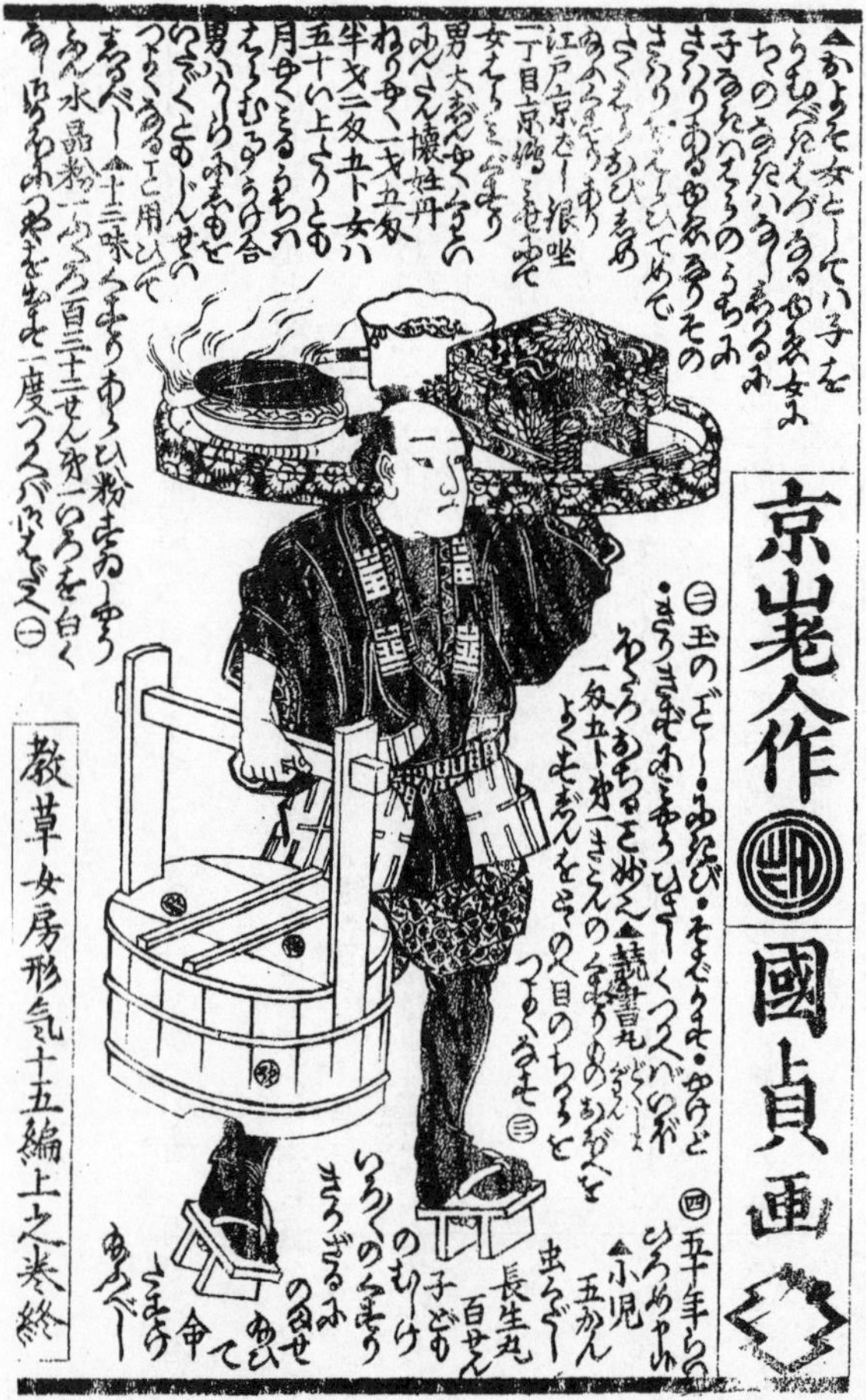

図102　料理の仕出し。仕出し料理は大きな広蓋に載せたり、岡持に入れたりして運ばれている。『教草女房形気』十五編（嘉永7年）

面を描いている。芸者お熊には梅里という情人がいた。その梅里がお熊の家にやって来て「酒盛」をすることになり、下女のお清が仕出し屋に酒の肴を注文しに行くことになるが、お清に対し、梅里は、「ア、もし、お清どん〳〵。どふぞおまへ往ておくれなら御如才《ごじよさい》もあるめへが、此間《こないだ》の通りにして、そして帰りに親父《おやぢ》ばしの和田で大概なのを沢山《たんと》と焼て、お飯《まんま》を付てよこせと、言付て来ておくれ。そして仕出《しだし》屋《や》の方へは玉子《たまご》蒸《むし》の中へぎんなんを多分《たんと》入れてと左様いつておくれ」と頼んでいる。

図103　蒲焼の出前用の黒塗手桶。『守貞謾稿』（嘉永6年）

「親父ばしの和田」は、親父橋の近くにあったうなぎの名店「大和田」で、うなぎ屋でも出前をしていた。『守貞謾稿』「巻之五」には「江戸鰻屋より諸戸に蒲焼を運ぶ。蓋多く図のごとく黒塗手桶に入れて携ふ。蓋の下に白紙一枚を挟む」と出ている（図103）。

梅里とお熊は漬物を肴に酒を飲みながら注文の品が届くのを待っていると、「ハイ

と蒲焼の手桶がみえる。『春告鳥』三編（天保7年）

図104　仕出し料理を肴に酒を酌み交わす二人。二人の前には仕出し料理

おあつらへでございます」と仕出し料理が届き、次いで大和田も蒲焼を持って来て、二人は仕出しの茶碗蒸や蒲焼を肴に酒を酌み交わしている（図104）。

江戸では家に居ながらにして、料亭や仕出し屋の料理、一流店の蒲焼などを酒の肴として味わうことが出来た。

今はやりのデリバリーイーツ顔負けのサービスが、江戸の町では行なわれていた。

八　おでん燗酒売り

（一）蒟蒻のおでん売り

仕出しをしてもらわなくても、家に酒と肴がなくても、江戸っ子は晩酌ができた。夜になると、町の中をおでん燗酒売りが巡ってきたからである。

おでん燗酒売りは、蒟蒻のおでんと燗酒を売っていた。小咄本『春俗《はるぶくろ》』（安永六年・一七七七）「蒟蒻の云分」では、

「こんにやくの所へ、ゆとふふ〔湯豆腐〕がきました。〔こんにやく〕コレハ御出。貴様は此節《このせつ》、居酒屋でいそがしかろう。〔湯豆腐〕イヤモ　そのやうでも御ざら

ぬ。御手前などは、夜もかんざけ〳〵の御しやうばいにて御くらう」といった会話を湯豆腐と蒟蒻の間で交わしているが、湯豆腐が蒟蒻に対し、夜も燗酒のご商売でご苦労、といっている。

安永年間（一七七二〜八一）には、蒟蒻のおでんと燗酒売りが江戸の夜の町を巡っていて、洒落本『風俗砂払伝《ふうぞくすなはらいでん》』（安永九年）では、遊里通いばかりしていると、挙句の果てには「こんにやくのおでんおでん」と売り歩かなければならなくなるぞ、と誡めている。

蒟蒻のおでんは、蒟蒻を串に刺してゆで、味噌を塗って売っていた。小咄本『鳥の町』（安永五年）「間違」には、そのようすが載っている（図105）。

「「おでん〳〵おでん」と毎晩呼んで通るが、あいつを食ひたいものだが、呼ぶも外聞《がいぶん》が悪し」。下男「すぐに買て参りませう」「それではさめる。あれは、釜から出す、味噌を付ける、すぐにしてやらねば」と云ふ所へ、「おでん〳〵」といふと、物いわずに自身駆け出し、おでんが肩をつかまへて、むせうに引て来る。おでんは、鹿子餅《かのこもち》といふ身で〔大袈裟におどけた身のこなしで〕、「ごゆるされませ。

図105　おでん売り。おでん売りが強引に連れて行かれるところ。『鳥の町』（安永５年）

夜《よ》あきんどの義でござります。不調法がござりますなら、幾重《いくえ》にもあやまりました」「イ、ヤ、何もいふな」と、店下《たなした》に連れて来て、小声になり、「二三本、味噌を付けろ」「お安い御用」と付けて出すを、はいり口にて、してやる透《すき》間《ま》を見合せ、おでんは逃げのび、溜息をつき、「ア、、ひやいな目にあつた」

おでん売りは、突然、強引に引っ張って行かれたので、危害を加えられるのではと勘違いして、おでんを出すや、隙をみて逃げ出す滑稽さがテーマ（「間違」）になっているが、この頃のおでんは、茹で立ての串刺し蒟蒻に味噌を付けて売っていたことがわかる。

(二)おでん燗酒売りの繁昌

おでん燗酒売りは、とくに寒い夜などには歓迎され、「アヽ寒ひ晩だ。風鈴か、蒟蒻のおでんが来ればいゝ」と心待ちにされている(『人心鏡写絵《ひとごころかがみうつしえ》』寛政八年)。「風鈴」とは風鈴蕎麦売りのことで、蕎麦売りの屋台は風鈴を吊るしていたのでこう呼んだ。

やがて、おでん種には里芋が加わり、おでん売りが「おでんおいもも有」と売り歩くようになった(『遊遷窟烟之花《ゆうせんくつけむりのはな》』享和二年)。『守貞謾稿』「巻之六」には「上燗おでん　燗酒と蒟蒻の田楽を売る。江戸は芋の田楽も売るなり」とある。

蒟蒻や里芋のおでんを売るおでん燗酒売りは、江戸で人気を得て繁盛し、山東京山作の『菊寿童霞盃《きくじゅどうかすみのさかずき》』(文政十年)には、「日もはや暮れて、薄月夜」のなかで、大勢の人が「おでんかん酒」売りを取り囲んで酒を飲んだり、おでんを食べたりしている(図106)。

酒の燗は銅壺のような容器に湯を入れて温めていたようで、容器の底には炭火が入っていたのではなかろうか。そんなようすが『黄金水大尽盃《おうごんすいだいじんさかずき》』十六編(元治二

のおでんを食べたりしている。『菊寿童霞盃』（文政10年）

図106 「おでん　かん酒」売り。客は燗酒を注いでもらったり、串刺し

年）に描かれていて、「おでん　かん酒」売りが荷を下ろして、湯気の立ったお燗用の容器から燗徳利を取り出している（図107）。コンビニがなくても、江戸っ子はおでんと熱燗の酒を持ち帰って、気ままに晩酌を愉しむことができた。

（三）煮込みおでんの誕生

おでん燗酒売りは、蒟蒻と里芋に味噌を塗って売っていたが、やがてこれが煮込みおでんに発展していく。

明治三年三月に河竹默阿弥作の『樟紀流花見幕張《くすのきりゆうはなみのまくはり》』（慶安太平記）が守田座で上演された。由井正雪が丸橋忠弥をはじめ多くの浪人を集めて幕府の転覆を計った慶安事件を題材にしたもので、その四幕目、江戸城外堀端の場は、葭簀圍《よしずかこい》の出茶屋《でぢやや》に「床几二脚並べ△○□等《ら》中間《ちゆうげん》にて腰を掛け、朝顔茶碗で盛切《もつき》り酒を呑んで居る」場面から始まる。

「△　重役の旦那方が柳橋や今戸へ行って、芸者をあげて呑《のま》つしやるのも、又こちと等《ら》が腰を掛け煮込みのおでんで、斯《か》うして呑むのも旨《うめ》へ味は同じことだ。

○　そりやあ川長や梅川、又大七や有明楼と一ツにやあならねえが、酔ってしまやあ旦那方だつて、こちと等《ら》だつて替りはねえ。

□　喰ひつけねえ物を喰ふより、やつぱり煮込みの蒟蒻か芋でぐい〳〵呑むはうが、気がそらなくつてよつぽど旨《うめ》え」

といった会話を中間たちが交わしながら、煮込みおでんで酒を飲んでいる。そこへ酔っ払った丸橋忠弥がやってきて、茶屋の床几に腰かける。茶屋の亭主の勘助が「これは入《い》らつしやりませ。芋で上げますか、蒟蒻で上げますか」と尋ね、忠弥は「何でもい、から、熱燗で二三杯呑ましてくれ」と応じ、蒟蒻と芋のおでんで酒を飲んでいる。

ここで食べられているのは紛れもなく蒟蒻と芋（里芋）の煮込みおでんである。蒟蒻や里芋に味噌を塗って食べる味噌おでんから、明治の初めころには蒟蒻や里芋を煮込んで食べるタイプの煮込みおでんが生まれていた。

図107 「おでん　かん酒」売り。保温ができそうな籠で包んだお燗用の容器から燗酒を取り出している。『黄金水大尽盃』十六編（元治２年）

（四）煮込みおでんの普及

煮込みおでんが生まれると、しだいに味噌おでんはマイナーになっていった。明治六年に東京深川の木場に生れた山本笑月は、

「おでん元来田楽の略、随つて味噌おでんが本当だが、いつの間にか煮込みに押されて明治末以来、坊間には姿をみせぬ。

〔明治〕三十年前後まで赤行灯の荷を担いで、「おでんやおでん」と下町を流して歩いたのはたいてい味噌のおでん、串にさした三角の蒟蒻・里芋の三つ差し、湯煮にしたのをさい箸で挟み出し、小さな瓶に仕込んだ味噌を刷毛でたつぷり塗つて呉れる。一本が五厘、往来で立喰ひ、淡白で風流な味、大人も子供も舌を鳴らした。尤も一方に煮込みのおでんも無論あつたが、〔明治〕二十年頃までは縁日に出るくらゐ、特に「煮込みおでん」と書いた行灯、屋台の真中に銅の大鍋が目立つた。

煮込みの方は大人向きに材料もいろいろ、といつても当時は蒟蒻、八つ頭、筋、、ちく輪の類、名の如くぐつぐつ煮込んだところに味がある。材料が締つて汁が十分に浸み込む、それへちよつと花鰹をかけて渡す。これもその後、担ぎ売りも出

ておひおひ煮込みの発展、明治の末には新橋・柳橋など花柳界の新道に進出、小綺麗な家台の定見世、燗酒も上酒を用意して粋客を迎へ、或はわざわざ丼を持たして買ひにやる御神灯の家々をお得意に毎夜の繁昌」

であったと、『明治世相百話』(昭和十一年)のなかで回想している。

清水晴風(嘉永四年~大正二年)の『世渡風俗図会』(明治時代)には「煮込売」が描かれていて、「にこみ売は昔のおでん屋の転じたるものにして、荷屋台等立派なること驚くほどなり。煮込とはこんにやく、麩、竹輪、がんもどき、八ツ頭芋の類也」とある(図108)。

煮込みおでんが生まれると、おでんといえば煮込みを意味するようになり、具材も蒟蒻に、はんぺん、すじ、麩、がんもどき、竹輪、八つ頭などが加わりレパートリーが豊富になった。

おでん燗酒として売られたいたおでんは、煮込みおでんに発展し、今ではコンビニで買ってきて晩酌の肴に出来るありがたい存在になっている。

図108　煮込売の屋台。「煮込」「にこみ」と書いた行灯が描かれている。
『世渡風俗図会』（明治時代）

第十章　長くなった夜の生活時間

一　木戸の廃止と明かりの進化

(一) 明治の町政改革による木戸の廃止

明治新政府が成立すると、長い間、江戸市民の夜間通行を妨げていた木戸が廃止された。新政府が旧幕府の町奉行所に代えて設置した市政裁判所は、明治元年六月四日に「町々地主町人」に対し江戸の町政改革を申し渡しているが、その中で、

「町々の木戸は類焼後再建しない所もあり、又は木戸があっても明地等があって取締りにならぬ有名無実のものもあるので、当分の内すべて〆切の刻限を廃止する。往来の障りになるものは取払い、木戸番等も地主共勝手次第取払い、番人を

減ずること」

と命じている（『市政裁判所始末』昭和三十四年）。類焼後再建しない木戸もあり、木戸があっても放置したままになっているところもあるので、木戸を閉め切る刻限を廃止する。通行の妨げになる木戸は取り払い、木戸番屋も地主の都合で取り払ってもよい、としている。

江戸市民は木戸に妨げられることなく、自由に行動できるようになった。一か月後の七月十七日には、明治天皇が江戸を東京と称する詔を発し、江戸は木戸のない東京に生まれ変った。

（二）石油ランプの出現

さらに、明治時代になると、照明器具（灯火具）の世界も大きく進化し、石油を灯火源に利用した石油ランプが出現した。

石油ランプの伝来とその後の受容について、『明治文化史』「生活編」（昭和三十一年）は、

「石油ランプの伝来はいつか明らかでないが、越後長岡の鈴木鉄蔵が横浜のスネールという外国人からこれを買って持ち帰り、点火したのが一八五九年（安政六年）で、これが越後におけるランプ使用の最初であると言われているから、多分開国とともに欧米各国から前後して入って来たものにちがいない。明治初期いち早く点燈されたランプは何れも皆高価な輸入品であった。しかし間もなく国産品も出て来たようで、明治七年の『郵便報知』（一月六日）に、

「近年紙張の行燈益衰へて玻璃燈《ランプ》日々に盛なり。然ども衆人洋製を愛して和製を愛せず。其原因たるや他なし。玻璃《ビードロ》の破砕し易きが故なり。（下略）」

の記事がある」

と石油ランプが点灯され始めた頃の様子を記している。

ここに示されているように、明治七年頃が従来の行灯に代わって石油ランプが普及していく時期だった。明治六年に出版された歌川芳藤画の「本朝伯来《ほんちようはくらい》戯《たわむれ》道具《どうぐ》くらべ」では、ランプと石炭油の壜が、行灯、八間、蠟燭を押さえつけ、ランプが「なんでも、おれのあかりを立てもらおうぜへ」と息巻いている。それに対し、行灯が「おらちや、昔から有明番のあんどんだ。それを何だ、今ぢや端の方へ押しつ

図109　行灯、八間、蠟燭を押さえつけるランプと石炭油の壜。灯火源の新旧交代が描かれている。「本朝伯来戯道具くらべ」（明治６年）

けて、ランプなんぞと名をつけて、座敷の真中にぶら下がり、少しはおれや蠟燭の前もあつたものだ。あんまり小馬鹿にしてもらうめへぜ」と抵抗している（図109）。

歌川芳藤は、行灯や蠟燭から石油ランプの明かりへと新旧交代していく様子を擬人化して描いている。石油は石炭油とある。

(三) 東京の夜を明るくした石油ランプ

明治十年（一八七七）に

来日したモースは、そのころの東京の夜の様子について、

「店といえば、その多くが晩の十時、或はその以後までも開いているのに気が付く。夜になると店全体が往来に溢れ出るらしく、何にしても往来の両側の建物の近くには（歩道がないので）木製品、金属製品、陶器、漆器、団扇、玩具、菓子その他を積み上げた筵がびっしり並び、それ等のすべては紙の燈心を持つ粗末な脂蠟から石油洋燈《ランプ》にいたる、各種の燈火で照らされている」

と記している（『日本その日その日』昭和四年）。

モースは、商店の多くが、夜遅くまで営業していて、夜間には店の前には筵を敷き、蠟燭や石油洋燈《ランプ》などを灯して商品を並べているのを目撃している。従来の明かりに石油ランプが加わり、東京の夜は一段と明るくなり、閉店時間も延長されている。

前述した山本笑月には、「ランプや瓦斯の光つた頃」と題した一文がある（『明治世相百話』「明治時代の街の灯」昭和十一年）。

「丸髷美人の前に朱塗の行灯、かうした浮世絵風俗がぼつぼつ開化の石油ランプに入れ代つたのは明治の十年前後、一般の普及は二十年代、その頃でも凝つた料理屋などは菊座の燭台、らふそくの火で飯を食ひ、手堅い商店では鉄網のかかつた大行灯で客扱ひ、時代後れが却つて奥床しい気もしたものだ」

山本笑月は、石油ランプが明治十年頃に従来の明かりと取って代わり、二十年代には広く普及したと述懐しているが、明治二十年代になると輸入品に頼っていた石油ランプは、国産品が主流を占めるようになった。『東京百事流行案内』（明治二十六年）の「ランプ類」には、「ランプの輸入減少と和製品の売行を記さんに、一両年来ランプの輸入頗《すこぶ》る減少し、殊に本年の如きは舶来品を取り扱ふこと極めて稀なりと。要するに本邦に於ける該製造法の発達したる為めならん。目下各店に於ける舶来品と称し販売するものは大抵和製品なりといふ」とあって、ランプの種類が載っている（図110）。

石油ランプは、ガラス業者によるランプ製造法の発達と相まって急速な普及をみせた。そして、ランプの灯のもとでの晩酌が始まり、堺利彦（枯川）の『家庭の和楽』（『家庭の新風味』五）（明治三十五年）には、

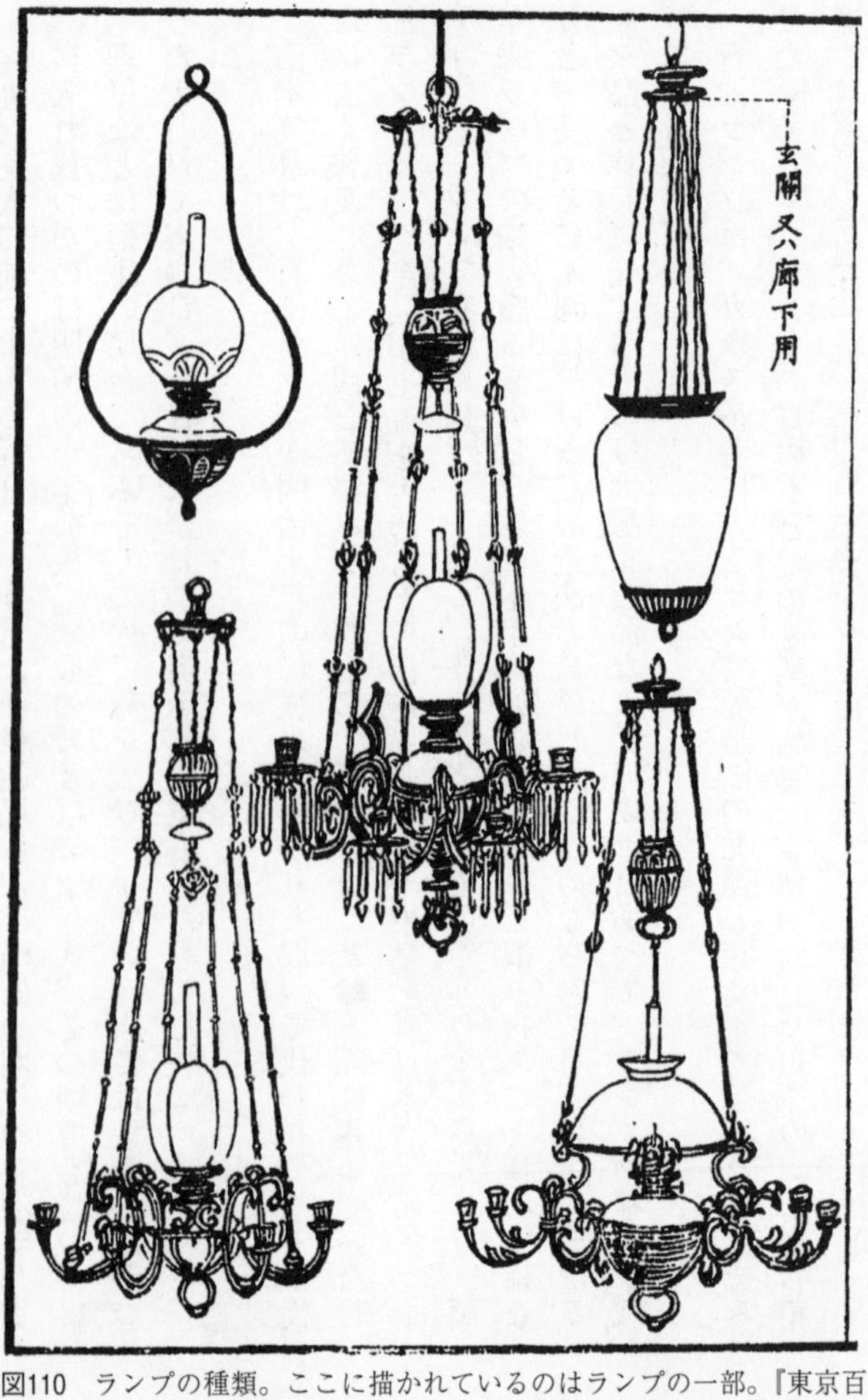

図110　ランプの種類。ここに描かれているのはランプの一部。『東京百事流行案内』（明治26年）

「夕飯の食卓は尤《もつと》も楽しき尤も賑《にぎや》かなる団欒《だんらん》である。おの〳〵異なりたる一日を過ごした事なれば、互ひに珍らしき話を交換する、互ひにその働きを労《ねぎら》ひあふ、互ひにその過ちのなかつた事を祝しあふ、酒もある、菓子もある、一日中で尤も御馳走がある。疲《つか》れた体と心とをそれに補《おぎな》つて、ランプの光を身に浴びて暖かき香りを身にしめて、外は真暗《まつくら》き闇の中に明るき、美しき此家、此室、限りなき安心と満足とが何れもの胸に浮ぶ」

とあって、ランプの光のもとで一家団欒しながら晩酌を愉しむ時代が訪れていた。

二　晩酌という言葉が広まる

(一)　国語辞典に晩酌の語

木戸が廃止され、石油ランプが灯り、日本人の生活スタイルは大きく変化した。人々は夜遅くまで起きているようになり、晩酌は寝酒と区別されるようになった。明治二十二年から二十四年にかけて出版された大槻文彦編の『言海』には「寐酒寐ル際ニ酒ヲ飲ムコト」と出ているが、ここにはまだ「晩酌」の語はみられない。それが大正八年発行の上田万年・松井簡治著『大日本国語辞典』になると、

○「ばんしゃく　晩酌　晩餐の時に酒を飲むこと」

○「ねざけ　寐酒（名）寐る時に飲む酒」

と晩酌と寝酒は区別されて載っている。同書には、「晩餐」は「ゆふめし。ばんめし。夜食。晩食」とあるので、晩酌は、「家庭で晩の食事の時に酒をのむこと」（『広辞苑』）を意味している。

この頃には、晩酌と寝酒は別の意味合いを持つようになっているが、小説の世界では、明治の終わりころに晩酌の語がよく使われるようになっている。

（二）晩酌をテーマにした小説の出現

徳田秋声は、明治四十二年に『晩酌』という題で短編を書いている。

「晩飯前から初《はじ》まつた、父親利平《おやぢりへい》の酒は、容易にお終《しまい》になりさうに見えぬ。利平

は今茲《ことし》五十七だが、まだ其様《そんな》に更《ふ》けては見えぬ」

に始まる文章は、利平の晩酌の様子へと話が進み、

「利平は、時々憶出《おもひだ》したやうに、チビリ〳〵と酒を飲んでゐる。格別美《うま》さうにも見えぬが、それでもう、二本も空《から》にしたのである。／小《ちひさ》い食卓の上には、塩辛に鮭の切味がある。野菜の煮物を盛つた、藍色の丼もある。利平は時々塩辛を些少《ぽっちり》づゝ、長い舌の先に載せて、而《さう》して又几帳面に箸を両手で揃へて、静に食卓の端に置く」

と、主人公の利平が塩辛、鮭の切身、野菜の煮物を肴に晩酌をしている。酒の肴は江戸時代の延長線上にある。

利平は、六畳間で酒を飲んでいるが、その奥は仕事場になっていて、利平の息子と細君、それに「下職二人《とも》」が洋服の仕立ての仕事をしている。「仕事場には、ランプが赫々《かん〳〵》と二つまで点《とも》れてゐた」とあって、明るい石油ランプの下で、仕立てが行なわれている。利平が晩酌をしている部屋には、どんな明かりが灯されていたか

記されていないが、状況からして仕事場と同じようにランプが灯されていたのであろう。

ランプの灯のもとで、晩酌をする人、仕事をする人がいて、それぞれの夜を過ごしている。

三　漱石の作品にみる晩酌

(一)『吾輩は猫である』にみる晩酌

夏目漱石の作品には「晩酌」がよく登場する。まず、処女作の『吾輩は猫である』(第二話、明治三十八年・一九〇五)では、猫の主人が晩酌をしている(図111)。

主人公の猫の主人(苦沙弥先生)は、日記をつけているが、ある日の日記に「神田の某亭で晩餐を食ふ。久し振りで正宗を二三杯飲んだら、今朝胃の具合が大変いゝ。胃弱には晩酌が一番だと思ふ。タカチヤスターゼは無論いかん。誰が何と云つても駄目だ。どうしたつて利かないものは利かないのだ」と書きつけているのを見た猫が、「無暗にタカチヤスターゼを攻撃する。独りで喧嘩をして居る様だ」と批判している。日記には、そのあとに「余は年来の胃弱を直す為に出来得る限りの方法を講じて見たが凡《すべ》て駄目である。只昨夜寒月（苦沙弥先生の教え子）と傾けた三杯の正宗は慥《たし》かに効目《ききめ》がある。是からは毎晩二三杯宛《ずつ》飲む事に仕様」と書きつけているが、これに対しても猫は、「これも決して長く続く事はあるまい」「今夜から晩酌を始める抔《など》といふのは一寸滑稽だ」とつぶやいている。

ちなみに、タカヂヤスターゼは、高峰譲吉が明治二十七年（一八九四）に麴菌から消化酵素「ジアスターゼ」を抽出し、それに自分の名前の「高」をつけて、商品化した消化剤の商品名である。

図111　初版本の挿絵。『吾輩ハ猫デアル』上（明治38年）

漱石は若い時から胃の持病があったという。自分の体質をダブらせながら、主人に「胃弱には晩酌が一番」「毎晩二三杯宛《ずつ》飲む事に仕様《しよう》」といわせているが、「毎晩二三杯」とは、猪口で二三杯を意味している。「第七話」には、「洗湯《せんとう》」から帰ってきた苦沙弥先生が夕食を食べている場面が描かれているが、「今夜に限って酒を無暗《むやみ》にのむ。平生《へいぜい》なら猪口に二杯ときめて居るのを、もう四杯飲んだ。二杯でも随分赤くなる所を倍《ばい》飲んだのだから顔が焼火箸《やけひばし》の様にほてつて、さも苦しさうだ。夫《それ》でもまだ已《や》めない」と猫が語っている。

本書の序章で、江戸時代を代表する作家・山東京伝は、『鬼殺心角樽』（寛政八年・一七九六）において、「寝酒《ねざけ》には小さな猪口《ちょく》で八分目ぐらい呑んでゐれば、至極《しごく》体のために薬となるなり」と「寝酒」の効用を説いていた。漱石は苦沙弥先生に、猪口で二三杯程度に飲む晩酌の効用を語らせている。

猪口で少し飲む程度の「寝酒」の効果が、百余年の歳月を経て、「晩酌」と呼び名を変えて、近代を代表する作家に受け継がれている。

（二）『創作家の態度』にみる晩酌

漱石は、講演会においても晩酌の語を口にしている。明治四十一年二月十五日に青年会館において行なった講演で、

「時々酒問屋の前抔《など》を御通りになると、〈中略〉番頭さんが、孤被《こもかぶ》りの飲口《のみぐち》をゆ

るめて、樽の中から僅許《わずかばか》りの酒を、勿体なさうに猪口に受けて舌の先へ持つて行く所を御覧になる事があるでせう。商賈柄丈《がらだけ》に旨い事をするなと見て居ると、酒の雫《しずく》が舌へ触《さわ》るか、触らないうちにぷつと吐いて仕舞ひます。さうして次の樽から又同じ様に受けて、同じ様に舌の先へ落しては、次へ次へと移つて行きます。けれども何遍同じ事を繰り返しても決して飲まない。飲んだら好ささうなものですが、悉《ことごと》く吐き出して仕舞ひます。そこで今度は同じ番頭が店から家《うち》へ帰つて、神さんと御取膳《おとりぜん》か何かで、晩酌をやる。すると今度は飲みますね。決して吐き出しません。ことによると飲み足りないで、もう一本なんて、赤い手で徳久利を握つて、細君の眼の前へぶらつかせる事があるかも知れません。「御店《おたな》で舐《な》めた酒と、長火鉢の傍《わき》でぐび〳〵遣《や》つた酒とは」味わい方が異なるからで、「酒の味を利用して酒の性質を知らうと云ふのが番頭の仕事で、酒の味を旨がつて、口舌の満足を得ると云ふのが晩酌の状態」

と論じている（『創作家の態度』明治四十一年）。

漱石は、家庭でくつろぎながら、酒の味を味わい、口舌の満足を得るのが晩酌、とその意義を説いている。

(三)『門』にみる晩酌

漱石は女性の晩酌についても触れている。『三四郎』『それから』に続く、前期三部作最後の作品『門』(明治四十三年)には、「酒の好きな質で、今でも少しづゝは晩酌を遣《や》る所為《せい》か、色沢《いろつや》もよく、でつぷり肥《ふと》つてゐるから、年よりは余程若く見える」主人公野中宗助の叔母が登場する。この叔母は、夫が急逝してしまうが、その一年後にはひとり息子が大学を卒業し、「同じ科の出身で、小規模ながら専有の工場を月島《つきじま》辺に建てゝ、独立の経営をやつてゐる先輩に出逢つたのが縁となつて、其先輩と相談の上、自分も幾分かの資本を注《つ》ぎ込んで、一所に仕事をして見様といふ考に」なって、そこで働いている。まだ働き出したばかりで、息子の援助を受けられる状況にないが、叔母は「たつた一人《ひとり》の男の子を生んで、その男の子が順当に育つて、立派な学士になつたればこそ、叔父が死んだ今日《こんにち》でも、何不足のない顔をして、腮《あご》などは二重《ふたへ》に見える位に豊《ゆたか》な」容貌をし、晩酌を愉しんでいる。

式亭三馬の『浮世風呂』二編巻之上(文化六年・一八〇九)「女中湯の巻」で、登場人物の「とり」が、風呂屋で出会った「さる」に、「嫁に行口《いくくち》があらばおばさん、仲人して呉《くん》なよ。鬼も六十今が婆盛《ばゞあざか》りだ」「死《しん》だ先がどう知れるものか。寐酒の一《いつ》盃《ぺへ》ヅ、も呑んで、快《こゝろよ》く寐るのが極楽よ」といっていたのが思い出される。「おばさん、仲人して呉《くん》なよ」といっているので、「とり」も夫に先立たれている。
「とり」は、孝行息子のおかげで寝酒が飲め、野中宗助の叔母は亡き夫の遺産で晩酌が飲める、といった違いはあるが、老後の未亡人が、晩酌を愉しみながら余生を送っているようすが漱石の作品に受け継がれている。

(四)『行人』にみる晩酌

『行人』(大正元〜二年)は、主人公・長野二郎が母方の遠縁に当たる大阪在住の岡田を訪ねるところから物語が始まる。訪れたのは夏の暑い盛りだった。二郎は岡田の家に着くと、岡田と二人で夕飯前に岡の上を散歩するが、散歩から帰ると「晩飯」の用意が出来ていた。

「宅《うち》へ帰ると食卓の上に刺身だの吸物だのが綺麗に並んで二人を待つてゐた。お兼さん〔岡田の細君〕は薄化粧をして二人のお酌をした。時時《ときどき》は団扇《うちは》を持つて自分を扇《あふ》いで呉《く》れた。自分は其風が横顔に当るたびに、お兼さんの白粉《おしろい》の匂を微かに感じた。さうして夫《それ》が麦酒《ビール》や山葵《わさび》の香よりも人間らしい好《い》い匂の様に思はれた。

「岡田君は何時《いつ》も斯《か》うやつて晩酌を遣《や》るんですか」と自分はお兼さんに聞いた。お兼さんは微笑しながら、「どうも後引上戸《あとひきじやうご》で困ります」と答へてわざと夫《をつと》の方を見遣《みや》つた。夫は、「なに後が引ける程飲ませやしないやね」と云つて、傍《そば》にある団扇を取つて、急に胸のあたりをはた〳〵いはせた」

食卓の上には刺身や吸物などの酒の肴が並べられ、ビールが用意されている。ビールは明治初期から国内での生産が始まり、「明治三十年代は、ビールの消費が庶民的なひろがりをもち始めた時代」になったが、「大正時代は裕福な家庭でも、晩酌は日本酒が普通であった。だいいちビールは日本酒に比べて割高であった。ビールを来客に出すのも格別の御馳走であった」という（『ビールと日本人』昭和五十九年）。

従って、この日は夏の暑い盛りで、遠来の客をもてなすために、特別にビールが用意されたのかもしれないが、二郎が「岡田君は何時も斯《か》うやつて晩酌を遣《や》るんですか」とお兼さんに尋ねると、お兼さんは「どうも後引上戸《あとひきじやうご》で困ります」と答えている。岡田は高等商業を卒業して、保険会社に勤務するエリートサラリーマンである。サラリーマンが一日の仕事を終えて、ビールで晩酌、という時代がはじまって

図112　井戸で冷やすビール。ビールは落ちないように紐で結ばれている。『一平全集』第７巻（昭和４年）

図113　衣紋竹でビールを引き寄せる亭主。亭主の前には晩酌セットが並べられている。『一平全集』第12巻（昭和5年）

いたのではなかろうか。

ただし、この頃にはビールは冷蔵庫で冷やされてなかった。国産品の電気冷蔵庫が出現したのは昭和五年のことなので、二郎が飲んだのは井戸で冷やされたビールであろう。『ビールと日本人』には「明治も大正も、ビールのための手近な冷蔵庫は井戸であった。ビールに限らず西瓜や麦茶を井戸に吊下げるのが庶民の冷し方であった」とある。

昭和四年に出版された岡本一平の『一平全集』第七巻「夏の即興十二題／夕涼」には、井戸にビールを冷す場面が描かれ、「夫「オット、ビールなら僕が冷してやらう」　妻「ホ、、。お怠《なま》け先生もこういふ事なら実に機敏に働くのね」」といった会話が夫婦で交わされている（図112）。

それでも晩酌にビール党は増えていったようで、『一平全集』十二巻（昭和五年）「夏秋合戦」では、晩酌にビールを二本飲んでしまった亭主が、もう一本飲みたくて、妻が後ろに隠してしまったビールをそっと衣紋竹で引寄せている（図113）。

四　育まれてきた晩酌文化

（一）晩酌を愉しんだ江戸っ子

テレビもラジオもスマホもない江戸時代。江戸の庶民が一日一所懸命に働いて、家に帰って限られた時間のなかで飲む酒は今日のわれわれ以上に大きな意味合いを持っていたにちがいない。そして、一所懸命に働きさえすれば、酒は買えたし、肴は手に入った。

池波正太郎は『梅安料理ごよみ』（昭和五十九年）において、「梅安の時代の庶民の楽しみはね、一日一所懸命に働いて、家に帰って酒の一本も飲めたらもう極楽。ああ、ありがたいといってね。これだけ働いて酒一本飲んでありがたいと。それでもう充分なんだ。だから謙虚なんだよ。本当に」と江戸庶民の晩酌の愉しみについて語っている。

(二) 電灯の灯る夜の生活

明治時代になると、石油ランプに次いで、明治五年には横浜市内に、次いで明治八年には東京市内にガス灯が点灯された。さらに、ガス灯に次いで、明治二十年には東京市内に電灯が点火した。

電灯が供給されるようになっても、一般の家庭に普及するには時間を要し、「電灯の普及率（全世帯数に対する電灯需要家数の割合）は大正元年には一六パーセントであったが、十年後の大正十一年には七〇パーセントに増加し、更に十年後の昭和七年には九〇パーセント以上に」普及していった（『通信事業史』第六巻　昭和十六年）。

谷崎潤一郎は、『陰翳礼讃《いんえいらいさん》』（昭和八〜九年）の中で、

「先年、武林無想庵が巴里《パリ》から帰って来ての話に、欧洲の都市に比べると東京や大阪の夜は格段に明るい。巴里などではシャンゼリゼエの真ん中でもランプを灯す家があるのに、日本ではよほど辺鄙な山奥へでも行かなければそんな家は一軒もない。恐らく世界じゅうで電灯を贅沢に使っている国は、亜米利加《アメリカ》と日本であろう。日本は何でも亜米利加の真似をしたがる国だと云うことであった。無想庵

の話は今から四五年も前、まだネオンサインなどの流行《はや》り出さない頃であったから、今度彼が帰って来たらいよ〳〵明るくなっているのにさぞかし吃驚《びっくり》するであろう」

と武林無想庵（小説家、翻訳家）の談話を載せて、東京や大阪の夜の明るさについて語っている。谷崎が『陰翳礼讃』を書いたのは昭和八年から九年にかけてのことなので、無想庵の話は昭和三、四年ころの日本の明るさである。この時点でも、無想庵は「世界じゅうで電灯を贅沢に使っている国は、亜米利加《アメリカ》と日本であろう」と評しているが、それから四、五年後の日本はさらに明るくなっていて、谷崎は「今度彼が帰って来たらいよ〳〵明るくなっているのにさぞかし吃驚《びっくり》するであろう」といっている。この頃には、電灯の普及率が九〇パーセント以上に達していたからである。

(三) 江戸時代に花開いた晩酌文化

日本の夜は一段と明るくなり、夜の生活を大いにエンジョイすることが出来るようになった。

江戸の人は明るさの制約を受けたが、それでも限られた時間のなかで晩酌を愉しんでいた。

現在の我々はやっと新型コロナの制約から解除され、かつての生活を取り戻しつつあるが、コロナ禍の出口が見えたわけではない。我々の生活はいまだにコロナ禍の影響を受けていて、外で飲むことに不安を感じている。しかし、我々には、万葉の昔に生まれ、江戸時代に花開いて培われてきた晩酌文化がある。

今は屋台店から酒の肴を買うことは出来ないが、コンビニは一晩中開いていて、酒の肴を手に入れることが出来る。コンビニではおでんも売っている。スーパーマーケットでは刺身や総菜が買える。総菜を売る専門店もある。仕出し屋に代わって、フードデリバリーサービスを利用することも出来る。

晩酌に飲む酒の種類も、江戸時代には限られていたが、今は清酒、焼酎、ビール、ウイスキー、ワイン、発泡酒、チューハイなど多彩になっている。

先人たちが育んできた晩酌文化に思いを馳せて、晩酌を愉しむ生活を送ってみてはいかがでしょうか。

おわりに

二〇一九年九月に『天丼　かつ丼　牛丼　うな丼　親子丼――日本五大どんぶりの誕生』という本をちくま学芸文庫から出版した。ひと仕事を終えて、引き続き本書の執筆にとりかかったとたんにコロナ禍に見舞われてしまった。

二〇二〇年一月十五日に国内で初めて感染者が確認されてから、新型コロナウイルスの感染症法上の分類が5類に引き下げられた二〇二三年五月八日までの三年四か月間、われわれは我慢の生活を強いられてきた。

ちょうどこの期間に「家飲み」が盛んになってきたので、家飲み――江戸流に言うなら内呑み――の歴史をたどり、巣ごもり中の読者のみなさんに酒の肴に話題を提供しようと、本書の執筆を行なってきたのだが、国会図書館や大学の図書館の利用はままならなく、人との接触も制約されて意見を聞く機会もほとんど得られず、筆は思うように運ばなかった。

それでも、なんとか本書の原稿を書き上げることが出来たのは、一日の終わりに江戸の晩酌文化に思いを寄せながら晩酌を愉しんで明日への活力が得られたからだ。

そして、江戸の晩酌文化を解き明かしていくにつれ、その日暮らしの長屋住まいの人でも、一日の終わりに晩酌を愉しんでいたことを突き止めることが出来たが、なかでも、羨ましかったのは、晩酌の肴の入手方法だった。江戸っ子は晩酌の肴を屋台店から買い、刺身屋や煮染屋などからテイクアウトすることも出来た。長屋の近くには、酒の肴になるようなさまざまな食べ物売りが巡ってきたし、予算が許せば、料理屋や仕出し屋から一流の料理を出前してもらうことも出来た。

江戸の四大名物食のすし、天ぷら、蕎麦、うなぎも晩酌の肴にすることが可能だった。すし・うなぎは出前をしてもらえたし、テイクアウトすることも出来たが、すし売りや蒲焼売りが町を巡っていた。蕎麦は出前してもらえ、天ぷらは屋台店で揚げたてが買えた。

本書ではこうした晩酌文化を知ってもらうために文献を多数引用して晩酌の歴史について話を進めたが、引用文献を読みやすいように書き改めたりしたので、原文に当たることができるように巻末に「参考史料・文献一覧」を掲げておいた。本書が日本の晩酌文化探求の一助になれば幸甚である。

本書の出版にあたっては、先に出版した『居酒屋の誕生』『すし 天ぷら 蕎麦 うなぎ』『天丼 かつ丼 牛丼 うな丼 親子丼』（すべて、ちくま学芸文庫）と同じく、藤岡泰介氏が編集に携わってくれたが、コロナ禍のなかで、外部との接触がままならないなかで、絶えず助言や励ましの言葉をかけてくださり、執筆活動を励ましていただいた。その上、多用した挿絵についても適切にレイアウトして、本書が視覚的にも楽しめるように仕上げていただいた。本書がこのように日の目を見ることができたのはひとえに藤岡氏のご尽力の賜物である。この場を借りて厚く御礼申し上げたい。そして本書を読んでくださった読者のみなさんの晩酌の時間がより豊かなものになりますように！

二〇二三年六月

飯野亮一

参考資料・文献一覧

『明烏後正夢』二篇　南仙笑楚満人・滝亭鯉丈　文政七年　『人情本刊行会』一　大正四年
『飛鳥川』柴村盛方　文化七年　『日本随筆大成』第二期10　吉川弘文館　昭和四十九年
『吾妻鏡』治承四年～文永三年　名著刊行会　昭和五十一年
『頭てん天口有』大田南畝　天明四年　都立中央図書館蔵
『的中地本問屋』十返舎一九　享和二年　国立国会図書館蔵
『彙軌本紀』島田金谷　天明四年　『洒落本大成』十二　中央公論社　昭和五十六年
『居酒屋の誕生』飯野亮一　ちくま学芸文庫　平成二十六年
『一話一言』四一　大田南畝　文化十四年　『大田南畝全集』十四　岩波書店　平成十二年
『一盃綺言』式亭三馬　文化九年　国立国会図書館蔵
『一平全集』岡本一平　第七巻　昭和四年、第十二巻　昭和五年　先進社　国立国会図書館蔵
『いつを昔』宝井其角　元禄三年　『宝井其角全集』編著篇　勉誠社　平成六年
『今様職人尽百人一首』近藤清春　享保十四年頃　『どうけ百人一首三部作』太平書屋　昭和六十年
『色葉字類抄』橘忠兼　治承元年～五年頃　育徳財団　大正十五年　国立国会図書館蔵
『陰翳礼讃』谷崎潤一郎　昭和八年～九年　中公文庫　令和二年
『魚鑑』武井周作　天保二年　『生活の古典双書』18　八坂書房　昭和五十三年
『浮世床』式亭三馬　文化十～十一年　有朋堂文庫　昭和二年　国立国会図書館蔵
『浮世の北』可吟編　元禄九年　『宝井其角全集』資料篇　勉誠社　平成六年
『浮世風呂』式亭三馬　文化六～十年　西村源六等（明治十七年）　金桜堂等（明治四十一年）　国立国会図書館蔵

『浮世風呂―江戸の銭湯』神保五弥　毎日新聞社　昭和五十二年
『宇下人言』松平定信　寛政五年頃　『宇下人言・修行録』岩波文庫　平成八年
『絵入柳樽』七編　積翠道人　弘化三年　『絵入柳樽』冨山房　昭和四年
『江戸買物独案内』中川五郎左衛門編　文政七年　国立国会図書館蔵
『江戸久居計』岳亭春信作・歌川芳幾画　文久元年　国立国会図書館蔵
「江戸五高昇薫」嘉永五年　都立中央図書館蔵
『江戸時代の孝行者』菅野則子　吉川弘文館　平成二十三年
『江戸自慢』原田某　安政年間頃　『未刊随筆百種』八　中央公論社　昭和五十二年
『江戸砂子』菊岡沾凉　享保十七年　小池章太郎編　東京堂出版　昭和五十一年
『江戸の食』石川寛子編著　弘学出版　平成六年
『江戸の町かど』伊藤好一　平凡社　昭和六十二年
『江戸繁昌記』三篇　寺門静軒　天保五年　『新日本古典文学大系』100　岩波書店　平成三年
『江戸弁慶』池西言水編　延宝八年　『芭蕉以前俳諧集』博文館　明治三十年　国立国会図書館蔵
『江戸方角安見図』延宝八年　国立国会図書館蔵
『江戸町触集成』一～十九　近世史料研究会編　塙書房　平成六年～十五年
『江戸名所記』浅井了意　寛文二年　国立国会図書館蔵
『江戸料理事典』松下幸子　柏書房　平成八年
『犬子集』松江重頼編　寛永十年　『新日本古典文学大系』69　岩波書店　平成三年
『絵本江戸爵』朱楽菅江作・喜多川歌麿画　天明六年　『近世日本風俗絵本集成』臨川書店　昭和五十四年
『絵本江戸土産』西村重長画　宝暦三年　国立国会図書館蔵
『絵本風俗往来』菊池貴一郎　東陽堂　明治三十八年　国立国会図書館蔵　青蛙房　昭和五十年
『絵本物見岡』関清長画　天明五年　国立国会図書館蔵

『宴曲集』永仁四年頃　『日本古典文学大系』44　岩波書店　昭和三十四年
『延命養談数』桜川慈悲成　天保四年　国立国会図書館蔵
『黄金水大尽盃』十六　二世為永春水作・歌川芳幾画　元治二年　都立中央図書館蔵
『大江戸庶民事情』石川英輔　講談社文庫　平成十年
『大伴旅人』鉄野昌弘　吉川弘文館　令和三年
『教草女房形気』山東京山作・二世歌川豊国画　弘化三年～慶応元年　国立国会図書館蔵
『鬼殺心角樽』山東京伝　寛政八年　国立国会図書館蔵
『御触書寛保集成』高柳眞三・石井良助編　岩波書店　昭和三十三年
『親子草』喜田有順　寛政九年　『新燕石十種』一　中央公論社　昭和五十五年
『貝原益軒』入沢宗寿　『日本教育先哲叢書』八　文京書院　昭和十八年　国立国会図書館蔵
『海録』山崎美成　文政三年～天保八年　国書刊行会　大正四年　国立国会図書館蔵
『河岸の魚』町山清　国際商業出版　昭和五十四年
『家庭の和楽』（『家庭の新風味』五）　堺利彦（枯川）　言文社　明治三十五年　国立国会図書館蔵
『家内安全集』十返舎一九作・春川英笑画　文政十二年　国立国会図書館蔵
『鎌倉幕府法』佐藤・池内編　『中世法制史料集』一　岩波書店　昭和三十年
『歌羅衣』三篇　丹頂斎一声編　天保七年　『徳川文芸類聚』11　国書刊行会　昭和六十二年
『軽口瓢金苗』如毫編　延享四年　『日本小咄集成』上　筑摩書房　昭和四十六年
『川傍柳』初代川柳撰評　安永九年　『川柳雑俳集』日本名著全集刊行会　昭和二年
『閑情末摘花』初編　松永金水作・歌川貞重画　天保十年　『人情本集』日本名著全集刊行会　昭和三年
『漢書食貨志』建初年間　七六年～八三年　『史記平準書・漢書食貨志』岩波文庫　昭和十七年
「其角肖像真蹟」渡辺崋山画　国立国会図書館蔵
『聞童子』不知足山人　安永四年　『江戸小咄集』東洋文庫　平凡社　昭和四十六年

『菊寿童霞盃』山東京山　文政十年　国立国会図書館蔵
『菊廼井草紙』巻之三　為永春水　文政八年　国立国会図書館蔵
『競腰業平形』桜川慈悲成作・歌川豊国画　寛政十三年　国立国会図書館蔵
『旧観帖』三編　感和亭鬼武　文化六年　『滑稽本集』一　国書刊行会　平成二年
『嬉遊笑覧』喜多村筠庭　文政十三年　岩波文庫　平成二十一年
『教訓差出口』伊藤単朴　宝暦十二年　『談義本集』一（古典文庫）　平成六年
『教訓乳母草紙』二篇上　山東京山　嘉永五年　昭和女子大学近代文化研究所　平成十八年
『玉露叢』林鵞峯　延宝二年　『江戸時代史料叢書』人物往来社　昭和四十二年
『錦江評万句合』錦江　明和二年　『未刊雑俳資料』四八　鈴木勝忠　昭和四十五年　国立国会図書館蔵
『近世後期における主要物価の動態』三井文庫編　東京大学出版会　昭和六十四年
『近世職人尽絵詞』鍬形蕙斎　文化二年　『近世風俗図巻』三　毎日新聞社　昭和四十九年
『樟紀流花見幕張』河竹黙阿弥　『黙阿弥脚本集』八　春陽堂　大正九年　国立国会図書館蔵
『経済要録』佐藤信淵　文政十年　『経済要録』岩波文庫　昭和三年
『毛吹草』松江重頼　寛永十五年　『毛吹草』岩波文庫　昭和六十三年
『言海』大槻文彦編　明治二十二年〜二十四年　大槻文彦出版　国立国会図書館蔵
『賢愚湊銭湯新話』山東京伝　享和二年　国立国会図書館蔵
『鯉池全盛噺』雲楽山人　天明二年　『洒落本大成』十一　中央公論社　昭和五十六年
『恋の花染』松亭金水　天保四年　国立国会図書館蔵
『甲駅雪折笹』酒艶堂一酔　享和三年　『洒落本大成』二十二　中央公論社　昭和五十九年
『孝義録』享和元年　国立国会図書館蔵
『行人』夏目漱石　大正二年〜三年　『漱石全集』八　岩波書店　平成二十九年
『皇都午睡』西沢一鳳　嘉永三年　初編（新群書類従本）　国書刊行会　明治三十九年

三編　我自刊我本　明治十六年　国立国会図書館蔵　国書刊行会本
『洪福水揚帳』十返舎一九作・喜多川月麿画　文化十年　国立国会図書館蔵
『吾吟我集』石田未得　慶安二年　『狂文狂歌集』日本名著全集刊行会　昭和四年
『苔翁評万句合』明和二年　『未刊雑俳資料』四十八　昭和四十五年　国立国会図書館蔵
『古今百馬鹿』式亭三馬　文化十一年　国立国会図書館蔵
『古酒新酒』坂口謹一郎　講談社　昭和四十九年
『国花万葉記』菊本賀保　元禄十年　『古板地誌叢書』四　すみや書房　昭和四十六年
『御府内備考』文政十二年　『大日本地誌大系』（『御府内備考』一〜五）雄山閣　昭和四年〜六年
『古文真宝前集』簡野道明　明治書院　昭和十五年
『細撰記』嘉永六年　『江戸明治流行細見記』太平書屋　平成六年
『搾油濫觴』衢重兵衛　文化七年　『日本植物油脂』丸善　大正五年　国立国会図書館蔵
『酒が語る日本史』和歌森太郎　河出書房新社　昭和四十六年
『貞順故実聞書条々』伊勢貞順　天文年間頃　鹿児島大学付属図書館蔵
『三人吉三廓初買』二世河竹新七（黙阿弥）安政七年初演　『新潮日本古典全集』65　新潮社　昭和五十九年
『自娯集』貝原益軒　正徳五年　『益軒全集』二　益軒全集刊行部　明治四十四年
『四時交加』山東京伝　寛政十年　国立国会図書館蔵
『四十八癖』式亭三馬　文化九年〜十五年　国立国会図書館蔵
『市政裁判所始末』東京都　『都市紀要』六　昭和三十四年
『市中取締類集』町触申渡之部　旧幕府引継書　国立国会図書館蔵
『十訓抄』建長四年　享保六年版　国立公文書館蔵　『新編日本古典文学全集』51　小学館　平成二十五年
『四天王産湯玉川』鶴屋南北　文政元年　『脚本傑作集』下　博文館　明治三十五年

『持統天皇歌軍法』近松門左衛門　正徳五年初演　『近松全集』八　岩波書店　昭和六十三年
『自遊従座位』猪尾庵眠鼠　安永九年　都立中央図書館蔵
『春色英対暖語』為永春水　天保八年　国立国会図書館蔵
『春色淀の曙』初篇　松亭金水　刊年未詳　『人情本刊行会』八　大正十八年
『松染情史秋七草』滝沢馬琴作・歌川豊広画　文化六年　国立国会図書館蔵
『串戯しつこなし』後編　十返舎一九　文化三年　国立国会図書館蔵
『正宝事録』町名主某編纂　正保五年～宝暦五年　国立国会図書館蔵
『蕉門俳諧前集』勝峰晋風編　『日本俳書大系』二　春秋社　昭和九年　国立国会図書館蔵
『続日本紀』延暦十六年　『新 日本古典文学大系』13　岩波書店　平成二年
『壬申掌記』大田南畝　文化八年　『大田南畝全集』九　岩波書店　昭和六十二年
『新編大言海』大槻文彦　冨山房　昭和三十一年
『新編柳多留』天保十二年～嘉永三年　太平書屋　昭和六十二年
『人養問答』芝田祐祥　正徳五年　『日本衛生文庫』五　教育新潮研究会　大正六年　国立国会図書館蔵
『粋のたもと』くだかけのまだき　安永九年　『洒落本大成』九　中央公論社　昭和五十五年
『住吉みやげ』来山・交流点　宝永五年　『元禄上方雑俳集』（『雑俳集成』一）東洋書院　昭和六十一年
『静軒痴談』寺門静軒　幕末頃　『日本随筆大成』第二期20　吉川弘文館　昭和四十九年
『政談』荻生徂徠　享保十七年頃　岩波文庫　平成九年
『製油録』大蔵永常　天保七年　国立国会図書館蔵
『世諺問答』一条兼良　天文十三年　『群書類従』28　続群書類従完成会　平成三年
『世事見聞録』武陽隠士　文化十三年頃　青蛙房　昭和五十六年
『前賢故実』菊池容斎　明治元年　国立国会図書館蔵
『洗湯手引草』向晦亭等琳　嘉永四年　国立国会図書館蔵

『撰要永久録』御触留　日本学術振興会　昭和十六年　国立国会図書館蔵
『川柳評万句合』柄井川柳撰　宝暦七年〜寛政元年　『川柳評万句合索引』川柳雑俳研究会　昭和六十三年〜平成五年
『創作家の態度』夏目漱石　明治四十一年　『漱石全集』十六　岩波書店　令和元年
『雑司ヶ谷紀行』十返舎一九　文政四年　『古典文庫』四三三　昭和五十七年
『続江戸砂子』菊岡沾凉　享保二十年　『江戸砂子』小池章太郎編　東京堂出版　昭和五十一年
『続虚栗』宝井其角　貞享四年　『蕉門俳諧前集』春秋社　昭和七年　国立国会図書館蔵
『そらをぼえ』萱園　明治十五年　国立国会図書館蔵　『新燕石十種』二　中央公論社　昭和五十六年
『大学笑句』教訓亭主人作・一筆庵主人画　天保年間　国立国会図書館蔵
『大抵御覧』朱楽菅江　安永八年　『徳川文芸類聚』5　国書刊行会　昭和六十二年
『大日本国語辞典』上田万年・松井簡治　金港堂書籍　大正八年　国立国会図書館蔵
『代夜待白女辻占』曲亭馬琴作・歌川国貞画　文政十三年　国立国会図書館蔵
『たから船』松葉軒編　元禄十六年　『元禄江戸雑俳集』(『雑俳集成』二)　東洋書院　昭和五十二年
『太宰春台』前沢淵月　崇山房　大正九年　国立国会図書館蔵
『譬喩尽並ニ古語名数』松葉軒東井編　天明六年　『たとへづくし』同朋舎　昭和五十四年
『玉柳』初代川柳撰　天明七年　『初代川柳選句集』下　岩波文庫　昭和三十五年
『太郎花』山東京伝　寛政年間　国立国会図書館蔵
『街能噂』平亭銀鶏作・歌川貞広画　天保六年　国立国会図書館蔵
『茶のこもち』渡辺僕編　安永三年　『安永期小咄本集』岩波文庫　昭和六十二年
『忠孝誌』天保年間　国立国会図書館蔵
『中世政治社会思想』上　『日本思想大系』21　岩波書店　昭和四十七年
『長恨歌』白楽天　八〇六年　『新修中国詩人選集』4　岩波書店　昭和五十八年

『長恨歌図抄』延宝五年　国立国会図書館蔵
『鳥獣戯画』甲巻　十二世紀後半　『日本の絵巻』6　中央公論社　昭和六十二年
『塵塚談』小川顕道　文化十一年　『燕石十種』一　中央公論社　昭和五十四年
『辻法印当初草紙』梅山人南北　文化十五年　国立国会図書館蔵
『徒然草』卜部（吉田）兼好　元弘元年頃　『新日本古典文学大系』39　岩波書店　平成元年
『逓信事業史』第六巻　逓信省　逓信協会　昭和十六年　国立国会図書館蔵
『出謗題無智哉論』初編　東里山人作・歌川国直画　文化元年　国立国会図書館蔵
『天明紀聞寛政紀聞』吉田重房　寛政十一年頃　『未刊随筆百種』二　中央公論社　昭和五十一年
『東雅』新井白石　享保二年　吉川半七　明治三十六年
『東京市史稿』東京市役所・東京都　変災篇第五　大正六年　市街篇三四　昭和十四年　市街篇四三　昭和三十一年　産業篇七　昭和三十五年　産業篇三六　平成四年　産業篇四〇　平成八年
『東京百事流行案内』大川新吉編纂　聚栄堂　明治二十六年　国立国会図書館蔵
『頭書徒然草絵抄』元禄三年　国立国会図書館蔵
「東都高名会席尽」歌川豊国・歌川広重画　嘉永五年～六年　国立国会図書館蔵
『豆腐百珍』醒狂道人何必醇　天明二年　『江戸時代料理本集成』五　臨川書店　昭和五十五年
「東海道風景図会」一立斎広重（歌川広重初世）画　出版年不詳　国立国会図書館蔵
「東都隅田川両岸一覧」鶴岡盧水画　天明元年　国立国会図書館蔵
『徳川禁令考』前集第五　石井良助編　創文社　昭和三十四年
『土地万両』見笑　安永六年　都立中央図書館蔵
『独考論』滝沢馬琴　文政二年　『新燕石十種』三　中央公論社　昭和五十六年
『富岡恋山開』初世並木五瓶　寛政十年初演　『脚本傑作集』下（続帝国文庫）博文館　明治三十五年
『鳥の町』来風山人　安永五年　『安永期小咄本集』岩波文庫　昭和六十二年

『中洲雀』道楽散人無玉　安永六年『洒落本大成』七　中央公論社　昭和五十五年
『七癖上戸』式亭三馬　文化七年『式亭三馬集』(『叢書江戸文庫』20)国書刊行会　平成四年
『浪華の風』久須美祐雋　安政三年『日本随筆大成』第三期5　吉川弘文館　昭和五十二年
『南史』六四九年〜六八三年　崇禎十三年(一六四〇)中国版　国立国会図書館蔵
『錦の袋』白応評　享保年間『享保江戸雑俳集』(『雑俳集成』四)東洋書院　昭和六十二年
「二十四好今様美人」豊国老人(三代歌川豊国)文久三年　国立国会図書館蔵
『日欧文化比較』ルイス・フロイス　天正十三年『大航海時代叢書』XI　岩波書店　昭和四十年
「日用倹約料理仕方角力番附」天保年間頃　都立中央図書館蔵
『日葡辞書』日本イエズス会宣教師編纂　慶長八年『邦訳日葡辞書』土井忠生他編訳　岩波書店　昭和五十五年
『日本教会史』上　ロドリーゲス　元和八年頃『大航海時代叢書』IX　岩波書店　昭和四十二年
『日本酒』秋山裕一　岩波新書　平成六年
『日本その日その日』1　E・S・モース　一九一七年　石川欣一訳『東洋文庫』171　平凡社　昭和四十五年
『日本の酒』坂口謹一郎　岩波新書　昭和三十九年
『年々随筆』石原正明　享和二年『日本随筆大成』第一期21　吉川弘文館　昭和五十一年
『農業全書』宮崎安貞　元禄十年　国立国会図書館蔵　岩波文庫　昭和六十三年
『梅安最合傘』池波正太郎　昭和五十二年　講談社文庫　平成十三年
『梅安料理ごよみ』池波正太郎　講談社　昭和五十九年
『俳諧觽』初編　露竹舎雪成編　明和五年『明和江戸高点付句集』(『雑俳集成』十)東洋書院　昭和六十年
『俳諧五雑俎』其考編　享保十年　国立国会図書館蔵

『俳諧歳時記』滝沢馬琴編　享和元年　『俳諧歳時記』柳原喜兵衛等　明治十五年　国立国会図書館蔵
『誹諧浜の真砂』享保十五年　『享保江戸雑俳集』（『雑俳集成』四）　東洋書院　昭和六十二年
『誹風たねふくべ』三友堂益亭編述　天保十五年～嘉永四年　『誹風たねふくべ』太平書屋　平成三年
『誹風柳多留』呉陵軒可有等編　明和二年～天保九年　『誹風柳多留全集』三省堂　昭和五十三年
『芭蕉翁絵詞伝』五升庵蝶夢作・狩野正栄画　寛政五年　『芭蕉翁全集』七　博文館　大正五年　国立国会図書館蔵
『芭蕉俳句集』中村俊定校注　岩波文庫　昭和四十五年
『花容女職人鑑』蓬莱山人等編・歌川国貞（三代歌川豊国）画　文政年間　国立国会図書館蔵
『花筐』松亭金水　天保十二年　国立国会図書館蔵
『花廼志満台』二篇　松亭金水　天保七年　国立国会図書館蔵
『春告鳥』三編　為永春水　天保七年　『日本古典文学全集』47　小学館　昭和四十六年
「春夕美女の湯かゑり」香蝶楼豊国（三代歌川豊国）　弘化元年　国立国会図書館蔵
『春傣』多倉太伊助　安永六年　『噺本大系』十一　東京堂出版　昭和五十四年
『晩酌』徳田秋声　『出産』左久良書房　明治四十二年　国立国会図書館蔵
『ビールと日本人』キリンビール編　三省堂　昭和五十九年
『日ごとの心得』畑銀鶏　天保四年　国立国会図書館蔵
『肘まくら』一楽堂古扇　元禄年間　『享保江戸雑俳集』（『雑俳集成』四）　東洋書院　昭和六十二年
『常陸国風土記』養老元年～八年頃　『日本古典文学大系』2　岩波書店　昭和五十五年
『一口はなし』一筆庵漁翁　嘉永三年　『未翻刻江戸小咄本12種』近世風俗研究会　昭和四一年
『人心覗機関』式亭三馬　文化十一年　『式亭三馬集』（叢書江戸文庫20）国書刊行会　平成十年
『人心鏡写絵』山東京伝　寛政八年　『山東京伝全集』四　ぺりかん社　平成十六年
『百姓伝記』延宝八年～天和二年頃　岩波文庫　昭和五十二年

「百人一首絵抄」国貞改二代豊国　江戸後期
『百人女郎品定』西川裕信　享保八年　国立国会図書館蔵
『評判の俵』深川珍話　天明八年　『噺本大系』十九　東京堂出版　昭和五十四年
『風俗吾妻男』三編　為永春水　天保七年～八年頃　『人情本集』国書刊行会　平成七年
『風俗砂払伝』随松子　安永九年　『洒落本大成』十　中央公論社　昭和五十五年
『風俗文集』山崎北華　延享元年　『新 日本古典文学大系』81　岩波書店　平成二年
『富貴地座位』悪茶利道人　安永六年　都立中央図書館蔵
『武家事紀』素行子山鹿高興　延宝元年　『武家事紀』下　山鹿素行先生全集刊行会　大正七年　国立国会図書館蔵
『蕪村句集』蕪村　天明四年　『俳文俳句集』日本名著全集刊行会　昭和三年
『二葉之松』松月堂不角編　元禄四・五年頃　『新 日本古典文学大系』72　岩波書店　平成五年
『物価書上』天保十三年　旧幕府引継書　国立国会図書館蔵
『文会雑記』湯浅常山　天明二年　『日本随筆大成』第一期14　吉川弘文館　昭和五十年
『秉燭譚』伊藤東涯　享保四年　『日本随筆大成』第一期11　吉川弘文館　昭和五十年
『反古染』越智久為　宝暦三年～天明九年　『続燕石十種』一　国書刊行会　明治四十二年
『宝暦現来集』山田桂翁　天保二年　『続日本随筆大成』別巻（近世風俗見聞集6）吉川弘文館　昭和五十七年
『北斎漫画』二編　文化十三年　国立国会図書館蔵
「星の霜当世風俗」歌川国貞　文政元年～二年頃　都立中央図書館蔵
『堀之内詣』十返舎一九　文化十三年　『古典文庫』四三三　昭和五十七年
『本草綱目』第二十五巻　李時珍　一五七八年　『国訳本草綱目』七　春陽堂書店　昭和五十年
『本草和名』深江輔仁　延喜十八年頃　寛政八年版　国立国会図書館蔵

『本朝食鑑』人見必大　元禄十年　『東洋文庫』378　平凡社　昭和五十五年
『本朝続文粋』第三　康治元年～久寿二年頃　『正続本朝文粋』国書刊行会　大正七年　国立国会図書館蔵
「本朝伯来戯道具くらべ」歌川芳藤画　明治六年　足立区立郷土博物館蔵
『本朝文鑑』各務支考編　享保三年　『近代日本文学大系』二十三　国民図書　大正十五年　国立国会図書館蔵
『本丁文酔』腹唐秋人（中井董堂）天明六年　国立国会図書館蔵
『真佐喜のかつら』青葱堂冬圃　江戸末期頃　『未刊随筆百種』八　中央公論社　昭和五十二年
『松尾芭蕉集』井本農一・堀信夫注解　『日本古典文学大系』70　小学館　平成七年
『万葉集』巻第一～第四　八世紀後半　『日本古典文学大系』4　岩波書店　昭和三十二年
『万葉集』巻第五　八世紀後半　『日本古典文学大系』5　岩波書店　昭和三十四年
『万葉集釈注』伊藤博　集英社　平成八年
『名語記』沙門経尊　建治元年　勉誠社　昭和五十八年
『明治商売往来』仲田定之助　青蛙房　昭和四十四年
『明治世相百話』山本笑月　第一書房　昭和十一年　復刻版　有光書店　昭和四十六年
『明治大正史　世相篇』柳田国男　昭和六年　『東洋文庫』105　平凡社　昭和四十二年
『明治文化史』第十二巻「生活編」開国百年記念文化事業会編　洋々社　昭和三十一年
『名物六帖』伊藤東涯　正徳四年　国立国会図書館蔵
『明和誌』青山白峯　文政五年頃　『鼠璞十種』二　名著刊行会　昭和四十五年
『めし・みそ・はし・わん』宮本馨太郎　岩崎美術社　昭和四十八年
『昔語姑獲鳥』南杣笑楚満人作・歌川豊広画　文化三年　国立国会図書館蔵
『武玉川』四時庵紀逸　三編（宝暦二年）七篇（宝暦四年）『川柳雑俳集』日本名著全集刊行会　昭和二年
『紫の一本』戸田茂睡　天和三年　『戸田茂睡全集』国書刊行会　大正四年

『もみぢ笠』元禄十五年　『元禄江戸雑俳集』（『雑俳集成』二）東洋書院　昭和五十九年
『守貞謾稿』喜多川守貞　嘉永六年（慶応三年まで追記あり）『近世風俗志』（岩波文庫）一～五　平成八～十四年
『門』夏目漱石　明治四十三年　『漱石全集』六　岩波書店　平成二十九年
『夜光珠』原省庵　享保十三年　『日本衛生文庫』六　教育新潮研究会　大正七年　国立国会図書館蔵
『大和本草』貝原益軒　宝永六年　有明書房　昭和五十八年
『柳籠裏』麹町高砂連作・初代川柳評　天明六年　『初代川柳選句集』下（岩波文庫）昭和五十四年
『柳多留拾遺』九篇　享和元年　『柳多留拾遺』下　岩波文庫　昭和四十二年
『夕涼新話集』参詩軒素従撰　安永五年　『噺本大系』十　東京堂出版　昭和五十四年
『遊遷窟烟之花』青楼薄倖の隠士　享和二年　『洒落本大成』十九　中央公論社　昭和五十八年
『遊婦多数寄』放蕩散人　明和七年　『洒落本大成』五　中央公論社　昭和五十四年
『養生訓』貝原益軒　正徳三年　『養生訓・和俗童子訓』岩波文庫　昭和五十四年
『養生主論』名護屋玄医　天和三年　『日本衛生文庫』五　大正六年　国立国会図書館蔵
『養生一言草』八隅景山　天保二年　『日本衛生文庫』一　大正六年　国立国会図書館蔵
『養老令』養老二年　『律令』（日本思想大系3）岩波書店　昭和五十三年
『よみがえる中世3』「文献から探る人口」石井進　「発掘から試算した人口」河野真知郎　平凡社　昭和六十四年
『世渡風俗図会』清水晴風　明治時代　国立国会図書館蔵
『瀬田問答』大田南畝・瀬名貞雄　寛政二年頃　『日本随筆大成』第三期12　吉川弘文館　昭和五十二年
『李太白詩集』李白　『続国訳漢文大系』文学部三　昭和三年　国立国会図書館蔵
『柳庵雑筆』栗原信充　嘉永元年　『日本随筆大成』第三期3　吉川弘文館　昭和五十一年
「両こく橋すゞみの景色」西村重長　延享年間頃　『東洋文庫名品展』財団法人東洋文庫・日本経済新聞社編

日本経済新聞社　平成十五年
『料理早指南』初篇　醍醐山人　享和元年　『江戸時代料理本集成』六　臨川書店　昭和五十五年
『旅行用心集』八隅景山　文化七年　『生活の古典双書』3　八坂書房　昭和四十七年
『類聚国史』菅原道真　寛平四年　『新訂増補国史大系』6　吉川弘文館　昭和四十年
『類集撰要』旧幕府引継書　国立国会図書館蔵
『老人必用養草』香月啓益（午山）　正徳六年　『日本衛生文庫』二　大正六年　国立国会図書館蔵
『類聚名物考』山岡浚明　安永九年頃　歴史図書社　昭和四十九年
「六波羅殿御家訓」（十三世紀中頃）『中世政治社会思想』上（日本思想大系21）岩波書店　昭和四十七年
『吾輩は猫である』夏目漱石　明治三十八年　『漱石全集』一　岩波書店　平成二十八年
『和漢三才図会』寺島良安　正徳二年　東京美術　昭和四十五年
『和国諸職絵尽』菱川師宣　貞享二年　国立国会図書館蔵
『和名類聚抄』源順　承平四年頃　『倭名類聚鈔』風間書房　昭和五十二年

本書は「ちくま学芸文庫」のために新たに書き下ろしたものである。

たべもの起源事典　日本編　岡田哲

駅蕎麦・豚カツにやや珍しい郷土料理、レトルト食品・デパート食堂まで。広義の〈和〉のたべものと食文化事象一三〇〇項目収録。小腹のすく事典！

ラーメンの誕生　岡田哲

中国のめんは、いかにして「中華風の和食めん料理」へと発達を遂げたか。外来文化を吸収する日本人の情熱と知恵。丼の中の壮大なドラマに迫る。

京の社　岡田精司

旅気分で学べる神社の歴史。この本を片手に京都の有名寺社を巡れば、神々のありのままの姿が見えてくる。（佐々田悠）

山岡鉄舟先生正伝　小倉鉄樹／石津寛／牛山栄治

鉄舟から直接聞いたこと、同時代人として見聞きしたことを弟子がまとめた正伝。江戸無血開城の舞台裏など、リアルな幕末史が描かれる。（岩下哲典）

士（サムライ）の思想　笠谷和比古

中世に発する武家社会の展開とともに形成された日本型組織。「家（イエ）」を核にした組織特性と派生する諸問題について、日本近世史家が鋭く迫る。

戦国乱世を生きる力　神田千里

土一揆から宗教、天下人の在り方まで、この時代の現象はすべて民衆の姿と切り離せない。「乱世の真の主役としての民衆」に焦点をあてた戦国時代史。

三八式歩兵銃　加登川幸太郎

旅順の堅塁を白襷隊が突撃した時、特攻兵が敵艦に突入した時、日本陸軍は何をしたのであったか。元陸軍将校による渾身の興亡全史。（一ノ瀬俊也）

増補改訂　帝国陸軍機甲部隊　加登川幸太郎

第一次世界大戦で登場した近代戦車。本書はその導入から終焉を詳細史料と図版で追いつつ、世界に後れをとった日本帝国陸軍の道程を描く。（大木毅）

樺太一九四五年夏　金子俊男

突然のソ連参戦により地獄と化した旧日本領・南樺太。本書はその戦闘の壮絶さを伝える数少ない記録だ。長らく入手困難だった名著を文庫化。（清水潔）

わたしの城下町　木下直之

攻防の要である城は、明治以降、新たな価値を担い、日本人の心の拠り所として生き延びる。城と城のようなものを歩く著者の主著、ついに文庫に！

東京の下層社会　紀田順一郎

性急な近代化の陰で生みだされた都市の下層民。落伍者として捨て去られた彼らの実態に迫り、日本人の人間観の歪みを焙りだす。（長山靖生）

独立自尊　北岡伸一

国家の発展に必要なものとは何か――。福沢諭吉は生涯をかけてこの課題に挑んだ。今こそ振り返るべき思想を明らかにした画期的福沢伝。（細谷雄一）

賤民とは何か　喜田貞吉

非人、河原者、乞胸、奴婢、声聞師……。差別と被差別の根源的構造を歴史的に考察する賤民研究の決定版。『賤民概説』他六篇収録。（塩見鮮一郎）

増補　絵画史料で歴史を読む　黒田日出男

歴史学は文献研究だけではない。絵巻・曼荼羅・肖像画など過去の絵画を史料として読み解き、斬新な手法で日本史を掘り下げた一冊。（三浦篤）

滞日十年（上）　ジョセフ・C・グルー　石川欣一訳

日米開戦にいたるまでの激動の十年、どのような外交交渉が行われたのか。駐日アメリカ大使による貴重な記録。上巻は1932年から1939年まで。

滞日十年（下）　ジョセフ・C・グルー　石川欣一訳

知日派の駐日大使グルーは日米開戦の回避に奔走。下巻は、ついに日米が戦端を開き、1942年、戦時交換船で帰国するまでの迫真の記録。（保阪正康）

荘園の人々　工藤敬一

人々のドラマを通して荘園の実態を解き明かした画期的な入門書。日本の社会構造の根幹を形作った制度を、すっきり理解する。（高橋典幸）

東京裁判　幻の弁護側資料　小堀桂一郎編

我々は東京裁判の真実を知っているのか？　準備されたものの未提出に終わった膨大な裁判資料から18篇を精選。緻密な解説とともに裁判の虚構に迫る。

一揆の原理　呉座勇一
虐げられた民衆たちの決死の抵抗として語られてきた一揆。だがそれは戦後歴史学が生んだ幻想にすぎない。これまでの通俗的理解を覆す痛快な一揆論！

甲陽軍鑑　佐藤正英校訂・訳
武田信玄と甲州武士団の思想と行動の集大成。大部から、山本勘助の物語や川中島の合戦など、その白眉を収録。新校訂の原文に現代語訳を付す。

機関銃下の首相官邸　迫水久常
二・二六事件では叛乱軍を欺いて岡田首相を救出し、終戦時には鈴木首相を支えた著者が明かす、天皇・軍部・内閣をめぐる迫真の秘話記録。（井上寿一）

増補　八月十五日の神話　佐藤卓己
ポツダム宣言を受諾した「八月十四日」や降伏文書に調印した「九月二日」でなく、「終戦」はなぜ「八月十五日」なのか。「戦後」の起点の謎を解く。

日本商人の源流　佐々木銀弥
第一人者による日本商業史入門。律令制に端を発する供御人や駕輿丁から戦国時代の豪商までを一望し、日本経済の形成を時系列でたどる。（中島圭一）

記録　ミッドウェー海戦　澤地久枝
ミッドウェー海戦での日米の戦死者を突き止め、手紙やインタビューを通じて彼らと遺族の声を拾い上げた圧巻の記録。調査資料を付す。（戸髙一成）

考古学と古代史のあいだ　白石太一郎
巨大古墳、倭国、卑弥呼。多くの謎につつまれた日本の古代。考古学と古代史学の交差する視点からその謎を解明するスリリングな論考。（森下章司）

江戸はこうして造られた　鈴木理生
家康江戸入り後の百年間は謎に包まれている。海岸部へ進出し、河川や自然地形をたくみに生かした都市の草創期を復原する。（野口武彦）

増補　革命的な、あまりに革命的な　絓《すが》秀実
「一九六八年の革命は「勝利」し続けている」とは何を意味するのか。ニューレフトの諸潮流を丹念に跡づけた批評家の主著、増補文庫化！（王寺賢太）

日本大空襲　原田良次

帝都防衛を担った兵士がひそかに綴った日記。各地の空爆被害、斃れゆく戦友への思い、そして国への疑念……空襲の実像を示す第一級資料。（吉田裕）

平賀源内　芳賀徹

物産学、戯作、エレキテル復元など多彩に活躍した平賀源内。豊かなヴィジョンと試行錯誤、そして失意からなる「非常の人」の生涯を描く。（稲賀繁美）

陸軍将校の教育社会史（上）　広田照幸

戦時体制を支えた精神構造は、「滅私奉公」ではなく「活私奉公」だった。第19回サントリー学芸賞を受賞した歴史社会学の金字塔、待望の文庫化！

陸軍将校の教育社会史（下）　広田照幸

陸軍将校とは、いったいいかなる人びとだったのか。前提とされていた「内面化」の図式を覆し、「教育社会史」という研究領域を切り拓いた傑作。

餓死《うえじに》した英霊たち　藤原彰

第二次大戦で死没した日本兵の大半は飢餓や栄養失調によるものだった。彼らのあまりに悲惨な最期を詳述し、その責任を問う告発の書。（一ノ瀬俊也）

城と隠物の戦国誌　藤木久志

村に戦争がくる！　そのとき村人たちはどのような対策をとっていたか。命と財産を守るため知恵を結集した戦国時代のサバイバル術に迫る。（千田嘉博）

裏社会の日本史　フィリップ・ポンス　安永愛訳

中世における賤民から現代社会の経済的弱者まで、また江戸の博徒や義賊から近代以降のやくざまで――フランス知識人が描いた貧困と犯罪の裏日本史。

古代の朱　松田壽男

古代の赤色顔料、丹砂。地名から産地を探ると同時に古代史が浮き彫りにされる。標題論考に、「即身佛の秘密」、自叙伝「学問と私」を併録。

江戸食の歳時記　松下幸子

季節感のなくなった日本の食卓。今こそ江戸に学んで四季折々の食を楽しみませんか？　江戸料理研究の第一人者による人気連載を初書籍化。（飯野亮一）

江戸料理読本　松下幸子
江戸時代に刊行された二百余冊の料理書の内容と特徴、レシピを紹介。素材を生かし小技をきかせた江戸料理の世界をこの一冊で味わい尽くす。（福田浩）

萬葉集に歴史を読む　森浩一
古の人びとの愛や憎しみ、執念や悲哀。萬葉集には、数々の人間ドラマと歴史の激動が刻まれている。考古学者が大胆に読む、躍動感あふれる萬葉の世界。

ヴェニスの商人の資本論　岩井克人
〈資本主義〉のシステムやその根底にある〈貨幣〉の逆説とは何か。その怪物めいた謎をめぐって、明晰な論理と軽妙な洒脱さで展開する諸考察。

現代思想の教科書　石田英敬
今日我々を取りまく〈知〉は、4つの「ポスト状況」から発生した。言語、メディア、国家等、最重要論点のすべてを一から読む！　決定版入門書。

記号論講義　石田英敬
モノやメディアが現代人に押しつけてくる記号の嵐。それに飲み込まれず日常を生き抜くには？　東京大学の講義をもとにした記号論の教科書決定版！

プラグマティズムの思想　魚津郁夫
アメリカ思想の多元主義的な伝統は、九・一一事件以降変貌してしまったのか。「独立宣言」から現代のローティまで、その思想の展開をたどる。

増補　女性解放という思想　江原由美子
「女性解放」はなぜ難しいのか。リブ運動への揶揄を論じた「からかいの政治学」など、運動・理論における対立や批判から、その困難さを示す論考集。

増補　虚構の時代の果て　大澤真幸
オウム事件は、社会の断末魔の叫びだった。衝撃的事件から時代の転換点を読み解き、現代社会と対峙する意欲的論考。（見田宗介）

言葉と戦車を見すえて　加藤周一　小森陽一／成田龍一編
知の巨人・加藤周一が、日本と世界の情勢について、何を考え何を発言しつづけてきたのかが俯瞰できる論考群を一冊に集成。（小森／成田）

ちくま学芸文庫

晩酌《ばんしゃく》の誕生《たんじょう》

二〇二三年十一月十日　第一刷発行

著　者　飯野亮一（いいの・りょういち）

発行者　喜入冬子
発行所　株式会社　筑摩書房
東京都台東区蔵前二―五―三　〒一一一―八七五五
電話番号　〇三―五六八七―二六〇一（代表）
装幀者　安野光雅
印刷所　三松堂印刷株式会社
製本所　三松堂印刷株式会社

ISBN978-4-480-51216-1 C0121